Reconociendo
el
Tiempo del Fin

RECONOCIENDO EL TIEMPO DEL FIN

First edition. April 21, 2024.

Copyright © 2024 Frederick Guttmann.

ISBN: 979-8231148127

Written by Frederick Guttmann.

Frederick Guttmann R.

Frederick Guttmann R.
www.frederickguttmann.com[1]
Reconociendo el Tiempo del Fin
304 páginas.
Tenerife – SPAIN (2012)
Portada: Aday Quintero P.

---

1. http://www.frederickguttmann.com

Contenido

INTRODUCCIÓN

No améis al mundo ni a las cosas del mundo, porque el orgullo **«** *del mundo es propio del diablo con su corrupción. Recordad que el Señor de la gloria, que ha creado todo, tuvo compasión de vosotros, para salvarnos de la esclavitud de esta época. Frecuentemente, el diablo ha deseado que el sol deje de brillar sobre la tierra y que la tierra deje de producir frutos. Desea consumir a los humanos, como el fuego que corre por el rastrojo, quiere tragarlos como el agua. Esto es porque el Dios de la gloria tuvo misericordia de nosotros y Él envió a su Hijo al mundo para que nos salvara del cautiverio. Él no le advirtió esto a ningún ángel, arcángel ni potestad, sino se transformó en hombre cuando Él vino a nosotros para salvarnos. Por ello sois sus hijos, así como Él es vuestro Padre.»* (Apocalipsis de Elías 1:2-7)

La obra complementaria de los trabajos literarios de Project Magen, orientados a la obra de Jesucristo, denominada "Reconociendo el Tiempo del Fin", resume y complementa nuestra obra anterior, "Armagedón, Encuentros Cercanos en la Quinta Fase", y añade material bíblico nuevo, concerniente al evangelio de Cristo, y sobre teorías de la conspiración. Como apertura al tema en cuestión toco ciertos apartes relacionados con "Armagedón E-5 (Encuentros Cercanos en la Quinta Fase)", pues son de vital importancia para tratar todo aquello que ahonda en la escatología, las teorías finmundistas y el milenarismo, aunque sean parte del género de la teoría de la conspiración –lo cual no lo hace carente de relevancia. Este libro resume grandemente la instrucción potencial para conocer y saber exponer cómo se desarrollarán los eventos ligados al Fin de los Tiempos, que, empero, estamos viviendo ya en nuestros días. Si bien, mencionar los eventos del Fin del Mundo, o sistema de Satán reinante en nuestro orbe, es tratar la reseña importante que el arcángel Gabriel dio al profeta Daniel en Babilonia, pues ahí se resumía la estructura inicial.

Parte de las 70 "conjuraciones" reveladas a Daniel citaban una "última semana", cuyo desarrollo fue apenas dado a conocer a finales del siglo I, en la isla griega de Patmos, al apóstol Juan. En este capítulo sobre "La Semana" resumo el libro de Apocalipsis, dejando al estudiante el trabajo fácil para su propia investigación. Seguidamente trato otro asunto que nos compete hoy, que son las Señales del Fin y el Arrebatamiento, luego englobo el problema planetario que se vivirá con el Armagedón y el imperio dictatorial de la Bestia. También trato el asunto de los creyentes, dónde estarán, quiénes participarán de las Bodas del Cordero, qué pasa con los que se quedan y cómo se hace parte de los invitados a la Cenas, una interrogante que voy aclarando con el pasar de mis últimos libros. Aquí también hablo de la Nueva Jerusalén y el Milenio Mesiánico, que darán lugar al futuro Juicio Final.

Es un secreto a grandes voces que el Grupo Bilderberg, el Concejo de Relaciones Exteriores, la Comisión Trilateral y el Comité de los 300 llevan décadas moldeando un Nuevo Orden Mundial en cuya cabeza quieren poner a un solo hombre, para que lidere a toda la Tierra, una Tierra que estaría unificada bajo un solo estamento militar, una única bandera, una sola moneda –ya virtual- y controlada férreamente por satélite (control total de la población gracias a la tecnología). Aunque todo esto ya se esgrime de un sinnúmero de profecías como las del libro de Apocalipsis, no es exactamente un tema de vaticinios escritos en papel hace cientos o miles de años, sino un hecho fehaciente que se viene materializando desde hace casi 100 años y al cual le quedan pocos años para completarse.

El que los oficiales militares de los EE.UU. tengan chips implantados, que el Congreso de los EE.UU., en pleno, haya aprobado la ley de Barak Obama de la ley de privatización de la

Seguridad Social para cierto área de norteamericanos -facilitándoles un microprocesador de implantación en la mano derecha- o que países en Suramérica ya estén organizándose para un cercano sistema monetario e identificativo por medio de un nano-chip, es sólo el principio para la unificación global y el control totalitario de la humanidad.

El derrocamiento de los gobiernos del Cercano Oriente no es más que un plan ya ideado con antelación por las personas más poderosas de la Tierra escondidas en Europa y los EE.UU., pues quieren hacer su propio mundo "mesiánico" –en el que a Jesucristo no se le incluye- y estableciéndolo en medio del mundo musulmán, lo cual sería también un paraíso para el tráfico de opio desde Afganistán y de petróleo desde Irak. De los países que era necesario manejar estaban primeramente Egipto, Siria, Irak, Jordania e Irán. La suma de Afganistán y Libia solo mejora los objetivos de esta élite satánica. Mientras el rey de Jordania sea aliado de Israel, no tiene por qué ser un problema, pero Europa y EE.UU. sólo esperan dar un par de pasos para mover sus fichas hacia Siria e Irán y así definitivamente controlar todo el Caspio y que su agenda se cumpla debidamente.

1.

LA CONSPIRACIÓN

Teoría de la Conspiración

«Una teoría conspirativa usualmente atribuye la causa fundamental de un evento o cadena de eventos (comúnmente políticos, sociales, populares o históricos), o la ocultación de tales causas del conocimiento público, a un complot secreto, a menudo engañoso, por parte de un grupo de personas u organizaciones poderosas e influyentes. Muchas teorías conspirativas implican que eventos importantes en la historia han estado dominados por conspiradores que manipulan acontecimientos políticos detrás de escena.» (Wikipedia) "Conspirar" significa "unirse en secreto acuerdo con el fin de efectuar un acto ilícito o impropio o para usar tal medio para llevar a cabo un fin ilícito".

El primer uso registrado de la expresión "teoría conspirativa" data de 1909. Originalmente se trataba de un término neutral, pero durante los avatares políticos de la década de 1960 el término adquirió su actual sentido peyorativo. El término ingresó en un suplemento al Oxford English Dictionary recién en 1997. En un ensayo visionario de Daniel Pipes "adaptado de un estudio preparado para la CIA", Pipes intenta identificar las creencias que distinguen "la mentalidad conspirativa" de "patrones más convencionales de pensamiento": las apariencias engañan; las conspiraciones conducen la historia; nada es al azar; el enemigo siempre gana; poder, fama, dinero y sexo dan cuenta de todo. El académico norteamericano Noam Chomsky contrasta la teoría conspirativa como más o menos lo opuesto al análisis institucional, el cual se enfoca mayormente en el comportamiento público a largo plazo de instituciones conocidas públicamente, según se registra por ejemplo en documentos académicos o reportes de medios de comunicación, en lugar de coaliciones secretas de individuos.

Aún hoy para algunos, pensar en un gran complot internacional para dominar a la humanidad parece imposible de pensar y de realizar. Poner de acuerdo a tantas personas y mantener un secretismo a semejante nivel, dependerían de una infraestructura o dependencias de trabajo actuando perfectamente en todo el mundo. Si bien, esto puede funcionar si quienes llevan a cabo dichas conjuraciones detentan el poder de los bancos más importantes y de las corporaciones más poderosas. Sabemos, ya a estas alturas, que los políticos son títeres que están debajo de los dueños de las multinacionales, como petroleras, compañías de explotación de gas, empresas que manejan la luz pública, empresas de purificación y potabilidad del agua, compañías farmacéuticas, compañías informáticas y de diseños tecnológicos, organizaciones de control alimentario, cuerpos militares, tráfico de armas, tráfico de drogas, compañías mineras, mercado de productos de primera necesidad y similares, el poder religioso, la monarquía, dueños y directores de cine, prensa, magazine y de cadenas de televisión, etc. Aún con todo, encima de las propias corporaciones están los dueños de los bancos centrales e internacionales y sobre ellos quienes detentan el poder del Fondo Monetario Internacional y el Banco Mundial. Éstos últimos, a su vez, dependen del gran y monopolizado banco de los Rothschild y los Rockefeller.

Comprender la realidad de una conspiración global es angular a la hora de visualizar nuestra realidad, nuestro futuro y, además, todas las cosas que ya habían sido advertidas con anterioridad por personas que ni eran matemáticos, ni analistas bancarios, ni filósofos, ni futuristas, ni escritores de ficción, sino personas cuya mayor tecnología de desplazamiento era una carreta tirada por caballos y cuyas armas más sofisticadas eran la catapulta y el minarete. Los profetas pudieron ser cultos y letrados –de hecho, los hebreos lo eran-, pero no era posible que vaticinaran con tal precisión los acontecimientos que han estado ocurriendo y que vislumbramos nítidamente en el horizonte, a menos que, sus fuentes sí tuviesen acceso a esa información y en todo ello hubiese un determinismo.

El detrimento de la sociedad es claramente una de las tantas advertencias bíblicas y, tal como todo el mecanismo del Nuevo Orden Mundial, son las armas para los profetas de la última generación, con las cuales anuncian que lo vaticinado es un hecho. El profeta Joel advirtió que, tras la restitución de la nación de Israel, cuando su vergüenza haya pasado, empezaría la gente a "destapar ollas sucias": «*Y después de esto derramaré mi Espíritu sobre toda carne, y profetizarán vuestros hijos y vuestras hijas; vuestros ancianos soñarán sueños, y vuestros jóvenes verán visiones.*» (Joel 2:28) Aunque el Espíritu Santo habló por medio de Pedro exponiendo que el evento de aquel Pentecostés en el Aposento Alto fue un cumplimiento de la profecía de Joel, dicha predicción fue ejecutada en una porción, pues la totalidad de dicha advertencia en acción vendría con el restablecimiento de Israel y de su prosperidad (Joel 2:25-27). Dios advirtió por boca de Joel que Él esparciría su influencia «*sobre toda carne*», sin hacer excepciones. ¿Cómo puede ser posible? ¿Sobre justos e injustos? Incluso sobre creyentes y no creyentes. Porque el objetivo es que adviertan de las cosas que sobrevendrán y que están ocurriendo ya. Los grupos activistas, las ONGs alegando contra el sistema, las manifestaciones, los opositores al Nuevo Orden Mundial y un gran etcétera, son los acontecimientos palpables de las palabras de Joel. Los mayores están viendo cosas imposibles de creer en una era de la revolución tecnológica, nuevas leyes de supresión de los derechos humanos y civiles, y la antesala de acontecimientos que les recuerdan las guerras que sus padres experimentaron, todos, como si estuviesen sumidos en una pesadilla. Lo mismo ocurre con los jóvenes, que nacen en una era de desarrollos a los cuales se adaptan con rapidez y viven en unas experiencias que ninguna otra generación conoció. Es esta última etapa de la historia que involucra a millones de personas de que trata de denunciar los engaños mundiales y reiterar, con los hechos, que todo lo advertido en las Escrituras es cierto y aún queda mucho por venir y peor.

Los Amos del Planeta

Dado que queremos tratar debidamente lo que compete al fin de los tiempos, una vez más, pero con nuevos y amplificados datos, debemos antes tratar lo relacionado al gobierno real que está dominando la Tierra -que claramente no es la ONU. El orden de poder que está controlando este planeta desde hace ya casi un siglo no tiene nada que ver con las figuras u orden político que se nos presenta en los medios o que en el papel figuran como representantes del liderazgo de las naciones. Algunos de los estamentos que efectivamente dominan este mundo y están ya terminando de cumplir su sueño de un Nuevo Orden Mundial Comunista, son:

1. Los Jesuitas.
2. Los Sionistas.
3. La Realeza Europea.
4. El Vaticano.
5. Los Banqueros Internacionales.
6. Los Masones-Illuminati.

En este sector de investigación, se habla, aunque muy poco, del Conde Hans Kolvenbach, el que fuera General de los Jesuitas, a quien se asocia con el Papa Negro y se le consideraba el hombre que está detrás de bambalinas –ahora reemplazado por un español. Se cree que él – y ahora su sucesor- son quienes tienen el verdadero control, sin que prácticamente nadie sepa quiénes son o si es que existen. La mayoría de investigadores han llegado a familiarizarse con el rol jugado, por ejemplo, por los Sionistas Khazarianos (quienes inventaron la palabra "Jew" –de donde viene "jewellery" = "joyería"-

para disfrazar su herencia adoptada, como distinta de los bíblicos judíos) o el rol jugado por los Banksters (Banqueros Gánsteres) controlando las economías del mundo, por el CFR (Council of Foreing Relations = Consejo de Relaciones Exteriores), la Comisión Trilateral, los Bilderberg, el Comité de los 300 (las, así llamadas, familias de "elite" más ricas) –los Rothschilds en Inglaterra, los Rockefellers en América y los Bronfmans en Canadá, etc., que comprenden la estructura de poder físico de los títeres del Nuevo Orden Mundial bajo la dirección de los oscuramente motivados "maestros engañadores", que se suele decir que son de otras dimensiones, comúnmente conocidos como Lucifer o Satán y sus cohortes de "ángeles caídos".

En enero de 2011 se eligió al nuevo General Superior Jesuita, que es Adolf Nicolas y quien es completamente diferente de Hans Kolvenbach, como personaje (este hombre estaba ya muy viejo para ejercer su función). Tanto Adolf Nicolás como Thomas Michel vienen de Asia, uno estando a cargo de la provincia de Japón y el otro de Indonesia, y están muy afianzados. Mientras los caballeros de Malta son el grupo militar de defensa del Vaticano, los jesuitas lo son en el campo de la información y la desinformación, trabajando en todos los niveles informativos, al grado de ser dueños de las discográficas, incluso de música "cristiana". Estos jesuitas son quienes tienen bajo ellos también al sistema rosacruz. Los rosacruces se convirtieron en parte de la conspiración jesuita desde el siglo XVII. Por ejemplo, en relación a la francmasonería, el rito escocés fue creado por los jesuitas y el rito de Europa fue creado por los sionistas y la gente cercana a la Iglesia Católica y la Iglesia Anglicana. En la masonería el "Rito" es cada reunión desde el grado 4 al 33. En cambio, la "Orden" son los primeros 3 grados. Un masón no puede ser otra cosa más que un Maestro Masón. El grado más alto es el 3º, donde aún puedes ir y no tener que practicar nada necesariamente satánico. En esos grados se trata, por ejemplo, de la ceremonia del

Toro de Brahama, su muerte y resurrección, y cosas similares, pero no profundas.

Los propios francmasones actuales, se podría decir que son una creación de los rosacruces, aunque cuando los Templarios fueron torturados y perseguidos, huyeron a Malta y Escocia, se hicieron llamar francmasones. Los rosacruces "iluminados" nacen en la década de 1620 con un tal Valentín Andreae, que se encargó de repartir los manifiestos que hacían referencia a los lugares donde la orden secreta se reunía. El nacimiento de la orden rosacruz coincide con los neo-platónicos de Oxford, y en días del dominicano Giordano Bruno –puesto en la hoguera por el Vaticano en el 1600, año del Jubilium (Jubileo). Giordano Bruno había sido acusado de hereje y de usar magia y poder de evocación. Él se había opuesto a lo que hacía el Vaticano, diciendo que ellos manipulaban el "poder temporal" en vez del "espiritual" –la misma época de tantas rupturas en el catolicismo, incluyendo a Lutero. Giordano Bruno fue a visitar a la reina Elizabeth (Isabel) y además se hizo amigo de John Dee (gran mago, ocultista y alquimista, y fundador de los servicios secretos británicos). Giordano Bruno le instruyó sobre prácticas antiguas que aparentemente solamente él conocía, de la cultura sumeria. Así iniciaron los principios de la masonería. En 1717 se forma la primera Gran Logia de la Masonería en los bares "Ganso" y "Parrilla" en Londres, pero ya es algo corrupto porque los Illuminati reales no querían tener ningún acuerdo con la Iglesia.

Esto ha ido tal lejos que la masonería Prince Hall nació para los negros –así como otras para incursión de mujeres-, los cual llevó en 2008 al primer masón de Prince Hall a hacerse presidente de EE.UU., el cual es Barack Obama, un miembro mason de grado 32 de dicha orden. Si bien, Prince Hall surgió para ser reconocida por la Gran Logia de Inglaterra. Por consiguiente, ahora están sometidos al poder de la Logia Unida de Inglaterra, la cual somete a todas las otras logias u órdenes masónicas, entrando en la gran "cadena" –una cadena aristocrática. La Gran Maestría de la Gran Logia es dada al Duque de Kent, al marqués de Northampton. Estos son los que están a cargo de las Órdenes Sagradas para la Iglesia Anglicana, pero conectada con la Iglesia Católica.

Sobre los Illuminati Sionistas se habla mucho en los círculos conspirativos, a quienes se asocia directamente con Los Protocolos de los Sabios de Sión y con sociedades secretas bávaras, existentes antes de Vril o Thule y, como tal, anteriores a Hitler. El linaje de Mayer Amschel, conocidos como banqueros Rothschild (impulsores del actual Estado de Israel y de su moneda), infiltrados en Inglaterra (el propio término inglés "British" viene del hebreo "Brit-Ish" = "Varón del Pacto"), son los principales mencionados para referirse a quienes dominan el globo. Entre estos grupos están también los Illuminati bávaros –por ejemplo, el grupo fundado por el judío germano Adam Weishaupt- y otros grupos que no son muy conocidos normalmente. Fueron los fundadores del primer Banco de Inglaterra, la banca alemana, la banca de Francia y asimismo motivaron las Revoluciones y Guerras que ha habido hasta hoy casi desde la Edad Media. Ellos son los dueños y amos de Europa, desde allí controlan Alemania, Reino Unido, Francia, el resto de Europa a y su brazo ejecutor: Estados Unidos de América. También con los Rothschild están los Rockefeller, que son quienes manejan EE.UU. Habitualmente se generaliza a toda la élite ocultista del planeta como "Illuminati", a pesar de ser también la denominación de los grados de la francmasonería mayores del 33. También se les llama "Sionistas" –o zionistas-, aunque ese término no tiene nada que ver con el concepto bíblico de Sión. Los Illuminati oscuros quieren crear el Reino de Dios a su manera, pero tras el Fin de los Tiempos.

Ne relación a Roma hay que reconocer que no desapareció el imperio, sino que se ocultó tras una nueva fachada: catolicismo. Posteriormente siguió su poder en vaticano. Por eso todo poder en Europa termina siempre sometido a Roma. Si bien, esta organización satánica es la que ha pervertido a los movimientos cristianos mundiales en todas las áreas y ha dañado completamente las verdades de la Biblia. En el propio Vaticano hay unos 40 cardenales que son musulmanes y que están practicando el "Geuwshan Al Kabil", que se dice que fue dejado por los descendientes de Mahoma con relación al Final de los Tiempos. Los rituales satánicos de corte árabe son muy frecuentes en los niveles de Vaticano que van desde los cardenales hacia arriba. La mayoría, dentro del Vaticano, practican magia y evocación a entidades oscuras, incluyendo al Papa ya desde los días del Papa Ratti. Precisamente la Orden Jesuita está a cargo de la parte esotérica del Vaticano.

Otro poder en esta pirámide, y cuyo nombre ha sido tergiversado, aún con libros de desinformación, para eludir a los curiosos, es el MJ-12. Se trata de un grupo de masones que dirige los EE.UU., llamados también Majestic Twelve o Majority Twelve (también hay unos documentos llamados "Majestic-12", con información y otro material de desinformación, para confundir a los investigadores), creado por la NSC (National Security Council = Consejo Nacional de Seguridad), por orden del ex presidente Dwight Eisenhower. Entre ellos hay líneas de sangre procedentes de antiguos piratas –especialmente la familia Bush y los fundadores de Skull & Bones (que tienen alrededor de 900 miembros en todo el mundo)-, grupos ocultistas milenarios, sociedades secretas y líneas de realeza europea. Por ejemplo, uno de los MJ-12 es George H.W. Bush Sr. –su padre, Prescot, promovió a Hitler, y su abuelo, Samuel, se enriqueció con su fábrica de armas en la I Guerra Mundial-, el padre del ex presidente Bush Jr. Ellos tienen línea de sangre de los Windsor (nombre oficial de la casa real británica, aunque su verdadero nombre es "Sake-Coburg-Gotha") y de Aleister Crowley (uno de los mayores satanistas de la historia, asesor de Adolf Hitler).

Ellos, junto con los JP Morgan, los Whitney, los Rothschild, los Warburg y los Rockefeller (que también tienen linaje judío y ya desde el siglo XX tenían en monopolio petrolífero de EE.UU.), controlan la banca y el petróleo de los EE.UU. y están a punto de controlar el sistema financiero de todo el planeta. La mayoría de estas son instituciones masónicas cuyo origen es hebreo y egipcio, y han sido promotores, junto con la realeza-banca europea, de las dos guerras del Golfo Pérsico, la Guerra de Vietnam, las dos grandes Guerras Mundiales, el derrocamiento de todos los gobiernos y las pequeñas guerras continuas en países "subdesarrollados". Precisamente ellos estuvieron detrás de la caída de los líderes centro y sur americanos en décadas pasadas, se encargaron de derrocar en la última década a Saddam Hussein en Iraq, a Hosni Mubarak en Egipto y a Moammar Gadafi en Libia, para tomar control del petróleo, de minerales, de tesoros nacionales y de los territorios para la ocupación militar. También han dejado a Fidel Castro y a Hugo Chávez en las últimas para cambiar todo el orden geo-político de esta nueva década. Lo breve es buscar escusas para hacer caer a Bashar Al-Assad (presidente de Siria) y Mahmud Ahmadineyad (presidente de Irán), mientras siguen aprobando leyes y presionando la economía para levantar una dictadura mundial que será monitoreada a través de un chip implantado en cada ser humano.

Otro titán de control es el ala asiática, tanto en el Oriente como en Siberia. El llamado Zar está conformado irónicamente por sionistas soviéticos que son, para algunos, el brazo armado más poderoso del mundo. Dominan toda Rusia y tratan de dominar los países de la antigua Unión Soviética y las naciones cercanas a este imperio comunista. Se dice que después de ellos existe otra facción sionista que domina China por encima de su propio gobierno. Aún con todo están todos estos banqueros y monarquías aliados a las grandes corporaciones multinacionales y los Medios de Comunicación -que no están para decir la verdad (informar), sino para hacernos creer lo que los Illuminati quieren que creamos. La Corporación es prácticamente inmune a las leyes al aparecer identificada como una "persona" o "cuerpo", lo cual hace que las industrias actúen arbitrariamente y exploten todos los recursos a su alcance. Hoy, empresas como Mc Donalds, Coca-Cola o Walt Disney son más poderosas que cualquier presidente, político o millonario, por muchas influencias que tenga.

A pesar de estos monopolios jerárquicos, ha de haber instituciones dedicadas única y exclusivamente al seguimiento y organización de la información, así como para esconderla de los medios del pueblo. Aquí entra el CFR (Council of Foreing Relations = Consejo de Relaciones Exteriores), que es otra organización creada por los Rockefeller para controlar todos los medios de información y de inteligencia en todos los países, y para desarrollar sus planes y supervisarlos en cada uno de ellos. Junto con ellos está operando en EE.UU. la NSC y la NSA (National Security Agency = Agencia de Seguridad Nacional), debajo de la cual trabaja la CIA, el FBI, la DEA, el FEMA y el resto de los servicios secretos. El fin de la NSC y la NSA es controlar la inteligencia de los EE.UU. y tener un dominio férreo sobre los norteamericanos, mientras la CFR monitorea estos asuntos en los otros países con sus filiales (servicios secretos nacionales).

Partiendo de la llamada Mesa Redonda, salen: el CFR, la TC, la ONU, el Grupo Bilderberg, el RIIA (Royal Institute of International Affairs = Instituto Real de Asuntos Internacionales) y el Club Roma –o Club de Roma. En el caso de la TC (Trilateral Commission = Comisión Trilateral), fue establecida por el MJ-12, los mismos que la Mesa Redonda, pero con otros nombres. El Club Bilderberg y el Club de Roma son grupos de poder creados en los años 50 con el fin de desarrollar planes y objetivos Illuminati, es decir, de dominación mundial. El Club Bilderberg acoge a los hombres más ricos del planeta y a todos los que tengan una influencia potencial sobre naciones. Estos 6 en torno a la Mesa redonda actúan organizadamente para dirigir el seguimiento de sus planes. Por ejemplo, la TC y la ONU se encargan de vigilar a EE.UU.; la CFR y la RIIA vigilan América, Japón y Europa; la TC y el Club de Roma vigilan Reino Unido y al globo en general; el RIIA y el Grupo Bilderberg administran la cuestión en relación a la manipulación del medioambiente y la eugenesia; y el Club de Roma y la ONU controlan Europa y EE.UU., aunque actúan a nivel mundial con todo el globo.

Seguidamente aparecen el Complejo Militar Industrial de los EE.UU., el Cartel Petroquímico (la Industria Farmacéutica), los Mass Media (Medios de Comunicación Masivos) y los Servicios Secretos. La CIA (Central of Inteligence Agency = Agencia Central de Inteligencia), en este caso, fue creada con el verdadero fin de controlar el tráfico internacional de la droga apoyada por barcos de la marina estadounidense y controlar la información, en especial en lo relacionado con el fenómeno OVNI –posteriormente se les delegaron otras tareas de las que debía ocuparse la NSA. En otras palabras, se presenta como la agencia de espionaje y seguridad de los EE.UU. siendo esto una tapadera. El servicio secreto de los EE.UU., es decir, ese trabajo, lo cumple la NSA e internamente el FBI (Federal Bureau of Investigation = Departamento Federal de Investigación). La CIA fue creada por decreto presidencial de Harry S. Truman para controlar toda la información global sobre asuntos relacionados con accidentes y avistamientos OVNI, así como cualquier caso de contacto de Segundo, Tercer y Cuarto Tipo. Su segunda función es el control del tráfico de estupefacientes desde Afganistán y Colombia hasta el territorio interno de los EE.UU. con el amparo de la Marina estadounidense y teniendo control arbitrario sobre la DEA. Con el marcado de droga de la CIA se promueven proyectos secretos de tecnología revertida y avances en desarrollos y dispositivos de dicha electrónica para la venta a grandes multinacionales y se mejoran los proyectos secretos de investigación espacial. Debajo de ésta están los otros grandes servicios secretos, entre ellos el Mossad y el Shabak

(Israel), la KGB (Rusia), el MI5, MI6, etc. (Reino Unido) y el SIV (Vaticano).

Debajo de todo este escalafón, pasando, obviamente, por 13 familias o líneas de sangre que lo controlan todo, está la ONU, y ya debajo los líderes de los gobiernos. El líder jesuita y el Papa son otras dos figuras de poder, una clandestina y otra pública. En el caso del Vaticano, representan la parte religiosa mundial y se encarga de globalizar las creencias en un único estamento ecuménico que alianza todos los sistemas de pensamiento espiritual, con el fin de ser el puente que lleve a la gente de "fe" a los pies del Nuevo Orden Mundial. A pesar de esto, sigue quedando en la línea de poder el propio Comité de los 300, la gente más poderosa del mundo, ya sea como individuos o como familias. Estos son algunos de ellos en orden de hegemonía:

1. Familia Real Británica (Casa Windsor)
2. Familia Real Danesa (Dan)
3. Rothschild (Evelyn, David)
4. Rockefeller (David)
5. Morgan (John P.)
6. Warburg (Paul, Max, Felix)
7. Oppenheimer (Harry)
8. Bush (George, Prescott, Samuel)
9. Gore (Ormsby, Al)
10. Kissinger (Henry)
11. Buffet (Warren)
12. Carrington (Lord)
13. Constant (Casa de Orange)
14. Casa de Hapsburg
15. Russell (Bertrand)
16. Turner (Ted)
17. Strong (Maurice)
18. Schroeder (Andrew)

19. Baring (Barnato)
20. Príncipe Waterhouse
21. Astor (Lord)
22. Rhodes (Cecil)
23. Churchill (Winston)
24. Delano (Marquis Charles Louis)
25. Harriman (Averill)
26. Hesse (Sir William)
27. House (Coronel Mandell)
28. Huxly (Aldous)
29. Mazzini (Guiseppe)
30. Mellon Scaiffe (Richard)

Lo Oculto

Un forista de nuestros trabajos en internet comentó hace un tiempo: «*Mi familia me ha contado cosas extrañas porque tengo sangre francesa donde existieron templarios que a su vez ellos encontraron conocimientos debajo del templo de Salomón CONOCIMIENTOS DE EGIPTO me conto cosas de conocimientos sobre todo de Leonardo y sus misterios París significa para Isis diosa de la feminidad que un tiempo se conoció como lis Amón dios de la fertilidad masculina LO QUE NOS DA AMON Y LIS OSEA LA MONALISA.*» Curiosamente sus palabras no son extrañas a oídos de quienes venimos siendo sensibles a estas informaciones. Pero, ¿cuál es el fin de tanta ocultación? La función del ocultamiento de información es obvia: mantener en la ignorancia a los demás y tener una preeminencia sobre ellos. Se dice que Salomón escribió misterios, leyes o poderes, así como sobre seres de otras dimensiones en lo que se suele denominar "Clavícula de Salomón", la cual legó a uno de sus hijos y éste, para mantenerla en seguridad y secreto, la escondió en la tumba de su padre. El mito dice que los templarios hallaron la tumba de Salomón y suprimieron este documento, el cual pasó a las órdenes de las sociedades secretas de este género hasta el presente, iniciando con los Templarios y pasando por los rosacruces. Los misterios de Egipto han sido también salvaguardados por grupos de iniciación herméticos de las altas esferas de poder, sumando conocimientos, especialmente sobre esoterismo, para mantener un absolutismo sobre el vulgo y prácticas mágicas.

Si bien, la tecnología es el elemento de principal valor en el mercado, y quien maneja la tecnología maneja el mundo, tal como si se manejan las divisas y los bancos. No es una leyenda ni un secreto que desde los años 40 hay gobiernos que poseen tecnología que no pertenece a este planeta y la mantienen fuera del alcance de la sociedad. Esa ciencia les ha facilitado el monitoreo del mundo, conectando satélites con TV, móviles, ordenadores y cualquier otro dispositivo que funcione con microprocesadores, conducción de corriente eléctrica o baterías. Aumentado esto con avances en sistemas holográficos, ondas, láseres, conexión inalámbrica, infrarrojos, detectores de calor corporal y campos áuricos, fibra óptica, distorsión y manipulación de frecuencias, reacciones químicas, quántica, entrelazamiento con otras dimensiones, energía nuclear e implosiva, energía geofísica, reacción a rayos gamma y control de otras formas de energía, etc. Todo esto solo hace que la tecnología termine siendo nuestra principal enemiga, sabiendo que hoy podemos ser rastreados y neutralizados en segundos gracias a un entrelazado mecanismo de programas y aparatos sofisticados. A duras penas Hollywood nos ha mentalizado en cosas que hace 20 años se dominaban "ficción" y que ahora son hechos plausibles; no nos podemos imaginar lo que aún no han revelado ni en películas y que están preparando para la dominación mundial.

La relación con el ocultismo entre los líderes mundiales y dueños de la banca y las corporaciones parece una tontería infantil y sin sentido o resultados, pero no lo es para ellos que, a la larga, se salen con la suya. Su interés en servir a seres demoniacos está claramente especificado en el libro de Enoc y el Apocalipsis de Juan, pues les interesa sacrificar al mundo a los satanes (adversarios). El ocultismo es clave importante en todos los estamentos de control y manipulación de la humanidad, ya sea en el ámbito de las religiones, de las finanzas, de los asuntos militares, de la política, en los medios corporativos, en las instituciones de cuidados alimentarios, en los desarrollos energéticos y tecnológicos, en todo lo relacionado con los medios de comunicación o de los sistemas de educación. No obstante, el complemento del secretismo y el satanismo en quienes detentan todo este poder en el sistema, es el uso de tecnología secreta para mantener su férreo monopolio y control, además del aparato monetario.

HAARP y el terremoto "provocado" de Japón

Aunque las siglas H.A.A.R.P. (High Antena for Auroran Research Program = Programa de Alta Antena para el Estudio de las Auroras) distraen en relación a sus verdaderos objetivos, se sabe que esta plataforma es un sistema de modificación del clima, como muchos otros. Usado ya en varias ocasiones en la primera década del siglo XXI ha dejado manifiesto el titánico interés de los que la dirigen en explotar los recursos de ciertas regiones, militarizarlas, matar a los pueblerinos, crear zonas paradisiacas para millonarios y levantar multinacionales estadounidenses –claramente culpando de esto al "cambio climático". En este orden, seguramente muchas personas están convencidas que el terremoto y el tsunami que arrasaron Japón en el año 2011 fueron causas de un movimiento de las capas tectónicas de una falla ubicada al noreste de la isla. La historia oficial, siempre promovida por los Mass Media, ha hecho creer a la inmensa mayoría de personas que el tsunami de Indonesia en diciembre de 2004 fue un fenómeno de la naturaleza, habiendo sido uno de los efectos más importantes que ha causado HAARP. Hace casi 100 años, en 1915 el mayor genio de la historia, Nikola Tesla, concedió una entrevista a The New York Times afirmando que era posible alterar la ionosfera, lo cual provoca cambios estremecedores. Al variar las frecuencias involucradas y los tiempos de exposición, se pueden obtener los siguientes resultados:

1. Afectar drásticamente el tiempo.

2. Generar terremotos, huracanes y tormentas.

3. Interferir las ondas cerebrales de los seres humanos y animales.

4. Generar explosiones nucleares sin consecuencias.

5. Realizar tomografías de la Tierra.

7. Irradiar calor, aún en un bunker situado a grandes profundidades.

8. Eliminar las comunicaciones en grandes áreas específicas.

Tesla incluso habló de su mayor creación, "El Rayo de la Muerte", un arma cuyos planos fueron confiscados por el FBI cuando Tesla murió. Dicho proyecto explicaba cómo podía utilizarse la atmósfera como arma geofísica inclusive para derribar más de 100 aviones en el aire en un mismo momento. Rusia fabricó un arma de este calibre, llamada Cañón Huracán, la cual fue utilizada contra los EE.UU., generando el huracán Katrina en el Caribe, que virtualmente devastó Nueva Orleans. Los EE.UU. tienen un arma similar en Gakona (Alaska) que viene funcionando desde 1992. En el año 2002, 90 diputados del parlamento ruso presentaron una denuncia en la ONU, para que se prohibiera la utilización de armas geofísicas como medio de guerra. Si esto no fuese serio, ¿por qué iban los rusos a demandar esto al mundo y mayormente a las Naciones Unidas? EE.UU. ha utilizado esta arma muchas veces contra varios países. Posteriormente han usado los medios de comunicación para promover ideas sobre movimientos telúricos, como excusas para explicar muchos de estos hechos. Se viene produciendo una guerra medioambiental con armas "no existentes" de manera oficial a nuestras espaldas por más de una década.

¿Por qué no vemos un gran terremoto en Los Ángeles, que está encima de una falla? ¿Por qué no vemos uno en París, en Moscú, en Berlín, en Jerusalén, en Londres o en Nueva York? ¿Por qué siempre en países del tercer mundo o enemigos de los EE.UU.? –Aunque dentro de unos años, cuando esta guerra invisible se intensifique, empezaremos a verlos- ¿Quién sale beneficiado siempre con una catástrofe natural? EE.UU. Recordemos lo ocurrido en Haití. Siempre EE.UU. saca tajada de esto, porque son ellos los que los están provocando. ¿Qué ganan?:

A. Empresas de construcción norteamericanas. Para reedificar las ciudades.
B. Vacunaciones. Llevan grupos de ayuda del gobierno para traer su cartel petroquímico y toxinas disfrazadas de medicamentos sanos.
C. Ejército. Militarizan el territorio, imponen la ley marcial y se adueñan de toda la región. Recordar que las fuerzas armadas no se retiran una vez concluye el problema.
D. Chantaje. Obligan a los países a obedecer y aceptar sus propuestas, que desfavorecen a estas zonas, y si nos las aceptan los atacan con sus armas. Esto es lo que ha ocurrido en muchos lugares, como en Chile y Japón.

Evidentemente, todo esto ocurre sin que el gran público lo sepa, ya que los distraen con deportes, fama, modas, programas de televisión, partidos políticos, etc. No es la primera vez que EE.UU. ataca Japón con estas armas, pues ya lo había hecho el 14 de junio de 2008, y en otras ocasiones. Están haciendo esto con China y con Japón, y en los casos de estos dos países en 2008, incluso se grabaron las "marcas" atmosféricas dejadas por HAARP y se rastreó el origen del "ataque": Alaska. La ionosfera (capa de la atmósfera a 100-400m de altura) tiene capas de aire cargadas eléctricamente, llamadas D, E, F1 y F2. Las ondas de radio de ciertas longitudes de onda pueden reflejarse en la ionosfera y regresar a la superficie terrestre. En el caso de HAARP y sus homólogos de Noruega, Suecia, Rusia, Francia e Italia, envían diferentes "golpes" que rebotan, los cuales, si dan en el agua, producen tsunamis, maremotos o huracanes, y, si caen en tierra, provocan terremotos, sequías, incendios, olas de calor, etc. Estas armas lanzan ondas ELF (Frecuencia Extra Baja), VLF (Frecuencia Muy Baja) y LF (Baja Frecuencia) tanto para cambiar el clima como para cambiar el estado emocional de las personas.

HAARP es en realidad un arma poderosa para la manipulación del clima y la tectónica. Seguirá siendo usada, así como lo serán las que poseen otros países, y la guerra medioambiental con armas geomagnéticas o geofísicas continuará mientras creemos que todo esto es mero producto de la naturaleza. Esto no es ficción, sólo hay que investigar sobre la Resonancia Schumann, los estudios de Alessio Di Benedetto, de Nikola Tesla, de Guillermo Marconi, los avances secretos de tecnología láser, holográfica, vibracional, áurica, geofísica o de plasma, etc. Desarrollos que, hace mucho, existen y están siendo utilizados. «*...Jesús, les dijo: [...] Oiréis de guerras y rumores de guerras; mirad que no os turbéis, porque es necesario que todo esto acontezca, pero aún no es el fin. Se levantará nación contra nación y reino contra reino; y habrá pestes, hambres y terremotos en diferentes lugares. Pero todo esto es solo principio de dolores.*» (Mateo 24:3-8) También consta en otra obra literaria: «*Sí, sucederá en un día en que se oirá de fuegos, y tempestades, y vapores de humo en países extranjeros; y también se oirá de guerras y rumores de guerras y terremotos en diferentes lugares. Sí sucederá en un día en que habrá grandes contaminaciones sobre la superficie de la Tierra...*» (Mormón 8:29-31)

Falsa Invasión

En 1995, Steve Jackson, inventor de juego de roles, terminó su nuevo trabajo que llamaría Juego del "Nuevo Orden Mundial Illuminati". Estas cartas mostraban con precisión, ya en 1995 que las Torres Gemelas serían destruidas, que el Pentágono sería atacado y que empezaría una guerra llamada "TERROR", o guerra contra un supuesto terrorismo. Lo mismo que fue descubierto por el matemático Eliahu Rips cuando descifró códigos en el Antiguo

Testamento. Rips halló sorprendentemente en un grupo de palabras: ataque terrorista, miles de personas... muertas, Bin Laden, las torres... gemelas, etc. ¿Cómo pudo Moisés saber y escribir esto hace 3.500 años, y además codificarlo de forma numerológica?

Bueno, el hecho es que los escenarios planteados en las cartas de Steve Jackson se hicieron ganar el título de mejores cartas de juego del año 1995. Puede que esto fuese así también por su historia, ya que la mañana del 1 de marzo de 1990, cuando Steve Jackson empezaba su proyecto, sin ningún aviso, una fuerza de agentes armados del Servicio Secreto – acompañados de la policía de Agustín y por lo menos un civil "experto" de la compañía de teléfono- ocuparon las oficinas de Juegos Steve Jackson y comenzaron a buscar equipos computarizados.

La residencia del escritor de GURPS Cyberpunk, también fue invadida. Una gran cantidad de equipos fueron confiscados, incluyendo cuatro ordenadores, dos impresoras láser, algunos discos duros sueltos y una gran variedad de hardwares. Una de las computadoras era la que corría el programa Illuminati BBS. Dicen que la compañía, "Juegos S. J." se defendió en los tribunales y finalmente ganó, pero casi quebró financieramente en el juicio. La investigación fue debida a un supuesto "fraude" cometido por la compañía a causa de actividades de hackers y el hecho de que la compañía promovía la revista hacker llamada "Phrack". Sin embargo, esto fue tan débil que no tenía sentido; de hecho, la declaración jurada no tenía mucho sentido y el Juez entregó el caso, concediéndole a Juegos S.J. $50,000 mas $250,000 por los honorarios del abogado. Por consiguiente, esto llevó a pensar que había un fuerte interés por parte del gobierno americano Illuminati, enviando al Servicio Secreto, en aquel entonces controlado por el presidente George Bush (Sr.), quienes estarían preocupados por algo que Juegos S.J. estaba preparando, así que buscaban un motivo para invadir sus oficinas y confiscar sus materiales.

Las cartas decían tantas verdades del presente y sobre nuestro futuro, que más bien invitamos al lector a que las investigue por sí mismo y comprenda lo que afirmamos. Pero una de las referencias que advertía –una invasión extraterrestre y la caída de un meteorito– es en lo que queremos enfatizar ahora. Un año después de salir las cartas, en 1996, la ONU sacó un documento secreto en conjunto con la Agencia Espacial de los EE.UU. (NASA), para la puesta en marcha de un sistema avanzado de satélites y el uso de hologramas espaciales en 3D. El plan estaba inspirado en trabajos que ya llevaban tiempo realizando los soviéticos, para preparar efectos especiales en la atmósfera, tan reales que un testigo no sabría distinguir entre real y ficticio, aun a sabiendas de que se tratase de una proyección artificial.

¿Cuál es su objetivo con esto? Todo gira en torno a los planes de los Illuminati para establecer el Nuevo Orden Mundial, es decir, una dictadura comunista global. De manera que, uno de los planes para que un único estamento tenga todo el poder militar y político, de manera que así pueda controlar el planeta Tierra, sería llamar al mundo al total desarme. Por consiguiente, si el mundo no tiene capacidad nuclear estaría a merced del ejército mundial Illuminati: OTAN. ¿Cómo pretenden conseguir esto? La idea fue naciendo desde que la ONU empezó sus estudios más serios y pormenorizados sobre avistamientos OVNI. Se pensó que la mejor excusa para unir a la raza humana en un único y gran fin conjunto, sería la lucha global por la supervivencia de nuestro género ante una eventual amenaza alienígena. El primero en hablar públicamente sobre esto fue el entonces presidente de los EE.UU., Ronald Reagan, quien habló de esto en las Naciones Unidas y así mismo comenzó el proyecto Star Wars, que constaba en la militarización del espacio con armas de gran avance tecnológico, para defender la Tierra de un posible ataque extraterrestre.

¿Creerían los Illuminati, que manejan la ONU, que efectivamente habrá un ataque a nuestra soberanía planetaria? O

¿prepararán una invasión holográfica para que todas las potencias mundiales lancen su arsenal nuclear al espacio hasta quedar inmunes? El proyecto Blue Beam, de proyecciones espaciales holográficas, consta de 4 partes, una de ellas es preparar dicho escenario fraudulento y mentalizar a la raza humana con la posibilidad de una guerra intergaláctica en nuestro mundo o una invasión: Independence Day, Gremlins, Titán E.A., El Quinto Elemento, Star Trek, Mars Attack, Skyline, Alien vs Predator II, Spiderman 3, Evolution, Los Cuatro Fantásticos II, Misteriosa Obsesión, V Invasión, Transformers, Señales, Tierra campo de Batalla, Expediente X, Inmortel, The Day the Earth still Stood (Ultimátum a la Tierra), Space Jam, Futurama, Star Ship Troopers, Están Vivos, La Quinta Fase, Men in Black, La Guerra de los Mundos, Monstruos contra Alienígenas, Invasión a la Tierra, y otras películas que nos llaman a prepararnos ante una guerra contra aliens, son el principio de esta paranoia.

Es más, el asociarnos con nuestros vecinos ETs es también un modo de adaptación que ha llevado a cabo Hollywood y otras empresas, quienes se ha tomado muy en serio ls labor de bombardearnos con este tema: E.T., Misión a Marte, Distrito 9, Encuentros Cercanos, Beast Wars, Star Gate, Star Wars, La Esfera, Inteligencia Artificial, Abyss, Superman, Indiana Jones, Crónicas de Riddick, el Planeta del Tesoro, Total Recall, La Montaña Embrujada, Coocoon, Guía del Autoestopista Galáctico, Lilo & Stich, Avatar, Dinoplativolos, Dragon Ball Z, Contact, Outlander, Fuego en el Cielo, Cazador de Sueños, Cacería Extraterrestre, Aliens: Seducción Extraterrestre, Predator, Alien, The Visiting (la Invasión de los Ultracuerpos), Little Chicken, Scary Movie 4, Planet 51, etc. Observe bien este fenómeno y cómo seguirá aumentando, incluso en videojuegos.

Las cartas de Steve Jackson daban dos opciones a amenazas mundiales provenientes del espacio exterior: una asteroide cayendo a la Tierra y una invasión foránea por parte de civilizaciones más avanzadas. Según el ex militar de Inteligencia Naval de EE.UU., M. Bill Cooper, algunas referencias fueron estudiadas por el SIV (Servicio de Inteligencia del Vaticano) y la CIA entre la década de los 60 y los 70, con base al Milagro de Fátima (ellos creían que dicho "milagro" en Portugal, fue realmente un espectáculo desarrollado por un OVNI de origen extraterrestre) y dieron como posible el hecho de que un gran objeto cayese a la Tierra, sacándolo de varias profecías, una de ellas, un texto apocalíptico que cita: «*El tercer ángel tocó la trompeta, y cayó del cielo una gran estrella, ardiendo como una antorcha, y cayó sobre la tercera parte de los ríos, y sobre las fuentes de las aguas. Y el nombre de la estrella es Ajenjo. Y la tercera parte de las aguas se convirtió en ajenjo; y muchos hombres murieron a causa de esas aguas, porque se hicieron amargas.*» (Apocalipsis 8:10-11) Así mismo otra descripción similar puso ya en aquel entonces en sobre aviso al Vaticano y al gobierno de los EE.UU.: «*El quinto ángel tocó la trompeta, y vi una estrella que cayó del cielo a la tierra; y se le dio la llave del pozo del abismo. Y abrió el pozo del abismo, y subió humo del pozo como humo de un gran horno; y se oscureció el sol y el aire por el humo del pozo.*» (Apocalipsis 9:1-2)

Otras referencias fueron estudiadas sobre la relación que había entre los tales "ángeles" de la antigüedad y los casos de Encuentros Cercanos con otras entidades. Este estudio, que comenzó con los ex presidentes Harry S. Truman y siguió con Dwight Eisenhower, comprobó que claramente estos seres habían estado involucrados con la humanidad a lo largo de la historia. Se consideró más adelante que era una amenaza a la Seguridad Nacional, no por los antecedentes –porque no han sido hostiles-, sino por el interés de la élite Illuminati en que no regresen. La razón es, que todas las referencias a estos seres implican a un grupo en particular que si llegase a la Tierra derrocaría a nuestros gobiernos, a la élite del mundo, al poder corporativo y financiero, y traería la paz mundial. La élite lo suponía por los registros y por versos como: «*Vienen de lejana tierra, de lo postrero de los cielos, Jehová y los instrumentos de su ira, para destruir toda la tierra.*» (Isaías 13:5) La amenaza era en otros epígrafes referente a los amos del mundo, la gente que detenta el poder; serían ellos los que recibirían esa "ira de Dios", por cuanto hicieron todo lo que desearon contra la raza humana, dominando, esclavizado, matando, envenenando, etc. Era claro que ese grupo extraterrestre en concreto estaba vinculado a los eventos citados en la Biblia y a la historia de Israel en su contexto: «*Las carrozas de Dios se cuentan por veintenas de millares de millares; Entre ellos el Señor viene del Sinaí a su santuario.*» (Salmo 68:17).

Aquí, como en el libro del profeta Ezequiel y de los Reyes, se habla de objetos voladores no identificados. Ezequiel dice que los vio bajar del cielo y volver a subir en discos metálicos con muchas ventanillas: «*Mientras yo miraba los seres vivientes, he aquí una rueda sobre la tierra junto a los seres vivientes, a los cuatro lados. El aspecto de las ruedas y su obra era semejante al color del crisólito. Y las cuatro tenían una misma semejanza; su apariencia y su obra eran como rueda en medio de rueda. Cuando andaban, se movían hacia sus cuatro costados; no se volvían cuando andaban. Y sus aros eran altos y espantosos, y llenos de ojos alrededor en las cuatro.*» (Ezequiel 1:15-18) Esta referencia incluso aparece en el film Illuminati denominado "Knowing" (Señales del Futuro). Si bien, los Illuminati también tienen conocimiento de otras entidades ETs con las cuales se han vinculado, entre ellas "El Dragón", bastante citado en todas las leyendas y mitos antiguos de la Tierra.

Entonces ¿habrá o no una invasión? Las cartas Illuminati dicen que después de desarrollar, o durante, un gran caos mundial —en gran medida ocasionado con armas geofísicas que trastornarán el medio ambiente y por hologramas del Blue Beam en el cielo- entre mediados de 2012 y 2013, habrá varios eventos de bandera falsa también en relación a una invasión. Todo esto igualmente fue advertido en contadas ocasiones, diciéndonos que no creamos a lo que vaya a ocurrir por muy real que parezca: «*Así dijo Jehová: No aprendáis el camino de las naciones, ni de las señales del cielo tengáis temor, aunque las naciones las teman.*» (Jeremías 10:2) Porque ciertamente habrá cosas en el cielo que esta generación verá, y que nos sobrecogerán: «*Entonces [Jesús] les dijo: Se levantará nación contra nación, y reino contra reino; y habrá grandes terremotos, y en diferentes lugares hambres y pestilencias; y habrá terror y grandes señales del cielo.*» (Lucas 21:10-11) El mismo libro sagrado avisa de que la propia élite Illuminati controlará dichos hologramas y armas geofísicas, afirmando: «*[El Inicuo] también hace grandes señales, de tal manera que aun hace descender fuego del cielo a la tierra delante de los hombres.*» (Apocalipsis 13:13)

¿Algo ficticio? Más bien demasiado real: «*Y daré prodigios arriba en el cielo, Y señales abajo en la tierra, Sangre y fuego y vapor de humo; El sol se convertirá en tinieblas, Y la luna en sangre, Antes que venga el día del Señor, Grande y manifiesto; Y todo aquel que invocare el nombre del Señor, será salvo.*» (Hechos 2:19-21) Desde el año 2010 se habla de avances en hologramas cada vez más sofisticados. La inauguración del nuevo año en Japón se celebró con la aparición de un gran dragón holográfico en 3 dimensiones saliendo del agua. Este fabuloso espectáculo, realizado por medio de ases de luz, no es el único holograma creado en grandes dimensiones, pero sí uno de los que son manifestados de manera oficial. Un equipo de investigadores del College of Optical Sciences de la Universidad de Arizona creó un aparato que puede grabar y proyectar una imagen tridimensional que se mueve en tiempo real y que puede verse sin necesidad de lentes especiales.

La telepresencia holográfica existe hace tiempo, de manera pública, para imágenes estáticas, pero hacerlas móviles y cambiantes, para que funcionen como video holográfico, no se conocía abiertamente. Este prototipo usa una pantalla de 10 pulgadas hecha de un novedoso polímero fotorefractivo que puede refrescar un holograma cada 2 segundos. No es exactamente tiempo real, pero es un gran avance si se piensa que hasta ahora sólo se podían proyectar imágenes estáticas. Además, el equipo ya está trabajando en mejorar la tasa de refresco. Con este sistema se pueden crear imágenes de múltiples colores que llegan a captarse en un lugar y transmitir a otro donde las imágenes son reproducidas usando la pantalla holográfica. El sistema utiliza una serie de cámaras para capturar el objeto en 3D, y luego codifica los datos en un láser que proyecta sobre el polímero especial para crear la imagen.

¿Cómo llegarán a perfeccionar todo esto? un documento de la ONU y la NASA esclarece este enigma: «*De hecho, el Proyecto Satélite Azul (Blue Beam) de la NASA consta de varias partes, 4 pasos hacia la puesta en práctica (implementación) hacia la Nueva Religión del Mundo con el Anticristo a su cabeza...*» (Documento de la NASA y la ONU - 1996) sus partes son: 1. Destrucción del conocimiento, 2. Gigantesco show espacial con hologramas y sonido, 3. Comunicación telepática virtual y 4. Manifestaciones sobrenaturales, desarrolladas en 3 fases. Esta última parte, la 4ª, está desglosada en 3 importantes puntos a seguir:

Uno. Es hacer a la humanidad creer que una Invasión Extranjera (extraterrestre) está a punto de acontecer en cada Gran Nación de la tierra para empujar a cada gobierno importante para utilizar armas nucleares con motivo de contraatacar. Esta estrategia pondría a cada una de estas naciones en un estado de desarme completo delante de las Naciones Unidas después del falso ataque.

Dos. Es hacer a los cristianos creer en el Gran Rapto con la supuesta intercesión divina de una fuerza extranjera buena (extraterrestres) que viene a salvar a la gente buena de un brutal propósito satánico, y esta meta es para eliminar la oposición al N.W.O (Nuevo Orden Mundial).

Tres. Esta orientación es una misión basada en fuerzas electrónicas y sobrenaturales. La onda usada en ese momento permitirá que las fuerzas sobrenaturales viajen a través de los cables coaxiales de libertad óptica, nueva línea de teléfono eléctrica dando orden para penetrar por todas partes un equipo electrónico, y esta aplicación será instalada ya. Entonces entra en acción una ola de suicidios, de matanzas y de desórdenes psicológicos permanentes.

Entonces, después de esta "NOCHE DE LAS MIL ESTRELLAS", la humanidad está preparada para imaginar cualquier nuevo Mesías (el Anticristo) para restablecer paz por todas partes a cualquier costa, incluso al coste de libertad abdicativa."

Chemtrails, la Fumigación a Humanos

El moderno fenómeno de los Chemtrails no deja de llevar a teorías sorprendentes, en muchos casos apoyadas por testimonios reales de funcionarios militares. El nombre "Chemtrail" viene de "Chem" (Chemical, que del inglés traduce: "Químico") y "Trail" (Estela, trazo de humo dejado por los aviones. También una voz inglesa). Esta estela no se debe confundir con la cola de nube generada por el drástico cambio de temperatura entre el calor intenso de las turbinas de las aeronaves con el extremo frío de la atmósfera a dicha altura. Los teóricos afirmaban que ciertos aviones llevan décadas lanzando agentes químicos por el aire para diseminar toxinas y para detener la lluvia. Posteriormente, este evento pasó a manos de gente de insignia, quienes confirman dichos hechos, incluso apuntando a los propios militares quienes prestan aviones sin insignias para realizar las fumigaciones.

La diferencia entre una estela normal de un avión y la artificial que deja un Chemtrail radica en el tiempo que tarda el trazo dejado por un avión, un par de minutos, con el de químicos, que puede llegar a durar horas. Cuando se rocían estos agentes patógenos por la atmósfera no suelen verse distribuidas de forma caprichosa sino organizada, a veces incluso en forma de telarañas dibujadas por todo el cielo. El autor William Thomas (escritor de "Chemtrails Confirmed") es uno de muchos investigadores que advierten sobre los intereses Illuminati de contaminar a la población y evitar la lluvia. Este plan ya ha sido usado con éxito en muchos países para evitar que haya precipitaciones en regiones concretas –como en la guerra de Vietnam-, pero ahora está siendo utilizado para destruir las cosechas y alterar los cultivos y la producción agraria. Durante los primeros años de la fiebre de los Chemtrails, algunos científicos y estudiantes de química descubrieron que, al quedar una región expuesta a estos vuelos fantasmas, se podían estudiar los compuestos que llegaban pocos minutos después al suelo. Claramente no eran los componentes normales que saldrían de la turbina de un avión –de por sí, no debería haber nada en tierra. Entre algunas cosas que rápidamente el gobierno trato de acallar fue el descubrimiento de ántrax, cepas de gripe, y "nano-robots". Ahora la cosa se complica puesto esto no parece lógico ni creíble. Aún seguirá habiendo cambios drásticos del clima, terremotos, guerras, y demás, pues todo ya fue profetizado desde tiempos milenarios.

Muchos de los defensores de la existencia de una práctica ilegal citan la existencia de un escrito elaborado por las fuerzas aéreas titulado "El clima como factor multiplicador de la fuerza militar. El control climático para el 2025". Los militares se defienden afirmando que este escrito es una mera elucubración teórica que en absoluto refleja políticas actuales o futuras de la Fuerza Aérea. En apoyo de sus tesis los militares citan abundantes artículos científicos y periodísticos que señalan todo el controvertido asunto de las "chemtrails" como un engaño fruto de la confusión bienintencionada de los ciudadanos y de la interferencia de elementos desaprensivos. Obviamente se defienden con afirmaciones estructuradas y defendidas por todo el aparato del Complejo Militar-Industrial, el cual tiene más poder que el propio Senado y la Cámara de Representantes de los EE.UU.

Lavado Masivo de Cerebro

La utilización de medios técnicos o propagandísticos para mantener una conciencia social baja y un pueblo vulnerable de ser controlado, ha sido una meta fundamental en la mente de quienes gobiernan nuestro planeta. La tecnología ha ayudado a la raza humana a tener una mayor comodidad cotidiana, pero también ha sido un arma contra ella misma. Cuando hablamos de arma, no solo nos referimos a este problema a escala nuclear, como la capacidad atómica y sus consecuencias, o en sí mismo el mercado de la guerra y sus instrumentos de masacre, sino de los medios más sigilosos y mortíferos que aún superan a estos. Mecanismos capaces de matar a más humanos que cientos de armas nucleares. En este respecto, cuando el 7 de diciembre de 1941 se inauguró la televisión, pocos sabían quién había sido su mayor precursor. William Crookes (un físico muy respetado en la era victoriana) no buscaba crear lo que hoy llamamos Televisor, sino tatar de que se materializasen o proyectasen en una pantalla seres de otras dimensiones, esencialmente demonios. Hoy, ese misterio y lo que está detrás de ello sigue oculto. Mientras algo ocurre en otros planos, nosotros recibimos radiación constante.

El cerebro emite ondas que, en la vigilia, están operando alrededor de 13 a 33 Hertz (ondas beta) o durante un estado de profunda meditación varían entre 3 y 7 Hz. Las ondas alfa (7-12 Hz) se emiten en un sueño o en un estado meditativo. Por último, están los rayos gamma (34-60 Hz) que se encargan de vincular el tiempo y el espacio neuronal y se interrelacionan en la realidad como una interpretación completa (memoria y conciencia). El hombre es el producto de una onda de interferencia generada entre su campo de electrodinámica y la resonancia Schumann. El televisor envía al observador, unos 30 Hz, lo cual, no sólo atonta al espectador, sino que lo sitúa en un estado de trance en el cual absorbe involuntariamente todo cuanto le es proyectado. La idea original de William Crookes, era, como en el caso de mucho otros, tratar de que seres pan-dimensionales pudiesen utilizar la electricidad para manifestarse o al menos proyectarse en una pantalla. Esto no es ciencia ficción, es un hecho. Su investigación no iba ligada de una fantasía personal sino de su conocimiento científico. La idea de utilizar la electricidad o la tecnología para usarla como puente dimensional comenzó ya a considerarse en días de Nikola Tesla y Thomas Edison. Desde entonces, el trabajo de Crookes se ha perfeccionado en manos de otros, pasando a la utilización de microprocesadores y equipos que lanzan ondas de todo tipo de frecuencias de manera teledirigida.

En 1996 se habló de tecnología ya desarrollada, que involucra una mezcla de fuerzas electrónicas y sobrenaturales. Las ondas (frecuencias) usadas en ese momento «*permitirán a las fuerzas sobrenaturales viajar a través de cables de fibra óptica, cables coaxiales electrónicos y líneas telefónicas para penetrar en todos los equipos electrónicos y aparatos que para ese entonces tendrán todos un microchip especial instalado. La meta de este paso es la materialización de fantasmas satánicos, espectros, y poltergeists, todo alrededor del globo para empujar a todas las poblaciones al borde de una ola de suicidio, matanza y desorden permanente.*» (Documento "Blue Beam". Año 1996. NASA & ONU) Tengamos en cuenta que se puede utilizar control mental sobre una persona para hacerla, como se tiende a decir, "zombi" y obediente a cualquier cosa, en especial con hipnosis. Bajo este estado no piensan con claridad ni toman decisiones propias. Incluso, una persona puede volverse "zombi" si recibe muchos daños cerebrales. Las tradiciones haitianas, africanas y chinas consideraban este aspecto una realidad y no una leyenda o un "cuento chino". Es más, los chinos los llamaban "Geong Si" -Jiang Shr (Putonghua) o Kuang Shi (cantonés)- quienes "tienen cuerpos físicos, pero no están vivos." Esta ideología es también materia para el cine de ficción, pero en este caso se refiere a personas en estado de trance, hipnosis o posesión. Temas que van más allá de la investigación científica convencional, como con el estudio de la partícula de DMT o las teorías de Supercuerdas y de Todo (Theory of Everything).

La utilización de ondas de Baja Frecuencia o Muy Baja Frecuencia son una realidad a la hora de influir en el estado de ánimo de una persona. La energía y las ondas pueden dejar a alguien en un estado de fácil dominio e incluso "programarle". Los trabajos secretos de la CIA, llamados MK-Ultra –que fueron desvelados a la opinión pública tras la Ley de Libre Información de 2009 presentada por Barak Obama- estaban directamente dirigidos al lavado de cerebro y la programación mental, o sea, "borrón y cuenta nueva" y programación de individuos, en su mayoría para incentivar el fenómeno del "terrorismo" y establecer figuras públicas o artísticas, como los cantantes o estrellas de cine. Una señal externa o un programa –ver el ejemplo de la película "Serenity"- y la persona obedecía una orden que había sido insertada inconscientemente en su cerebro, tal como lo hacían los asesinos (de la palabra árabe "Hashishím". Asesinos Solitarios). Las ondas del "Tubo" –como se suele llamar al televisor- permiten a los televidentes ser adormecidos, no solo al sentarse frente a la pantalla, sino actuando como un "tratamiento" que cada vez más va teniendo un resultado duradero en la mente, incluso fuera de la zona de programación. Esto permite además un cambio vibratorio en la frecuencia de energía humana y robotiza a la persona a "...pensar como el Tubo, a actuar como el Tubo...". Esto lleva a la docilidad social y es la razón principal del cambio abrupto en la forma de pensar y actuar de las gentes en los últimos 70 años.

La obsolescencia programada es parte de este trabajo. El sistema global que se ha modelado y erigido lenta y terriblemente en el plano comercial lleva a "comprar-tirar-comprar" y mantener un constante consumismo: «*Al ritmo que la tecnología avanza, la gente empezará a implantar chips en nuestros hijos para hacer publicidad directamente en su cerebro y les dirán qué tipo de productos comprar.*» (Hillary Clinton en la Kaiser Family Foundation el 20 de julio de 2006). Las principales víctimas de esta red y sobre quienes las multinacionales ejercen mayor interés son los niños. Si a un niño se le crea artificialmente una necesidad, él presionará a sus padres para que se la compren. Se vuelve una necesidad creada de llenarse de artefactos o meterse en compromisos bancarios, para poder hacer frente a hipotecas (esto es parte directa y organizada del titán financiero). Son artilugios innecesarios que se han hecho trascendentales en la vida humana porque "lo dice el Tubo". Eso explica porque, a pesar de estar hasta el cuello de deudas, la gente sigue llenando los comercios y gastando un dinero que no tiene.

Otro elemento significativo y, uno de los más trascendentales, del uso de la televisión por parte del sistema gubernamental, está dirigido a la educación. La gente se cree lo que ve en la televisión, vive las modas de acuerdo a cómo lo diga la televisión, escucha a los artistas y compra su música de acuerdo a la persona que según la televisión está de moda y la gente va a comprar de acuerdo a la temporada del año en la que esté, porque lo recuerda el Tubo (hace su papel de diario para que cumplamos con las eternas tradiciones politeístas y maquiavélicas). La desinformación es parte sustancial de este trabajo. Un presidente norteamericano dijo: «*un pueblo ignorante, es un pueblo fácil de manejar.*» Cuando no era suficiente con que hubiese una televisión –o más- en cada casa, Bill Clinton se propuso la meta de llevar un ordenador a cada hogar, para que no sólo hubiese una pantalla sino dos. Según un artículo de Texe Marrs, de hace ya casi diez años, deja bien claro que el Gobierno Federal de los EE.UU., junto a los gigantes de los negocios, planearon usar cada vez más la tecnología computacional para controlar fuertemente a todas las personas, comenzando con los cristianos y/o Patriotas Fundamentales. El artículo de Marrs también dice: «*El plan siniestro del gobierno de controlar minuciosamente nuestras vidas diarias por* *medio de un sistema global bestial de red de computadoras recientemente, ha logrado avances asombrosos. La trampa de alta tecnología está siendo apretada rápidamente alrededor de los cuellos de la ciudadanía. El presidente Bill Clinton anunció el pasado 10 de octubre que el gobierno quiere que todo hogar en los Estados Unidos tenga una computadora y esté conectado a Internet. Al presentar una nueva iniciativa del gobierno de $500US millones para lanzar esta idea, Clinton lo hizo parecer como una cosa noble cuando dijo: 'Aspiremos hacia un objetivo en el siglo 21, el que todo hogar esté conectado a Internet, y que seamos traídos más cerca uno al otro como una comunidad a través de esta conexión'.»*

Entre más medios de adormecimiento social y desinformación haya, mejor será para la élite del poder controlar a las masas. Esto se suma a los videojuegos, ya sea de consolas, de computadoras o de teléfonos móviles. Además de ser rastreados en todo momento, como con el chip de los perros, los equipos eléctricos permiten que se utilicen campos energéticos, de vibración, ondas y niveles de frecuencias para modificar y alterar el estado emocional y la voluntad humana. Las cadenas de televisión nacionales e internacionales pertenecen a los socios del satánico Club Bilderberg, los "amos del planeta". Es su meta común usar las cadenas de noticias, programas rutinarios y anuncios publicitarios para llevar al pueblo a la docilidad, la idiotez y la ignorancia. La desinformación es crucial en las metas de dichos psicópatas, cuyo único interés es controlar a la gente como zombis y exprimirles el dinero como vampiros. Como siempre, el enfoque principal, el blanco, son los niños. Si educan a los niños de forma desordenada y corrupta, eso es lo que serán de mayores. Las palabras que usan, su vocabulario, como sus acciones, moral, manías, aficiones, ética, desarrollo social y creatividad están ligados a lo que aprenden en el Tubo, mucho más de lo que lo hacen en su colegio. La razón es simple, *«una imagen vale más que mil palabras»*, y, además, se invierte más dinero en el márquetin que en el sistema educativo –por no decir que no se invierte nada, porque el propio sistema educativo está comprado por los amos del mundo desde mediados de 1910, para el mismo fin: desinformación.

Poco saben las personas sobre el bombardeo mediático de material ocultista. El satanismo y el ocultismo han estado siendo diseminados cada vez más por medio de dibujos animados, series televisivas, películas, videojuegos y actividades públicas como el folklore. Los niños son los principales amenazados y a quienes se les hace mayor meya. El satanismo fue prolífero, no solo en el antiguo Egipto y en Escandinavia, sino en el Lejano Oriente. Esto lleva a que la educación asiática esté fuertemente impregnada por dichos valores y creencias. La Toei Animation es solo una productora japonesa más de muchas que exportan Animes satánicos o con material ocultista, aunque las productoras norteamericanas tampoco se quedan cortas: Walt Disney gana en esta carrera a la MGM (Metro Golden Mayer) y a la Warner Brothers. El fundador de la "fantasía Disney", un nazi antisemita y masón con prácticas ocultistas sabidas, no solo fue uno de los precursores de la robótica, sino una fuerte influencia para sembrar satanismo en cada hogar donde hubiese un televisor. Esto se aprecia no solo con las multas que recibieron tras producir "La Sirenita", por su material subliminal y pornográfico, sino el criticismo de quienes conocen este terreno y temen que sus hijos sean llevados a esta materia destructiva y peligrosa, en muchas otras producciones.

«...si no os volvéis y os hacéis como niños, no entraréis en el reino de los cielos. Así que, cualquiera que se humille como este niño, ése es el mayor en el reino de los cielos. Y cualquiera que reciba en mi nombre a un niño como éste, a mí me recibe. Y cualquiera que haga tropezar a alguno de estos pequeños que creen en mí, mejor le fuera que se le colgase al cuello una piedra de molino de asno, y que se le hundiese en lo profundo del mar. ¡Ay del mundo por los tropiezos! porque es necesario que vengan tropiezos, pero ¡ay de aquel hombre por quien viene el tropiezo! [...] Mirad que no menospreciéis a uno de estos pequeños;

porque os digo que sus ángeles en los cielos ven siempre el rostro de mi Padre que está en los cielos. Porque el Hijo del Hombre ha venido para salvar lo que se había perdido. ¿Qué os parece? Si un hombre tiene cien ovejas, y se descarría una de ellas, ¿no deja las noventa y nueve y va por los montes a buscar la que se había descarriado? Y si acontece que la encuentra, de cierto os digo que se regocija más por aquélla, que por las noventa y nueve que no se descarriaron. Así, no es la voluntad de vuestro Padre que está en los cielos, que se pierda uno de estos pequeños.» (Jesús de Nazaret) Igualmente entre el cine, ya sea para grandes o pequeños, se ve esta amenaza. El reavivar las hazañas y nombres de dioses y demonios que han hecho parte de la historia de otrora está también en todos lados. Quienes se conocieron, o conocen, como grandes escritores o guionistas, han sacado a la luz films llenos de educación paranormal y culto a los demonios, así como formas de llamar a los espíritus. Así es como pasan frente a nosotros cientos de películas sin que entendamos cómo nos están envenenando. Ellas son, evidentemente, las más taquilleras de la historia.

Hoy podemos ver anuncios promoviendo "borrar recuerdos", como en la película Total Recall (Desafío Total), con Arnold A. Schwarzenegger, parte del gran plan para lavar nuestro cerebro y dejar una mente dócil y manejable, una civilización borrega que no discuta nada ni pretenda mirar por encima de su cabeza. Pero los televisores, ordenadores y móviles aún quedarán obsoletos ante las nuevas tecnologías de redes satelitales, capaces de proyectar hologramas en la atmósfera. Esta es una tecnología que los rusos han descubierto hace más de una década y que EE.UU. también ha alcanzado y perfeccionado. Hoy se pueden ver, si se investiga, grabaciones de video en todas partes del mundo donde se ven proyectados grandes objetos, espirales, "vírgenes", luces, cruces, y similares apariciones, desarrolladas bajo el marco de trabajo y estudio del proyecto Blue Beam de la NASA y la ONU.

Aun así, las proyecciones 3D no estarán solas, sino que vendrán acompañadas de audio. Puede que en menos de una década veamos avanzar estos ingenios más allá de nuestra imaginación. Llegaremos a ver "deidades" proyectadas en el cielo, hablándonos, e incluso nosotros mismos creyendo tener comunicaciones divinas con dichas divinidades o "Mesías" falsos. ¡Qué punto tan crítico y cuán bajeza, cuando ese día llegue! No son las armas las que realmente pueden matarnos ni a las que deberíamos temer, sino a la televisión. Una palabra puede matar más que una bomba atómica. De las intenciones que tiene la élite gubernamental sobre la humanidad es de lo que se nos presenta en el Tubo para destruirnos, manipularnos, contaminarnos y matarnos. «*No lo que entra en la boca contamina al hombre; mas lo que sale de la boca, esto contamina al hombre. [...] ¿No entendéis que todo lo que entra en la boca va al vientre, y es echado en la letrina? Pero lo que sale de la boca, del corazón sale; y esto contamina al hombre. Porque del corazón salen los malos pensamientos, los homicidios, los adulterios, las fornicaciones, los hurtos, los falsos testimonios, las blasfemias. Estas cosas son las que contaminan al hombre; pero el comer con las manos sin lavar no contamina al hombre.*» (Jesús de Nazaret)

Destrucción del Conocimiento

A comienzos del año 1911, los Illuminati empezaron a comprar las editoras que publicaban los libros de textos, hasta que se adueñaron de todas ellas después de la Primera Guerra Mundial. Una vez ellos tenían el control de los libros de educación, gradualmente empezaron a "embelesar" el curriculum y a reescribir la historia. Un investigador lo dijo así: «*Hoy, los estudiantes de las escuelas públicas desde la Segunda Guerra Mundial han recibido una calidad educativa cada vez menor, hasta ahora la población es en gran parte académicamente inferior, políticamente es un rebaño de "carneros", y religiosamente son ignorantes acerca de la Verdad de Jesucristo.*» Los Illuminati dispusieron entonces un sistema educacional mediocre que comenzó a ser llevado primero a sur América. Escogieron inicialmente Colombia como cobaya para evitar un levantamiento civil en contra del cartel de la droga, las esmeraldas, las armas, el azúcar, el café y otros productos nacionales de exportación. Junto a un sistema mediocre de educación, que no tardó en llegar a los EE.UU., los Illuminati presentaron las nuevas versiones de la historia. Algunos ejemplos de las mentiras que fueron enseñadas, y que hoy siguen apareciendo en los libros de educación básica, se dieron tanto en historia como en ciencias. Por ejemplo:

• A nivel mundial se hizo creer que la guerra de Vietnam comenzó por el ataque a un barco norteamericano en el Pacífico, no obstante, ese barco jamás existió.

• Se aseguró que el Titánic se habría hundido por el impacto de un iceberg, a pesar de que es elemental que el hielo no rompe el hierro, de lo contrario no existirían los picahielos. Los americanos y soviéticos sabían que el trasatlántico había sido hundido por un submarino alemán (ver nuestro libro: "Estrellas Errantes").

• Se enseñó que Adolf Hitler se había suicidado en un búnker de Berlín durante el asedio a la ciudad, pero lo cierto es que el General español Francisco Franco le ayudó a huir a España y posteriormente a Argentina.

• Se enseñó la teoría de que la Tierra tenía un núcleo de níquel, es decir, que es sólida y que la gravedad era ejercida desde adentro. Si así fuese mediríamos 1cm de altura debido a la presión a la que estaríamos sometidos.

• Se ha enseñado que los japoneses tacaron Perl Harbour sin previo aviso en 1941. Sin embargo, EE.UU. sabía perfectamente que los atacarían e incluso los estaban coaccionando para hacerlo y que diesen a EE.UU. excusas de entrar en la II Guerra Mundial.

• Se han publicado muchas fotografías del holocausto nazi para engrandecer el genocidio alemán y quitar tiranía a los "gringos". En 1942 alrededor de 110.000 ciudadanos japoneses con nacionalidad americana fueron llevados a campos de concentración de los EEE.UU. y las fotografías de sus asesinatos fueron expuestas como si fueran judíos víctimas de los nazis (evidentemente hubo un gran genocidio Nazi, pero muchas fotos expuestas no eran de judíos).

• Se enseña que nunca ha habido contacto con civilizaciones extraterrestres, pero ya en 1939 los alemanes las habían tenido, y así mismo los rusos, en décadas aproximadas (ver nuestro libro: "Estrellas Errantes").

Aún hoy la historia sigue tergiversada y en el campo científico el trabajo de la francmasonería fue exitoso. Un decano de la masonería de la logia Canongate Kilwining de Edimburgo, llamado Erasmus, abuelo de Charles Darwin, empezó a impulsar ciertos movimientos naturalistas que pronto llegaron a ser similares a las ideas de Lamarck y Charles Lyell. Los tres fueron los motivadores de las ideas de Charles Darwin. La masonería llevaba años haciendo la guerra al monoteísmo y encontró en otro masón, Thomas Huxley, el apoyo para animar y defender las ideas anti-científicas de Charles Darwin para poder quitar cualquier protagonismo a un ser creador de la vida y atribuírselo al azar. Esto tendría éxito gracias a las grandes financiaciones del poder británico y al desconocimiento del vulgo sobre conceptos elementales de biología y zoología. Al pasar los años y ser documentada cada vez más información sobre el origen de la vida, otro investigador famoso, Zecharia Sitchin, presentaría una nueva teoría sobre el origen del hombre diciendo que habría sido creado por astronautas milenarios de un planeta análogo a la Tierra –basado exclusivamente en registros de la civilización sumeria, pero bajo su punto de vista-, en parte algo similar a la expuesta por el premio nobel de ciencia Francis Crick, quien postuló que la vida en la Tierra se manifestó gracias a lo que se llama Teoría de la Panspermia, o sea, que nuestro mundo fue "inseminado" deliberadamente por seres inteligentes de otro mundo.

Sin embargo, estas ideas no llegaron a ser tan promovidas hasta los estudios pormenorizados de dos eminencias de la arqueología: Michael Cremo y Richard Thompson, unos escritores que con vasta documentación de registros fósiles rompieron totalmente con la idea darwiniana, aunque los medios de comunicación y libros de texto, controlados por los Illuminati, no hicieron eco de sus investigaciones. Posteriormente un erudito turco presentó en televisión y libros una apabullante documentación que demostraba que los conceptos evolutivos enseñados públicamente en las escuelas y universidades eran erróneos y tendenciosos. Este señor reveló que aquellos que detentan el poder no buscan la verdad sino querían hacer victoriosa la guerra masónica antirreligiosa. En otras palabras, resumiría la visión de estos escritores en pocas palabras: "si los Illuminati desean creer que Dios no existe, es cosa suya, pero no tomen la ciencia como arma subjetiva."

Dado que los descubrimientos que mostraban al ser humano en tiempos muy remotos empezaron a hacerse populares, los Illuminati empezaron un nuevo plan que incluyeron en el proyecto Blue Beam destinado a la "Destrucción de todo Conocimiento Arqueológico", para evitar que el mundo supiese que ya había hombres en el terciario –como postuló el reconocido científico alemán Herr Horbigger. «*Se trata de organizar terremotos en ciertas ubicaciones precisas alrededor del planeta, donde supuestos nuevos 'descubrimientos' explicarían finalmente que los significados de las doctrinas básicas de las religiones importantes de todo el mundo están 'equivocadas'.*» (Documento Blue Beam de la ONU. 1996) Este primer punto continúa citando: «*Esta falsificación se usaría para hacer creer a la población que toda doctrina religiosa se ha entendido y se ha interpretado mal. Esta falsificación empezó con la película '2001: Una Odisea Espacial', la serie televisiva 'Star Trek', la Guerra de las Galaxias, E.T., todos los cuales hablan sobre 'invasiones' espaciales y 'protección'. El Parque Jurásico fue para empujar la teoría de la evolución.*»

Como explicábamos en nuestro artículo anterior, esto tiene que ver con el plan iniciado por Ronald Reagan, denominado Star Wars, el arma geofísica HAARP y los hologramas del susodicho proyecto Blue Beam. ¿Qué temen los Illuminati con estos descubrimientos? Sencillo: que se sepa que seres extraterrestres crearon la vida en la Tierra y trajeron la vida orgánica, biológica, elemental a este orbe. Esto dañaría su plan de querer crear una nueva religión masónica inspirada en el concepto de Thelema del satanista Aleister Crowley, el mismo que inspiró a Hitler y con quien tuvo buena amistad. Si los Illuminati se han escudado en las ideas darwinianas, a pesar de que nunca fueron ciertas, es por su afán de abolir las religiones, pero no reemplazándolas por la verdad que demuestra el record arqueológico, sino para ofrecer su propia religión mundana, y además para acentuar la eugenesia –selección de los más aptos y eliminación de los débiles.

Enfermedades Creadas Deliberadamente en Laboratorios

Análisis forenses han determinado que la superbacteria E.Coli europea fue creada mediante bioingeniería para producir víctimas humanas, igual que en los años 40 sucedió con el SIDA y el Ébola –creados en laboratorios de los EE.UU. A pesar de que la búsqueda del culpable ha comenzado en la Unión Europea, la superbacteria E.coli deja su huella con víctimas y llenando hospitales en Alemania. En los medios de prensa masivos nadie parece interesarse en cómo una bacteria pudo mágicamente volverse resistente a 8 clases diferentes de antibióticos, además de aparecer súbitamente en los alimentos. Esta variación particular de E.coli forma parte del grupo de bacterias O104, las cuales en condiciones normales NO son resistentes a los antibióticos. Para que las bacterias puedan adquirir tal resistencia, deben ser expuestas en forma repetida a los antibióticos, con el fin de generar las condiciones necesarias para adquirir una inmunidad completa a los mismos.

Por lo tanto, si alguien quisiera averiguar los orígenes de la bacteria, lo que debería hacer es aplicar la ingeniería inversa al código genético de la E.coli, y así determinar a cuáles antibióticos fue expuesta durante su desarrollo. Este paso ya ha sido dado, y al echar un vistazo a la decodificación genética de la amenaza que pone en peligro a los consumidores a lo largo y ancho de la UE, un resultado tan sorprendente como macabro queda expuesto y recuerda a las modificaciones del virus de la gripe y las vacunas de las empresas de Donald Rumsfeld para contaminar a los estadounidenses y al resto del mundo que cayó en el miedo de los ataques de gripes "evolucionadas".

El código genético revela la verdadera historia: Los científicos chinos que completaron la secuencia del genoma de la nueva bacteria E. Coli, anunciaron que descubrieron genes en la bacteria resistentes a 8 tipos de antibióticos. Los investigadores del Instituto Genómico de Beijing, el mayor centro de secuencia de ADN del mundo, ha hallado genes en la recién identificada E.coli 0104, que le hacen resistente a las principales clases de antibióticos, como la sulfonamida, cefalotina, penicilina y estreptomicina. El descubrimiento no sólo ayuda a explicar las dificultades a las que se han enfrentado los doctores europeos en su lucha contra esta bacteria, que ha dejado un saldo de 18 muertos y unos 2.000 enfermos, sino que también favorece la selección de medicación adecuada para su tratamiento.

Los científicos chinos, que obtuvieron muestras de ADN de las bacterias de sus homólogos colaboradores en Alemania y completaron la secuencia del genoma en 3 días, anunciaron que la E. Coli es un nuevo tipo de bacteria infecciosa y tóxica, y que no está relacionada con anteriores brotes. No obstante, se asemeja en un 93% a la cepa EAEC 55989 de la República de África Central, que causa diarrea grave. Asimismo, esta bacteria O104 posee la habilidad de producir enzimas especiales que le dan "superpoderes", algo conocido técnicamente como betalactamasa de espectro extendido (BLEE).

La introducción de armas biológicas en nuestros alimentos: Entonces, ¿cómo es que una bacteria se vuelve resistente a tantas combinaciones de antibióticos, tiene un par de mutaciones genéticas mortales y, como frutilla del postre, capacidades de enzima BLEE? La evidencia apunta a que la mortífera bacteria E.coli fue desarrollada artificialmente y luego introducida en el suministro de alimento, proviniendo del laboratorio. Si Ud. no está de acuerdo con esta conclusión, entonces se ve forzado a aceptar que esta superbacteria "octobiótica" (inmune a 8 clases diferentes de antibióticos) se generó por sí misma... y esa conclusión es aún más espeluznante que la de bioingeniería, porque significa que superbacterias octobióticas pueden aparecer de la nada y en cualquier lado sin causa aparente. Una teoría bastante exótica.

La explicación que es más fiel a los hechos y por ende tiene más sentido, es que E.coli fue concebida y liberada en el suministro de alimento con un propósito específico. Mas ¿cuál es ese propósito? Todo se trata de: problema, reacción y solución. Primero causan el PROBLEMA (una superbacteria en la comida). Luego esperan por la REACCIÓN (protesta popular y terror en la población). En respuesta a eso, se introduce la SOLUCIÓN deseada (un control total sobre el suministro de alimentos y la prohibición de semillas, vegetales y leche en estado natural y vacunas). En Estados Unidos hace poco se lidió con el mismo asunto, impulsando el "Acta de Seguridad y Modernización de Alimentos", la cual en esencia prohibió las pequeñas cosechas orgánicas en granjas familiares a menos que éstas le lamieran las botas a los reguladores de la FDA. Cuando la gente está asustada, en este caso con bacterias mortales en la comida que consumen, no es algo difícil hacerla aceptar casi cualquier regulación tiránica. Todo lo que se necesita son unas cuantas líneas de texto enviadas a los principales medios de comunicación.

Primero la medicina natural, ahora el suministro de alimentos: La mayoría recordará que hace poco tiempo la Unión Europea atacó a discreción a las hierbas medicinales y suplementos nutricionales. Una prohibición en contra de terapias totalmente naturales que mantienen a la gente saludable y libre de enfermedades. Ahora que esas hierbas y suplementos naturales están prohibidos, el próximo paso parece ser los alimentos frescos. Quizás por los beneficios que una buena dieta vegetariana conlleva. El objetivo parece dilucidarse por sí mismo, inculcar el TEMOR a los vegetales frescos y si se puede prohibirlos. Una vez dado ese paso se puede forzar a una población entera a seguir una dieta de alimentos procesados y totalmente controlados que producen gradualmente enfermedades degenerativas e incrementan las ganancias de las poderosas industrias farmacéuticas.

Ahora, ¿por qué la mira fue puesta sobre España? Pues bien, remitiéndonos a cables diplomáticos que recientemente fueron filtrados al público, nos encontramos con que España se negó a la introducción de los alimentos transgénicos (GMOs) en sus sistemas de agricultura, incluso bajo la fuerte presión del gobierno de Estados Unidos para que desistiera de tal actitud. El acusar a España por las muertes producidas a causa de la E.coli es probablemente una represalia por la resistencia a saltar al tren de los alimentos transgénicos. Esa es la verdadera historia detrás de bambalinas sobre la devastación económica de los granjeros españoles, y probablemente solo un capítulo del siniestro plan que utiliza a una bacteria genéticamente modificada como caballo de batalla (Fuente: Mike Adams. Traducido al español por Arkantos Khan. mysteryplanet.com.ar).

La Tierra Hueca

En 1947 el almirante de la US Navy y explorador polar, Richard E. Byrd, reavivó una teoría espectacular que tenía sus raíces en todas las mitologías de la Tierra: la Tierra Hueca. El novelista y masón Julio Verne habló de una tierra debajo de la superficie, algo que si no hubiese planteado como cuento sino como un hecho, en esa época le habría costado la vida. Grandes eminencias de la ciencia hablaban siglos atrás de que la Tierra no tenía un centro sólido sino "hueco", es decir, estaba vacía en su interior. Todas las antiguas leyendas de la humanidad hablan de una tierra maravillosa que está situada debajo de la corteza terrestre y a donde se puede llegar si se conocen las entradas a los miles de galerías, túneles y cavernas que conectan toda la Tierra subterránea. Los egipcios sabían sobre "El Mundo de Abajo", tal como los sumerios mencionaban el AB.ZU y los tibetanos citaban Shambala, la gran ciudad intraterrestre. Igualmente, la Biblia revela que debajo de la Tierra existe una civilización y que la entrada principal a dicho mundo son los casquetes polares: «*¿De qué vientre salió el hielo? Y la escarcha del cielo, ¿quién la engendró? Las aguas se endurecen a manera de piedra, Y se congela la faz del abismo.*» (Job 38:29-30) Las investigaciones realizadas sobre esta lógica teoría recuerdan los casos de congelamiento repentino, que han sufrido ciertos animales que han sido hallados incluso con comida sin digerir en el estómago. La "faz del abismo", como la llamó Job, es una región en forma de anillo ubicada tanto en el Polo Norte como en el Polo Sur, no sólo en la Tierra sino, al parecer, en todo cuerpo que se encuentra en el espacio.

Ese gran anillo se constituye de hielo, el cual limita el mundo subterráneo de la región terrestre de la superficie, y explica el origen de las auroras boreales. Eso, a pesar de desmoronar una hipótesis de varios siglos, que afirma que el núcleo de la Tierra es sólido, presenta la solución a una enorme cantidad de dudas científicas que hasta el momento no se han podido esclarecer. Cuando los estudios oficiales más importantes en Norteamérica sobre las profundidades de la Tierra empezaron a encontrarse con vacíos, se pidió al gobierno de los EE.UU. más fondos, pues habían descubierto que a una profundidad de 400km ¡no había nada!, luego de unos kilómetros volvía a haber solidez, hasta los 800km-1000km no había ya absolutamente nada. El gobierno de los EE.UU. se negó rotundamente a ofrecer más presupuestos para esta investigación. El secreto es obvio. Los polos están vigilados militarmente como si custodiasen una enorme mina de oro. No se permite sobrevolar los polos. Hay gran cantidad de pilotos que, con el rostro tapado para no dar su identidad, afirman que en los polos "existe un gigantesco agujero" y está prohibido volar por encima. Los propios satélites de comunicación y fotografía no tienen permiso para cruzar los polos ni fotografiarlos –el propio Google Earth ha modificado digitalmente las imágenes de los casquetes.

Algunos de los fenómenos que más rápido sacaron esta teoría del baúl de los mitos, fue estudiar la migración de grandes grupos de aves hacia el norte, en las vísperas del invierno, ¿a dónde van? ¿Acaso son suicidas? Igualmente encontramos que se han descubierto troncos de árboles, ramas verdes y animales congelados bajando de las corrientes que provienen del norte, ¿cómo es eso posible? Los legendarios marineros escandinavos e islandeses afirmaban que muchas veces veían esos fenómenos, es más, en un caso vieron un "hombre arcaico" congelado bajando en un bloque de hielo que provenía del norte. En décadas pasadas se han hallado mamuts, en uno de los casos, aún con comida en el estómago. Uno de los casos más espectaculares aconteció en Siberia, cuando un grupo de salvajes encontraron un mamut vivo, pero en vez de entregarlo a la ciencia, sus necesidades primarias pudieron más y se lo comieron. Pero los casos fantásticos van más allá: hay relatos de exploradores perdidos que dieron con el Polo Norte y la temperatura no eran los típicos 36° bajo cero, sino unos cálidos climas templados. El almirante Byrd dijo que, en una expedición polar, a mediados de los años 40, vio zonas verdes, montañas y su avión registró unos increíbles 24º Celsius –algo imposible para la región polar. Byrd fue condecorado al honor, la exploración polar y el mérito, o sea, no estaba loco. En algunos años se han grabado incluso montañas y zonas sin hielo, en contra de la suposición de que el Ártico es únicamente hielo flotando sobre agua, es decir, la hipótesis de que no hay tierra más allá de Groenlandia –aunque en los 90 se halló un fósil de un dinosaurio vegetariano.

Tal como relataría el profeta proto-hebreo Enoc, más allá de los polos existe una tierra llena de ríos, mares, lagos, montañas, árboles, vegetación frondosa, animales y gente hermosa que vive en armonía. También Enoc afirmaba que de debajo de la Tierra venían los vientos, las nubes y todos los depósitos de los asuntos climatológicos de la Tierra, como si este orbe fuese una enorme maquinaria de engranaje controlada desde abajo. Un verso del salmista decía: «*Hace subir las nubes de los extremos de la tierra; Hace los relámpagos para la lluvia; Saca de sus depósitos los vientos.*» (Salmo 135:7) Claramente los gobiernos se rehúsan a hablar sobre esto y en el sistema educativo continúan enseñando la farsa del núcleo de la Tierra, donde enseñan que en su mayoría está compuesto de níquel, sin ejecutar un cálculo obvio de física: si la Tierra fuese sólida, tal como dicen, mediríamos literalmente ¡1cm! debido a la atracción gravitatoria a la que estaríamos sometidos. El coronel del ejército de los EE.UU., Billie Faye Woodard, relató algo increíble hace algunos años: decía que su padre había trabajado en el Pentágono y posteriormente a él (Billie F. Woodard) también le habrían trasladado a las dependencias del Pentágono, donde no duró mucho. De ahí entró a trabajar en los programas secretos del gobierno, concretamente en las bases subterráneas en la afamada región de Nevada, en el Sector 51, Dream Land o Groom Lake (el famoso Área 51). En dicha zona supo de la cantidad de niveles subterráneos que estaban construidos, pero, además, había niveles "que no habían sido construidos por la Marina", es decir, llevaban ahí miles de años ya hechos. El coronel B.

F. Woodard llegó a hablar de Agartha, el mundo intraterreno, donde dijo que había 7 ciudades establecidas y que vivían en armonía desde hace decenas de miles de años.

Las leyendas de dicha región son tan remotas que se pierden en los anales de la historia. Se dice que los telosianos (habitantes del mundo intraterreno) llegaron allá tras el hundimiento de un conjunto de islas del Atlántico donde vivían. Dicho grupo de 10 islas fue denominado por el sacerdote egipcio Solón como "Atlántida". Pero la historia de abajo no era tan bonita en todos los sentidos. Los griegos solían hablar del inframundo y no decían nada bueno de él. Se afirmaba que existía un reino bajo los dominios del dios Adis (Hades) donde estaba la morada de los difuntos. También los hebreos hablaron sobre este lugar y le denominaron "Sheól" (Seol). Aunque parecería una contrariedad hablar de un mundo mágico y después mencionar el mundo de los muertos en la misma región, el profeta Enoc explicó de qué se trataba. Enoc dijo que, a cierta distancia de la superficie, yendo hacia abajo, estaba el mundo de los sepultados, unos delante de los otros. De acuerdo con Enoc, había 4 zonas, 3 para los condenados y una para los que habían sido "buenos" en vida. A esta región los griegos la apodaban: "Campos Elíseos", mientras Jesús la llamó: "Seno de Abraham".

Los textos hebreos hablan de que esto se ubicaba cerca de los Abismos (llamados por ellos "Tehóm" y "Abadón") y en un lugar estaban los espíritus de los que habían fenecido, pero más allá, bajando hacia el centro de la Tierra, estaba la magnífica Tierra de la que tantos mitos asiáticos narraban legendarias novelas. Incluso en Pakistán, Afganistán y Rusia ha habido investigaciones más pormenorizadas al respecto. En una ocasión estudiaban unas galerías subterráneas llegando a lo más bajo que jamás se hubiesen podido imaginar: 14km de profundidad. Al no poder llegar más abajo, tanto por la extremada temperatura, como por los cables de alimentación y los desprendimientos, taladraron lo poco más que pudieron, viendo entrar luz. ¿Luz en dirección contraria a donde sale el sol? Vieron salir un animal que la paleontología denomina "pterodáctilo" y, para concluir, grabaron sonido de unos gritos que provenían de abajo. Los gemidos fueron tan espantosos que todos los excavadores se reusaron a seguir trabajando la fosa, temiendo que, como dijeron literalmente ellos, «*hayamos alcanzado el infierno.*»

Las otras narraciones hebreas que hablan sobre ese lugar dicen que ahí están igualmente ubicadas las prisiones de los "caídos" que se rebelaron en tiempos antiguos. El mismísimo héroe griego Hércules y Orfeo, se dice que bajaron a lo profundo. Sobre el semi-dios Gilgamesh se relató en tablillas de arcilla, en relación a su descenso al inframundo en un viaje que le tomó mucho tiempo y que casi no concluye. Esta novela se conoce como la Épica de Gilgamesh o la Novela de Atra-Hasis, y no es la única detallada al respecto. El misionero benjaminita Pablo, escribió sobre Jesús: «*Por lo cual dice: Subiendo a lo alto, llevó cautiva la cautividad, Y dio dones a los hombres. Y eso de que subió, ¿qué es, sino que también <u>había descendido primero a las partes más bajas de la tierra</u>? El que descendió, es el mismo que también subió por encima de todos los cielos para llenarlo todo.*» (Efesios 4:8-10) Y Pedro, apóstol de Jesús, relató también sobre el descenso de su maestro Jesús a las cárceles de los ángeles caídos: «*Porque también Cristo padeció una sola vez por los pecados, el justo por los injustos, para llevarnos a Dios, <u>siendo a la verdad muerto en la carne, pero vivificado en espíritu; en el cual también fue y **predicó a los espíritus encarcelados**, los que en otro tiempo desobedecieron, cuando una vez esperaba la paciencia de Dios en los días de Noé</u>, mientras se preparaba el arca, en la cual pocas personas, es decir, ocho, fueron salvadas por agua.*» (1ª Pedro 3:18-20) Los mitos son muchos y espectaculares, pero mientras todo esté en manos de las dependencias del Complejo Militar Industrial de los EE.UU. será imposible saber lo que ocurre a ciencia cierta, como dijo Richard Byrd, «*en la gran Tierra más allá de los polos*».

Enterados del asunto

Los poderosos de la Tierra saben las cosas que ocurrirán hasta cierto modo, pues los "fuentes" satánicas le revelan cosas, pero ellos no llegan a saber más allá de lo que será el Arrebatamiento y el imperio de la Bestia. Por esa razón videos de la red como "I Pet Goat II" cuentan lo que ellos saben sobre el futuro inmediato (recomendamos al lector que, para comprender este énfasis, vea personalmente el video). Iniciando con una clara aclaración de que el objetivo de todo lo que está ocurriendo en el globo tiene como fin marcar a la gente como a ganado, avanza a los siguientes puntos:

1. Bush y el autoatentado del 11-S.

2. Guerra contra el "terror" y el control del petróleo del Caspio.

3. Con Obama se abre la brecha.

4. Los Juegos Olímpicos XXX inauguran el Nuevo Orden Mundial.

5. La TV bombardea masivamente al pueblo, especialmente con rumores bélicos.

6. Un importante centro islámico es destruido.

7. Es liberada una bomba nuclear.

8. La guerra en África.

9. Ataque biológico en Rusia.

10. Levantamiento militar en China – ya el Falso Profeta empieza a hacer sus trucos.

11. Bombardeo masivo de los medios de noticias.

12. La gente pide a gritos un Mesías/salvador.

13. Tiene lugar una falsa respuesta divina como parodia del Arrebatamiento.

14. Los líderes mundiales se dejan el puesto para el Falso Mesías.

15. La mente de la sociedad ya queda lavada y programada para recibir al Falso Mesías.

16. El Falso Profeta hace sus grandes señales y prodigios.

17. El islam se sumerge en su propio engaño.

18. Hay una batalla campal entre las fuerzas del bien y del mal.

19. Se manifiesta el Anticristo.

20. El imperio romano (Vaticano) cae.

Otro ejemplo de lo que saben estos malignos está referido en las interesantes Cartas Illuminati de Steve Jackson que salieron en 1995. Entre ellas está la que habla sobre el Arrebatamiento, titulada: "La Cinta Continuará...", o sea, pase lo que pase ellos creen que nadie detendrá sus planes: «... *¡Cuando el Rapto venga, voy a hacerles esperar! ¡Nunca voy a limpiar mi jaula! Ahora, dame un poco más de [ello]...*» (la cinta sigue hacia adelante) «*Buen intento. Lástima que algo salió mal.*» (Cartas Illuminati - 1995).

2.

LAS SETENTA

L**as 4 Bestias**
Tras poner al corriente al lector de un cierto número de eventos ocultos, desinformación, engaños y conspiraciones mundiales, nos decantamos por entrar en materia, ya que todas estas evidencias dejan de manifiesto que existe una importante serie de acontecimientos que ponen claro el lugar de extraterrestres y seres pandimensionales actuando en nuestro mundo y de líderes mundiales siguiéndolos, en perjuicio de la humanidad. Así que, ¿cuál es su objetivo? El contexto bíblico lleva a comprender que Israel es el centro de los eventos ayer, hoy y en el futuro, y los mensajeros de Jehová han llevado claramente un trabajo pormenorizado en sacar un proyecto importante para eliminar al «*príncipe de este mundo.*»

Antes y después de hablársele a Daniel de las 70 Conjuraciones se le reveló sobre futuras 4 "bestias" que surgirían en la Tierra: «*Y 4 bestias grandes, diferentes la una de la otra, subían del mar. La 1ª era como león, y tenía alas de águila. Yo estaba mirando hasta que sus alas fueron arrancadas, y fue levantada del suelo y se puso enhiesta sobre los pies a manera de hombre, y le fue dado corazón de hombre. Y he aquí otra 2ª bestia, semejante a un oso, la cual se alzaba de un costado más que del otro, y tenía en su boca 3 costillas entre los dientes; y le fue dicho así: Levántate, devora mucha carne. Después de esto miré, y he aquí otra, semejante a un leopardo, con 4 alas de ave en sus espaldas; tenía también esta bestia 4 cabezas; y le fue dado dominio.*» (Daniel 7:3-6) En principio se ha pensado que serían 4 grandes imperios que surgieron a lo largo de la historia, posiblemente en relación a Persia, Grecia, Roma, Arabia, Germania, Britania, o alguno más. También se ha sugerido que podría tratarse del poder financiero, el político, el militar y el religioso, pero al analizar bien las descripciones, y ver que la 4ª es la Bestia del Apocalipsis, denota que son reinos de la Tierra –como más adelante se verá que advirtió Melquisedec-, puede que vinculados con EE.UU., Europa (con sede en Reino Unido), China y Rusia. Es curioso que el águila tenga varias connotaciones con respecto al tema. El símbolo del Poder Espiritual y el Poder Temporal en el ocultismo se representa en el emblema masónico de grado 33 y se muestra como dos águilas mirando cada una a un lado. Da a entender que son dos oposiciones, pero a la vez están ligadas.

Ahora bien, en relación a la 4ª bestia, la que corresponde con la del libro de Apocalipsis, reza: «*Después de esto miraba yo en las visiones de la noche, y he aquí la 4ª bestia, espantosa y terrible y en gran manera fuerte, la cual tenía unos dientes grandes de hierro; devoraba y desmenuzaba, y las sobras hollaba con sus pies, y era muy diferente de todas las bestias que vi antes de ella, y tenía 10 cuernos. Mientras yo contemplaba los cuernos, he aquí que otro cuerno pequeño salía entre ellos, y delante de él fueron arrancados 3 cuernos de los primeros; y he aquí que este cuerno tenía ojos como de hombre, y una boca que hablaba grandes cosas. Estuve mirando hasta que fueron puestos tronos, y se sentó un Anciano de días, cuyo vestido era blanco como la nieve, y el pelo de su cabeza como lana limpia; su trono llama de fuego, y las ruedas del mismo, fuego ardiente. Un río de fuego procedía y salía de delante de él; millares de millares le servían, y millones de millones asistían delante de él; el Juez se sentó, y los libros fueron abiertos. Yo entonces miraba a causa del sonido de las grandes palabras que hablaba el cuerno; miraba hasta que mataron a la bestia, y su cuerpo fue destrozado y entregado para ser quemado en el fuego. Habían también quitado a las otras bestias su dominio, pero les había sido prolongada la vida hasta cierto tiempo.*» (Daniel 7:7-12). La descripción de esta bestia y sus referencias son claramente definidas en los capítulos 13 y 17 (versos 7 al 13), no obstante, sobre las otras bestias, ¿qué más se sabe?

Esdras tuvo una visión, no obstante, no sabía lo que significaba. Pidió entonces explicación y le dijeron la verdad en relación al asunto: «*Mientras que el león estaba diciendo esas palabras al águila, miré y vi que el resto de la cabeza había desaparecido. Las 2 alas que habían ido a él se levantó y se fijaron hasta el reinado, y su reinado fue breve y lleno de tumulto. Cuando miré de nuevo, ya habían desapareciendo. Todo el cuerpo del águila fue incendiado, y la tierra fue extremadamente aterrorizada. Entonces me desperté en una gran perplejidad de la mente y el gran temor...*» (4ª Esdras 12:1-4) Es evidente que este león con alas es el mismo que observó Daniel, pero la interpretación sí fue dad con mayor detalle a Esdras: «*Él me dijo, "Esta es la interpretación de esta visión que has visto: El águila que has visto correr por el mar es el 4º reino que apareció en una visión a tu hermano Daniel. Pero no se le explicó lo que yo ahora te voy a explicar a ti o lo han explicado. Los próximos días son cuando un reino se levantará en la Tierra, y será más aterrador que todos los reinos que han tenido ante sí. Y 12 reyes reinarán en el mismo, uno tras otro. Pero la 2ª es que se mantenga influencia reinado durante más tiempo que cualquier otro uno de los 12. Esta es la interpretación de las 12 alas que has visto. "En cuanto a su oído una voz que habla, que no de la cabeza del águila, sino de en medio de su cuerpo, esta es la interpretación: En medio de la época de grandes luchas [un] reino que nace, y estaría en peligro de caer, no obstante, no deberán correr a continuación, pero recuperar su antiguo poder. En cuanto al ver 8 alas poco aferrarse a sus alas, se trata de la interpretación: 8 reyes nacerán en el mismo, cuyas veces se cortan y rápidos sus años; 2 de ellos perecen en el centro de su tiempo se acerca, y 4 que se mantendrá para el momento en que los enfoques a su fin, pero 2 se mantendrán hasta el final. "En cuanto a las 3 cabezas en reposo que has visto, esta es la interpretación: En sus últimos días el Altísimo planteará 3 reyes, y se procederá a renovar muchas cosas en ellos, y se pronunciará la tierra y sus habitantes más opresivo que todos los que fueron antes de ellos. Por lo tanto, se les llama a los jefes de las águilas, porque son ellos los que se suman a su maldad y el ejercicio de sus últimas acciones.»*

Y continúa diciéndole: «*En cuanto al gran jefe desaparecido que viste, es uno de los reyes que morirán en su cama, pero en agonías. Pero como para los 2 que se quedaron, la espada se devorarán. Por la espada de un devorar lo que se estaba con él, pero él también caerá por la espada en los últimos días. En cuanto a sus 2 pequeñas alas de ver pasar a la cabeza, que estaba en el lado derecho, esta es la interpretación: Son estos los que el Altísimo ha mantenido para el final del águila, lo que fue el reinado breve y lleno de tumulto, como usted ha visto. "Y como para los que el león vio hasta despertar de la selva y rugiente y hablando con el águila y reprobándola por su maldad, y como de todas sus palabras que usted ha escuchado, este es el Mesías quien el Altísimo le ha mantenido hasta el final del día, que se derivarán de la descendencia de David, y vendrá a hablar con ellos. Él les denunciará por su negación a Dios y por su maldad, y les mostrará ante sí el contemplar sus relaciones. Por primera que pondrá en vivo antes de su tribunal, y cuando se les ha reprendido y, a continuación, él los destruirá a ellos. Pero la misericordia en él puesto en libertad el resto de mi pueblo, los que se han guardado a lo largo de mis fronteras, y él hará feliz hasta que el final llegue, el día del Juicio, de los que he hablado a usted al principio. Este es el sueño que has visto, y esta es su interpretación.*» (4ª Esdras 12:5-35)

Al profeta Baruc se le reveló en visión también este asunto, después de mostrársele a Daniel –posiblemente-, y él quedó muy intrigado, por lo que pidió explicación a esta revelación: «*Dame a conocer, por lo tanto, la interpretación de esta visión. Pues sabes que mi alma ha caminado siempre en tu ley...*» (2ª Baruc 38:3) La explicación vino de parte de Arriba de esta manera: «*Y él respondió y me dijo: "Baruk, esta es la interpretación de la visión que has visto. Como has visto que los grandes nobles de bosques y montañas escarpadas rodeado, esta es la palabra. He aquí los días venideros, y este reino será destruido **una vez que destruyeron Sión**, y será sometido a lo que* *viene después. Por otra parte, que también después de un tiempo serán destruidos, y otro, un 3º, surgirá, y que también tendrá el dominio de su tiempo, y será destruido. Y después de estas cosas un 4º reino surgirá, cuyo poder será duro y el mal mucho más allá de los que fueron antes de él, y que muchas veces [será] como norma de los bosques en la llanura, y se aferran a veces, y se exalta a sí más que los cedros del Líbano. Y porque la verdad se oculta, ya todos los que están contaminados con la iniquidad de huir con él, como la fluencia de las malas bestias y huir hacia el bosque. Y vendrá a pasar cuando el momento de su consumación que se ha dirigido a caer, entonces el Principado de Mi Mesías será revelado, que es como la fuente y la vid, y cuando se puso de manifiesto que a raíz de la multitud de su huésped. Y como tocar lo que ustedes han visto, los nobles de cedro, que se quedó de ese bosque, y el hecho de que la vid se refirió con esas palabras lo que le hizo escuchar, esta es la palabra.»* (2ª Baruc 39:1-8) Es claro que estos 4 reinos estarán en la Tierra en un periodo de tiempo −o ya lo están- pero unos llegan a dominar más sobre los otros por lapsos, dando lugar por último a la 4ª bestia, y mientras esta es destruida y a los otros es quitado el poder, aún se les deja un poco de tiempo con vida.

«El último líder de ese momento se dejará vivo, cuando la multitud de sus tropas se pondrán a la espada, y que quedará obligado, y que le llevará hasta el monte de Sión, y mi Mesías condenarlo de todas su impiedades, y se reunirán ante él y establecerán todas las obras de sus anfitriones. Y después, se lo pondrá a la muerte, y se protegerá al resto de mi pueblo que se encuentra en el lugar que he elegido. Y el Principado será para siempre, hasta que el mundo de la corrupción se encuentre en un extremo, y hasta que los plazos establecidos se cumplan. Esta es su visión, y esta es su interpretación.» (2ª Baruc 4:1-4) Esto mismo lo podemos observar en Apocalipsis 19:19-30. Claramente este es el sistema de la Bestia que tratará de destruir la región de Jerusalén, la cual es punto de referencia del Mesías, así que serán destruidos los enemigos de Israel.

La Visión de las Conjuraciones

Como en toda misión, en las cosas celestiales existe un plan maestro. Este objetivo fue enseñado a varios profetas y se desglosa en toda la historia registrada de Israel. En el caso del profeta israelita Daniel en la tierra de Babilonia y por boca del príncipe Gabriel, se le hace saber todo cuanto sucedería desde sus días hasta el tiempo del fin, de una forma muy peculiar y, no sólo en una ocasión, sino en varias visiones. Este comandante le dijo en una de sus apariciones: «*70 conjuraciones están determinadas <u>sobre tu gente</u> y <u>sobre tu sagrada ciudad</u>, para <u>acabar la trasgresión</u> (y sellar), [y <u>terminar] los pecados</u> (pecaminosos), y <u>cubrir la iniquidad</u>, <u>traer la rectitud perdurable</u>, <u>sellar la visión y la profecía</u> y <u>ungir al Santo de los santos</u>. Sabe, pues, y se prudente, que desde la salida de la palabra para retornar y construir Jerusalén hasta el Mesías Superior (líder), habrá 7 **conjuraciones** y 62 **conjuraciones**; se volverán a edificar la plaza y la trinchera en tiempos [de] tribulación. Después de las 62 conjuraciones será <u>cortado (destruido) el Mesías</u>, y ya no estará. Y <u>la ciudad y el santuario serán arrasadas</u> por gente de un líder que vendrá, su final llegará [como] en inundación, y hasta el fin de la guerra durarán las devastaciones. Y <u>[él] fortalecerá convenio con muchos</u> [por otra] <u>semana</u>, y a la mitad <u>hará cesar el sacrificio y el tributo</u> (ofrenda). Y al finalizar [vendrá] **abominación desoladora** para culminar, y <u>lo decidido se derretirá sobre el desolador</u>.*» (Contexto literal hebreo de Daniel 9:24-27).

De manera que, antes de nada, el plan giraba en torno a:

- Su gente: Israel.
- Su santa ciudad: Jerusalén.

Aunque Daniel era judío, su pueblo, de manera genérica era todo Israel, pues el plan incluía a la descendencia de Jacob aún a pesar de la cautividad del reino del Norte por parte de los asirios (también se puede entender la definición de "su pueblo", en relación al género humano). Si miramos las versiones bíblicas convencionales, veremos que las traducciones no son fidedignas, aunque sirven para narrar la historia a modo informativo. El texto hebreo no dice: "shibím shavuot" (70 semanas), sino: "shabeím shibeím" (70 conjuraciones). El número "7" en hebreo es: "sheba" o "shbá", la palabra: "séptimo", es: "shivá" o "shiví", de donde deriva: "Shabeí" (Sh-b-a/e). Por otro lado, en hebreo la palabra "semana" es: "shavua" y, en cambio, "conjuraciones" es: "shibeím".

Mirando el texto, observamos la separación entre 7 objetivos y 62 objetivos, tras ellos el Mesías es "quitado", no sin antes tener que morir. Estos objetivos entraban en un determinado patrón de tiempo:

- Desde: la salida de la Palabra para regresar y edificar Jerusalén.
- Hasta: el Mesías líder.
- Luego: viene la desolación que continuará hasta la condenación de Satanás.

Es posible que esas 7 etapas se dieran desde los días de Daniel hasta la llegada de Jesús, englobasen el "plan" con la Casa de Israel desde Adán o se refirieran a la construcción de la Nueva Jerusalén –coincidiendo con la reorganización de la Jerusalén terrestre. Dice que desde la salida de la Palabra u orden para restaurar y reedificar Jerusalén; pero ¿hablará de la celestial? ¿De la Nueva Jerusalén? La cuestión es que había que "regresar" del cautiverio y "edificar", lo cual ocurrió con Judá años después bajo el liderazgo de Nehemías, Esdras y Zorobabel. Las otras 62 conjuraciones parece claro que corresponden con Jesús. Él mismo hace que se cumplan. Por último, después de estas 69 conjuraciones (7 + 62), queda una "última conjura" a la que sí se le llama "Ha Shavua" (La Semana). En esta "semana" es cuando el Mesías hace "llamamiento" a muchos y hace "convenio" con ellos. En este intervalo de tiempo hay un "intermedio" en el cual son sacados de la Tierra un número selecto de personas la cuales viven en constante "sacrificio". También son sacados muchos de ellos que yacen en el Seno de Abraham y son la "ofrenda" de los resucitados que el Hijo va a llevar al Padre –porque las primicias de los Resucitados ya fueron llevadas con Jesús en su ascensión. Este proceso hace parte del denominado "Rapto" o "Arrebatamiento". Es decir, Jesús llevaría a cabo, en resumen, estos dictámenes principales:

- Apropiación de los poderes reinantes: **pago con sangre.**
- Control del mundo de los muertos: **La Resurrección.**
- Llamamiento y convenio con el "sacrificio continuo": vivos y muertos: **Los escogidos y los santos.**
- Rapto o Abducción ante la venida del Anticristo: **El Arrebatamiento.**

Entonces al finalizar este espacio de tiempo, viene la primera Abominación Desoladora y en su cúspide final Satanás es muerto y echado al Gehena (El Lago). Pero llevemos el desarrollo del tema por partes:

- **7 conjuraciones**: A pesar de parecer similar a los 7 Días del Génesis, es posible que se refiera efectivamente al retorno de los judíos desde Babilonia desde los tiempos de Ciro y la restauración de Jerusalén hasta la concepción de Jesús.
- **62 conjuraciones**: El desarrollo del Plan por parte del Mesías.
- **1 conjuración (La Semana)**: Desde que el Mesías es "sacado" de la Tierra hasta el día en que Satanás muere y se establece el Gran Juicio. (Esa "semana" constituye lo expuesto en el Libro del Apocalipsis, y que se desarrolla en 7 "iomím" o "intervalos" -pues por eso se llama semana-, a los cuales es posible correspondan con los "sellos")

El Plan de Dios en manos del Mesías

El objetivo de Iehovah Elohim, giraba en torno al "pueblo" (Israel) y a la "santa ciudad" (Jerusalén) de la persona a quien le estaban hablando (Daniel), y este PLAN debía sacarse adelante mayormente por medio del Mesías, que no es otro sino Jesús, el Hijo del Dios Viviente, porque los profetas solo pudieron hacer una parte complementaria, tal como lo hicieron Moisés y la Ley. Este PLAN, en su conjunto, estaba explicado de esta manera:

- **Acabar la transgresión y sellarla**: Jesús pagó por los pecados del mundo y determinó el control sobre ello.

- **Terminar los pecados**: empezar a erradicar la práctica del pecado en el mundo. Ya no se ejecutará más desde que Satanás muera.

- **Cubrir la iniquidad**: el perdón de pecados para no constar en el Libro de la Vida y la dominación del Altísimo sobre el sistema satánico.

- **Traer la rectitud perdurable**: viene la justicia, la honradez y la vida correcta a los hombres. Jesús trae la gracia y la verdad.

- **Sellar la visión y la profecía**: Establecen y hacen oficial el cumplimiento de la venida del Hijo de Dios. Él morará entre los hombres. Al mismo tiempo, se consigue desatar el libro con los 7 Sellos que desatan los acontecimientos del Fin de los Tiempos.

- **Ungir al santo de los santos**: Investir y coronar al que está sentado en el trono, al cual describieron Enoc, Daniel y Juan. Desde que llega el Juicio se le da la Creación para que desde ese momento sea todo en todos y de este modo es ungido.

Pablo aclaró que *«el aguijón del pecado es la muerte»*, así que desde que hubo pecado también reinó la muerte. Escrito está: «*No obstante, reinó la muerte desde Adán hasta Moisés...*» (Romanos 5:14) Y esto sucedió por dos razones principales:

1. Aparecieron "seres" que se hicieron pasar por dioses y dominaron el mundo. La guerra contra ellos nunca ha cesado, pero, en el pasado, el mundo quedó a la merced de dichos "señores" mientras a penas Dios llamaba a Abraham.

2. No hubo Ley, no existía. No fue sino hasta Moisés que fue establecida la Ley (Los 10 Mandamientos) que la humanidad tuvo "luz de conciencia".

De manera que, con Moisés se podía identificar todo aquello que tenía a la raza humana "muerta" (separada de Dios) en el sentido espiritual. Pero aún el hecho de practicar el pecado llevaba al "distanciamiento" entre Dios y los hombres en todo sentido. Por esa razón se les enseñó a sacrificar animales como pago o "expiación" de pecados. ¿Qué hizo Jesús sobre este respecto? ¿Acaso no dio su propia vida por los pecados de todos? Jesús rompió el molde establecido del holocausto de animales dando su propia vida, pero "una sola vez" y, a partir de ahí todo aquel que se sujeta a Cristo está bajo la cobertura de la "expiación de pecados", es decir, "no está muerto". Así entendemos que con Cristo hemos sido "resucitados" ya que cuando éramos del mundo estábamos muertos en las transgresiones, pero en Cristo hemos vuelto a "vivir", a tener "relación con el Padre Creador" y, entonces, así ser lo que debemos ser: Hijos de Dios. Por el que no naciere de nuevo no podrá heredar el Reino de Dios.

Lo más probable es que las primeras 7 conjuraciones fuesen objetivos a cumplir, desde la expatriación de los judíos a tierra de Babilonia hasta que llegase Jesucristo, y los 7 intervalos del Génesis hiciesen parte del "bloque" o "plan" anterior, antes del establecimiento de Israel como nación. De manera que, entendemos que por Cristo fue "cubierta la iniquidad", se nos enseñó a vivir en sanidad, para "acabar la transgresión" y "terminar los pecados". Así mismo, Jesús enseñó lo que era la Vida Eterna y el Reino de los Cielos, con lo cual también nos enseñó a comportarnos como "dioses" (Hijos de Dios), trayendo la "rectitud perdurable". Por consiguiente, con su propia venida cumplió lo profetizado sobre él desde los tiempos antiguos y desarrolló todo en sí mismo. Así, «*hechas todas las cosas nuevas*» y efectuando todo el PLAN que estaba esperando por él, para que él las ejecutara, fue «*sellada la visión y la profecía*» (la Revelación de los Últimos Tiempos, dada a Juan).

Ahora bien, Gabriel dijo a Daniel sobre otros eventos que sucederían:

- Después de las 62 conjuraciones será "quitado" el Mesías y ya no estará: Jesús murió, resucitó y fue alzado al cielo, cerca del año 33 d.C.
- La Ciudad (Jerusalén) y el Santuario (el Templo) serán arrasados: Esto ocurrió en el año 66-70 d.C. cuando el emperador romano Tito mandó sus ejércitos contra Jerusalén y la arrasó.
- Su final llegó como inundación: Lo que quedaba de Israel fue desterrada en el año 135 d.C. bajo el mandato del emperador romano Adriano.
- Hasta el fin de los tiempos durarán las devastaciones: Esa tierra siempre ha estado en guerra, desde que llegaron a la Tierra Prometida dominada por los cananitas y así seguirá hasta el tiempo del Armagedón —incluso en días del levantamiento de Gog. Ahí aclara que desde la expulsión en el 135 d.C. en Israel nunca habría paz hasta que «*lo determinado caiga*» sobre Satán.
- Él fortalecerá convenio con muchos: Jesús llama a muchos a hacer parte de su equipo y "pacta" con aquellos que entran, una vez **aceptan** a Jesús "en su corazón" como su "rey, señor

y salvador", **creen** que él es "el Hijo de Dios" y le **siguen**, como debe ser.

- Hará cesar el sacrificio y el tributo (ofrenda): Muchos de estos elegidos vivían, viven y vivirán en "aflicción", porque habitan en el mundo. Estos son conscientes de que no son parte de este mundo, pues este mundo, como hoy está, es del Enemigo, y así será hasta que él sea quitado. Ellos esperan en Cristo "sacrificándolo" todo y son el "ofrecimiento" que Jesús llevará al Padre como "testimonio" y para que no sean mancillados por la Bestia. Pero eso sucederá en el denominado "Arrebatamiento", que pronto ha de acaecer.

- Vendrá la Abominación Desoladora: Tras ese evento aparecerá la Bestia con sus "dos cuernos", liderando su propia causa y la de la Bestia de 7 cabezas. Este Falso Profeta, es el Hijo de la Perdición, un "anti-cristo", pues *«se opone y se levanta contra todo lo que se llama Dios o es objeto de culto; tanto que se sienta en el templo de Dios como Dios, haciéndose pasar por Dios.»* (2ª Tesalonicenses 2:4) Él reinará por poco más de 3 años y medio, y hará toda su voluntad en la Tierra, recibiendo todo el poder de todos los gobiernos y respaldado por milagros ficticios y poder satánico.

- Lo decidido se derramará sobre el Desolador: El Hijo de la Perdición reinará hasta que llegue el momento determinado cuando el "Desolador" (Satanás) page por todo lo que ha hecho y recaiga sobre él todo lo que ha sido juzgado y profetizado.

Este Plan ha sido señalado sobre el pueblo de Dios (Israel) para dar luz al mundo, pero hoy el mundo ya tiene la luz (la Biblia) y puede acceder al Cuerpo de Cristo por sí mismos, si así lo considera el Espíritu Santo y el propio Jesús, pero está en cada uno, judío o gentil, la decisión de aceptar y seguir a Jesús. Ahora bien, ¿cuál fue la Abominación Desoladora? Se trata de 2 eventos. Si los cálculos son correctos, Jesús subió al cielo en el año 30 de nuestra era –pues nació antes del 4 a.C., pues ese año murió Herodes-, y desde ese momento hasta la Abominación Desoladora –la primera- pasaron 36 años (Vespasiano sitió por primera vez Jerusalén en el 66 d.C., pero desde ahí inició esta catástrofe para la ciudad bajo el auspicio del emperador romano Tito). Jesús simboliza el primer Continuo Sacrificio que es quitado, y el sitio a la Gran Ciudad es el símbolo, a su vez, de la primera Abominación Desoladora. ¿Qué significa esto? que el "diezmo" (10%) del tiempo transcurrido es representación directa de lo que ha de durar la segunda etapa. En otras palabras, la décima parte de 36 años son "3 años y medio", y este tiempo será el que dominará el Inicuo: desde que sea quitado el "otro" Continuo Sacrificio –que ya no es Cristo sino los suyos- hasta la Abominación Desoladora –que ya no será el sitio de los romanos a Jerusalén sino el de Satán mismo contra esta.

Un Conflicto Grande

Observemos algunos puntos interesantes: en Daniel 9:22 Gabriel dice: "he salido", pero ¿de dónde ha salido? ¿Por qué no dice: "he bajado" o simplemente "he venido"? Querrá decir que "a salido de la guerra" con tal de venir y llegar hasta Daniel a revelarle las cosas. Luego, en Daniel 9:23 Gabriel afirma: «*Al principio de tus ruegos fue dada la orden*», mas ¿cuál orden? Precisamente la orden de que se le manifestara lo que Daniel estaba suplicando. Daniel pedía por su pueblo, para que fuesen devueltos a Jerusalén de la deportación a la que los llevó Nabucodonosor.

Unos versos más abajo, en Daniel 9:25 escribió el traductor que reza: "Plaza y muro", cuando en hebreo dice: "Rehob ve-Jarutz", que significa: Rehob = amplio, calle ancha, plaza; Jarutz = oro, decisión, diligente o foso. Entonces, ¿qué tenemos? ¿Estará refiriéndose a la Nueva Jerusalén como la "plaza dorada"? (Apocalipsis 21:18). Además, esa plaza y/o calle ancha y amplia de oro se levantó «*en tiempos angustiosos.*» ¿Qué tiempos angustiosos hubo en días del escriba Esdras o del rey Artajerjes? Hubo complicaciones, pero nada tan grave como dijo Gabriel, mucho menos comparándolo con los conflictos que hubo antes y después de ese periodo. Ha habido enfrentamientos desde siempre en todas partes, y en la Jerusalén de los días de la reconstrucción sólo hubo algunos legalistas que se reusaban a la reedificación, pero eso fue todo (Esdras 4:7). Así que, ¿en qué lugar fueron tiempos angustiosos? ¿Lo habrán sido para los babilonios cuando los medo-presas los vencieron? O ¿lo serían después para los persas en días del macedonio Alejandro Magno? O más bien, como cita en hebreo: "tiempos atribulados" conforme a lo de "Arriba". Creo que incluso la vida de Juan el bautista y Jesús giraron dentro de ese plan de 69 conjuraciones: «*Desde los días de Juan bautista el reino de los cielos sufre violencia y los violentos lo arrebatan.*» (Mateo 11:12)

Observemos que en días de Juan el bautista, antes de iniciar Jesús su ministerio, ya Arriba había violencia y gente que actuaba con terror y temeridad para quitar el Reino a Dios (Efesios 6:12). Ahora bien, analizando a la luz del idioma hebreo en Daniel 9:25, dice correctamente que «*desde la salida de la Palabra para regresar y construir Jerusalén.*» Tenemos pues aquí una aparente mención del retorno de los deportados, pero junto con la construcción de la Jerusalén celestial –pues la terrestre no tiene plaza ni calles de oro y menos en gran magnitud (Apocalipsis 21:18 y 21:21), puesto que no menciona absolutamente nada sobre la reconstrucción del Templo, sino sobre "Jerusalén" (posiblemente la celestial y también la terrenal a la vez). Aunque se puede asumir que se refiera a ambas cosas, el hecho es que en ningún momento menciona el Templo, recordando que el verdadero templo (definición que no es originalmente bíblica, pues se usa es "Beit ha-Migdash" = "casa sagrada", porque en la Nueva Jerusalén no hay templo como se entiende: Apocalipsis 21:22) viene del cielo.

Posteriormente, Daniel 9:26 nos lleva a otro punto clave en torno a la explicación de Gabriel: *«hasta el fin de la guerra durarán las devastaciones.»* ¿Hasta el fin de cuál guerra? ¿El conflicto en Oriente Próximo? Posiblemente, pero visualicemos el contexto general para aducir que se esté refiriendo precisamente a la misma guerra que cita antes sobre los *«tiempos angustiosos»* y que tiene que ver con la *«violencia»* que comenzó más fuertemente en días de Juan, allá Arriba –ya que Gabriel venía explicando revelaciones de guerras celestes a Daniel con anterioridad. Si no fuese esta guerra y hablase de la invasión de Tito o Adriano, ¿acaso no es una obviedad que las devastaciones no culminan hasta el final de una guerra? Además de todo esto, no hubo realmente ninguna guerra de esa envergadura en aquellos días ni mucho menos con las referencias que da Gabriel, salvo que se esté hablando precisamente del Armagedón. Las batallas y revueltas de los días de los macabeos eran guerras de guerrillas, con lo cual debe estar hablando del fin del enfrentamiento allá Arriba (Daniel es particularmente propenso a escribir sobre este evento "celestial" desde el capítulo 7 hasta el fin de su libro).

Entonces, ¿era una guerra en la Tierra o era una batalla cósmica? Daniel 10:1 dice que *«el conflicto era grande»*, ¿cuál conflicto? Evidentemente del que ya se venía hablando bajo pseudónimos como "rey del norte y del sur" o "el macho cabrío y el carnero" o "los reyes de Persia y Media contra Grecia" –poco de lo citado parece suceder en este planeta. Aquel enfrentamiento ha de ser, en gran medida, allá Arriba, porque de otra manera no tiene ninguna lógica que Gabriel le diga que *«el príncipe del reino de Persia se le **opuso** durante veintiún días.»* ¿Cómo se come eso de que al mismísimo Gabriel se le oponga el "zar" (líder) de Paras (Persia)? Además, añade que Miguel, uno de los principales príncipes, *«<u>vino para ayudarme</u>, y **quedé allí con los reyes de Persia**.»* (Daniel 10:13) ¿Quedó allí? ¿Allí dónde? Ya Daniel está en Persia, bajo el reinado de Ciro, así que, ¿de qué enfrentamiento estaba hablándole Gabriel? Además de que

Gabriel no da nombres propios cuando los profetas sí dan nombres propios, para que quede constancia de todo –no da el nombre de ninguno de los reyes mencionados. Sobre lo del "zar" –no dice "nasik" (príncipe) ni dice "nagid" (soberano)- tenemos claro que no es un rey (melej) aunque se le llama "el" príncipe. ¿Acaso no hay más príncipes? De hecho, dice: *«quedé allí con los príncipes.»* (Ciertamente Enoc y otros profetas también hablaron de la lucha contra Media y Persia en los últimos tiempos)

Otra cosa es que, si fuese con los dioses con quienes se están enfrentando, ¿por qué no decirlo? Muy posiblemente porque no estaba permitido hablar de ellos ni se les iba a referir como dioses (Josué 23:7), pero habrá que dejar que investigaciones ulteriores esclarezcan este punto. Entonces, en Daniel 10:20-21 Gabriel dice: *«ahora tengo que volver para pelear contra el príncipe de Persia; y al terminar con él, el príncipe de Grecia vendrá. Pero yo te declararé lo que está escrito en el libro de la verdad; y ninguno me ayuda contra ellos, sino Miguel vuestro príncipe.»* Y añade en Daniel 11:1 sobre Miguel: *«Y yo mismo, en el año primero de Darío el medo, estuve para animarlo y fortalecerlo.»* Claramente no hay problema en citar los nombres de los gobernantes terrestres, así que, ¿por qué no dijo quiénes eran esos "zares" contra los cuales se enfrentaban él y Miguel? Y vuelve la pregunta: ¿desde cuándo los arcángeles pelean con príncipes terrestres y se ven impedidos por ellos? Y si así fuera, ¿cómo es posible que fuesen refrenados o entorpecidos por aquellos? ¡Incluso por 21 días!

Gabriel aclara que después de enfrentarse al príncipe de Persia tendrá que enfrentarse al de Grecia, que claramente no es en la región del Peloponeso, pues esta apenas comenzaba a organizarse políticamente. Lo que se intuye es que no habla de los reyes y príncipes de dichas naciones sino de los "zar" (líderes) que, precisamente, manejan a estos desde Arriba. En el libro del ruso Zecharia Sitchin sobre "Las Guerras de los Dioses y los Hombres", el escritor explica cómo los dioses dejaron de hacer acto de presencia ya en tiempos de Abraham, para únicamente respaldar a los reyes que ellos mismos subían al poder, mientras los propios dioses se mantenían alejados de los hombres y sus ciudades cada vez más. Esto lleva a pensar que efectivamente los dioses controlaban las regiones y, al haberse cansado de las guerras entre ellos mismos, utilizaban a los reyes puestos por ellos mismos sobre las ciudades, donde a "ellos" (los dioses soberanos del país) se les daba culto, se enfrentaban en guerras por el poder. De ahí el hecho de que les construyesen estatuas en ciudades concretas o se consagrase una ciudad en honor a su dios regional o el señor patrono local.

La Semana

Ahora bien, lo registrado en el famoso libro del Apocalipsis constituye el último y definitivo plan de Elohim para erradicar a Satanás de la faz del cosmos y restablecer el orden. La definición "apocalypsis" traduce "revelación", pero el costumbrismo ha llevado a usar esta palabra como sinónimo de Fin de los Tiempos. Lo enmarcado en dicha Revelación constituye lo que al profeta Daniel se le refirió como "La Semana", que es la última de las 70 conjuraciones (Daniel 9:24-27). No obstante, estos eventos no fueron advertidos sino hasta Juan, el discípulo de Jesús, aunque Isaías recibió una visión concreta de los hechos al menos 600 años antes. El libro de la Revelación consta, posiblemente, de varias partes que encausan los sucesos que representan los casi 3000 años de historia de la Tierra desde Juan Zebedeo hasta el Juicio. El libro de la Revelación de Juan se esboza, prácticamente, de la siguiente manera:

- Carta a las 7 Congregaciones.
- La Organización de Dios y Cristo vista desde el sacrificio de Jesús.
- El libro con los 7 sellos.
- Los 144.000.

- Las Trompetas.
- Misión de Juan para la Gran Tribulación.
- El Armagedón.
- La guerra celestial en simbología.
- La Bestia.
- La caída de la Ramera.
- El gobierno de la Bestia y el Hijo de la Perdición.
- La Ira de Dios y las Copas.
- Encarcelamiento de Satanás.
- El regreso de Jesucristo y la Nueva Jerusalén.
- El Milenio Mesiánico, la muerte de Satanás y el Juicio.

Aunque esto no está del todo organizado de manera cronológica, el contexto bíblico le da la forma acertada para que pueda comprenderse. Si bien, el inicio de la Revelación no trataba temas futuros sino de aquel presente. Las cartas a las 7 congregaciones terminan dando comienzo a los vaticinios del fin de los tiempos. Entonces ahí inicia todo, cuando a Juan le explican cómo es la organización celestial desde que Cristo es alzado:

- Dios
- 24 ancianos (reyes)
- 4 almas vivientes
- 7 espíritus o arcángeles
- El Cordero

Los Sellos

Como se entiende de una semana, esta tiene 7 días. Los días representan intervalos de tiempo y eventos que se estipulan o establecen. Aunque a Daniel no se le dieron detalles sobre esta "Semana" –puesto que el libro no había sido abierto (fue el Cordero el único digno para desarrollarlo)-, Juan sí la recibió revelada en sus 7 partes o "sellos". Para empezar a mostrarle el futuro, a Juan le muestran que por el sacrificio de Jesús ahora se pueden desarrollar los últimos eventos, los **7 sellos**:

1. El Caballo Blanco: la Victoria de Cristo.
2. El Caballo Rojo: las guerras que se han desatado.
3. El Caballo Negro: el hambre y las pestes.
4. El Caballo Amarillo: la muerte y el Hades.

Estos 4 caballos son definitivamente razón de variado debate. Algunos estudiosos de la escatología creen que estos fueron los eventos que tuvieron lugar desde la Resurrección de Cristo, las guerras de la Edad Media hasta hoy, la aparición de plagas y el hambre en todo el mundo, seguidas del caos cada vez más reinante en nuestro orbe. Otros, en cambio, consideran que esto es más reciente, refiriéndose a la victoria de Cristo en el Rapto, seguida por guerras, hambres, pestes, muerte y el Armagedón, mientras los más fundamentalistas han llegado a creer que el Caballo Blanco es el Anticristo –lo cual nada tiene que ver con el simbolismo del color blanco.

Es evidente que los 4 colores de estos caballos recuerdan a los que "recorren toda la Tierra" y que mencionó el profeta Zacarías. La cuestión del Caballo Blanco con un arco denota su poder militar, pero actuando a la distancia –no en pie de guerra-, y su corona aclara que es rey. Complementado por el color "blanco" sugiere que tiene la misma característica del caballo de Apocalipsis 19:11 que identifica a Jesús saliendo victorioso. Luego, siguiendo una línea cronológica parece hablarse de las luchas mundiales desde el origen del cristianismo y la ausencia de la paz en todo el planeta, promoviéndose grandes matanzas en "pro" de la religión. No obstante, este símbolo puede aplicarse a los eventos en desarrollo en todas o cualquiera de las actividades de este globo desde poco después de Jesús –incluyendo la Gran Tribulación.

En relación al 3er caballo, el negro, aparece un jinete con una balanza, la cual simboliza la limitación en los recursos. Por eso habla del encarecimiento alimentario, aunque no para perjudicar aceite ni vino –lo cual es también representativo, pues estos dos elementos simbolizan la unción. Ya para el cuatro caballo, el amarillo, que denota decadencia, se habla de gran mortandad con varios géneros de medios de muerte que, claramente, existen en el presente en torno a la sofisticación armamentística, sumado al hambre en el mundo.

5. Investidura de los mártires y muertos por el ministerio de Cristo, esperando ya la hora de su Resurrección.

6. Un estremecimiento de todos los establecimientos políticos y religiosos, junto con la guerra en el sistema solar. Este evento es el que corresponde con la señal del Hijo del Hombre viniendo por sus escogidos mientras Arriba se libra una brutal batalla entre Miguel y Satán.

7. La Ira de Dios: El toque de las 7 trompetas.

En esta parte cabe aplicar las palabras que dicen: «*En esos días si Él lanza sobre vosotros un fuego terrible, ¿a dónde huiréis y cómo os salvaréis? Y si lanza su palabra sobre vosotros, ¿no estaréis consternados y no temblaréis? Todas las luminarias serán presas de un gran temor y la tierra entera estará aterrada, temblará y se alarmará. Todos los ángeles ejecutarán sus órdenes y buscarán ocultarse a sí mismos de la presencia de la Gran Gloria; los hijos de la Tierra temblarán y se estremecerán y vosotros pecadores seréis malditos para siempre y no tendréis paz.*» (1ª Enoc 102:1-3). Y sobre los escogidos se puede aplicar a los salvados del "fuego", conforme a lo que expresa Apocalipsis: «*Conozco el misterio, lo he leído en las tablillas del Cielo, he visto el libro de los santos y he encontrado escrito y registrado en ellos: que todo bienestar, alegría y gloria están preparados para ellos y escritos para las [almas] que han muerto en la justicia; numerosos bienes os serán dados en recompensa de vuestras obras y vuestro destino será mejor que el de los vivos.*» (1ª Enoc 103:2-3).

Las Trompetas

Así como Cristo revela los eventos sellados, ese último dictamen es la orden de desarrollar esos 7 acontecimientos. Ya que en "Armagedón E-5" tratamos las teorías del Fin de los Tiempos desde un punto de vista literal, aquí pasaremos al área simbólica y terminológica hebreos en el que se exponen los hechos (las profecías tienen un nivel literal y un nivel simbólico, donde, mientras uno cuenta las cosas de una manera, el otro revela profundidad y generalidad de los acontecimientos con un prisma más amplio). De manera que son ejecutados al sonar de cada una de **las trompetas**:

1. Lo primero que es destruido es gran parte del conocimiento en la Tierra. Esto literalmente también se puede identificar con la caída de grandes trozos de material ardiendo. Si bien, el granizo puede simbolizar las manifestaciones de las masas por causa de las cosas que están ocurriendo y que a todos les están afectando.

2. El imperio satánico se aproxima a la Tierra y comienza el derramamiento de sangre entre sus habitantes. De la misma manera, este evento puede estarse refiriendo a la caída de un asteroide de grandes proporciones en un importante océano de la Tierra.

3. Satanás empieza a "caer" a la Tierra y contamina a toda la élite del planeta, trayendo así mismo la amargura a la humanidad. Esto igualmente puede tener mucho que ver con la contaminación de las aguas dulces -agua potable.

4. Ante lo que acontece, toda respuesta o justificación gubernamental o religiosa desaparece, enmudece. Los ángeles abandonan la Tierra para hacer frente al conflicto militar. Aquí también se entiende que las religiones no estarán en situación de poder dar respuestas. Es posible que estos acontecimientos también obnubilen la atmósfera haciendo de ella un velo mortuorio.

5. Satanás y sus ejércitos caen a la Tierra y sacan a todas las huestes del Abismo para crear el caos. Este caos se manifiesta en guerras tácticas donde los hombres –que posiblemente para ese entonces tendrán implantado un chip de control- no podrán matarse

ni tener voluntad sobre ellos mismos. Otra probable acción sea el de la manifestación de seres pan-dimensionales provenientes del Abismo. En contraposición, otra postura ve en esto a un mensajero del Altísimo que maneja toda una serie de artimañas para destapar "ollas sucias" de todos los complots y engaños del mundo, lo cual hará que los poderosos deseen que la tierra "se los trague", por no poder evitar que todo esto salga a la luz.

6. Se reúnen 200 millones de soldados en el Valle de Josafat (las afueras de Jerusalén) para desatar la más grande guerra en la historia de la Galaxia. Jerusalén es hoyada por las naciones de alrededor, la tercera parte de la humanidad muere, y entonces los ángeles de Jesús llegan y detienen la guerra. Esta guerra de Megido no necesariamente tiene porque ser enfocada en la Tierra, ya que el contexto profético apunta al cielo como el inicio de la gran batalla y engloba a la Tierra y a otros lugares del espacio también en conflicto.

7. El reinado de Cristo se establece en la Tierra por Mil años y así sobreviene el Fin: el Juicio.

El Dragón y la Bestia

Posteriormente, en el capítulo 12 se hace una referencia simbólica a todos estos acontecimientos: las fuerzas armadas de Satanás luchan contra Miguel. Se enfrentan en guerra en el espacio exterior. Posteriormente aparece la Nueva Jerusalén y las fuerzas militares de Satanás tratan de destruirla y evitar el Arrebatamiento (Rapto), aunque no lo consiguen. La Nueva Jerusalén es llevada lejos por 3 años y medio, mientras Satanás toma control de la Tierra por medio de la Bestia y el Falso Profeta.

También aquí, en el capítulo 13, se hace referencia al sistema denominado "La Bestia" –que también identifica al propio líder mundial del averno (bestia de 7 cabezas) y al Falso Profeta (bestia de dos cuernos)-, como Imperio Global que ejercerá ley marcial en la humanidad y esclavizará a la raza de los hombres a través de un chip financiero-identificativo y una red global de superordenadores controlados por una matriz que funcionará, aparentemente, por inteligencia artificial, monitoreando toda la Tierra gracias a redes bien entrelazadas de satélites. Este sistema registrará todos los números de la Seguridad Social de todas las personas. A través de este chip subcutáneo o "Marca" los hombres serán rastreados, controlados, manipulados y subyugados. Todo al amparo de ese Nuevo Orden Mundial que ya hoy se ventila.

Luego, en el capítulo 14, Jesús presenta sus primicias de los resucitados a Dios, que son 144.000 "sin mancha" de las 12 tribus de Israel. Mientras esto ocurría Juan vio la sangre derramada en el Valle de Megido, que se suele expresar bajo la representación de las "**7 copas de la Ira de Dios**". Justo después de este capítulo también se incluye la visión de los que acababan de ser sacados de en medio de la Gran Tribulación, habiendo así alcanzado la victoria sobre el sistema de la Bestia.

Las Copas

1. Lo primero en ocurrir fue una úlcera maloliente y virulenta en todos los hombres que se habían implantado el chip del sistema global de "La Bestia". Esto, a nivel simbólico, también denota algo que amargará a los que tengan este implante.

2. Lo segundo fue la manifestación de la muerte arrasando a diestra y siniestra dentro de toda la región de la Galaxia involucrada en la Rebelión de Satanás. Así mismo esto puede estarse refiriendo a la muerte de toda forma de vida en los océanos.

3. Discordia, desacuerdos y división entre todos los líderes del planeta, toda su élite estará escindida. Todos ellos son culpables de la muerte y persecución de los justos, pues manejan todo el mundo bajo los parámetros de Satán. También es probable que ríos y lagos se contaminen por efecto de los químicos de debajo de la superficie terrestre, a causa de los movimientos telúricos y las explosiones.

4. El siguiente evento es descrito como un gran calor del sol que quemó a los hombres, como son las mareas solares que se esperan en

breve; aunque simbólicamente también representa la manifestación sistemática de los engaños holográficos de la élite del Hijo de la Perdición para mentir a los hombres sobre la nueva religión que quiere implantar. Una fuerte probabilidad radica en el hecho de que el sol produzca grandes mareas que quemen la superficie, como también lo refirió Enoc, aunque el quemar simboliza que todo lo ocurrido consumirá a los hombres: «*En esos días el sol será visto en el Cielo ardiente extendiendo la esterilidad y viajará por la noche sobre el límite del gran carro del occidente y brillará más que lo que corresponde al orden de su luz.*» (1ª Enoc 80:5).

5. El quinto evento vino sobre el reinado del Abominable, quien tuvo que tragarse sus propias palabras y llenarse de impotencia al recaerle las consecuencias de sus actos. Esto simboliza el caos y tiniebla dentro del propio sistema de la Bestia.

6. Se seca el río Éufrates para que puedan llegar por tierra todos los ejércitos desde el Oriente. Además de esto, 3 representantes del sistema satánico –uno por el sistema de la Bestia, otro por Satán y otro de parte del Falso Profeta- van a los reyes de la Tierra a incitarlos a la guerra en el Valle de Megido.

7. Y cuando todo esto se desate vendrá el último evento por mano de este ángel, para que se culmine todo. Cayó del cielo fuego y arrasó con los enemigos de Israel y así mismo descendieron las fuerzas armadas de Miguel. Acompañado de esto caen todas las grandes ciudades de la Tierra por un increíble terremoto. La propia llegada de Jesucristo moverá los cimientos de todas las gentes del globo, todos sus conceptos e ideas.

Una vez todo esto sea ejecutado, la Bestia y el Falso Profeta serán atrapados y lanzados al Gehena, y Satanás es entonces puesto en una prisión por Mil años. También, terminado esto, Jesús regresa para reinar en la Tierra por 10 siglos. De manera que se establece un Nueva Entidad Arriba y una Nueva Entidad en la Tierra, y Dios empieza a habitar entre los hombres al concluir este periodo.

Después de Mil años de reinar Jesús en la Tierra, Satanás es suelto de su prisión y termina de reunir a todas las fuerzas de la resistencia para destruir Jerusalén y engaña a muchos moradores de este planeta. Sin embargo, él y los suyos son destruidos por fuego que desciende del cielo –esto también representa conciencia, o sea, que al venir contra el Campamento de los Santos ya manifiestan sus intenciones y por eso se les considera culpables. Ergo, que se ejecuta un Gran Juicio sobre todos aquellos que no fueron hallados inscritos en el Libro de la Vida, y el resto, los de Cristo, van a otros mundos a llevar la Palabra de Dios –aunque posiblemente esta labor iniciase mucho antes. Aquí se entiende que los justos heredarán la Tierra, como advierten los salmos y los profetas.

Melquisedec

Un viajero, de apellido Ossendowski, que fue a Mongolia, cuenta que, en visita al monasterio de Narabanchi encontró una sorprendente profecía atribuida a Melquisedec –alguien notoriamente famoso en el Tíbet y las regiones colindantes-, quien la había dejado en ese mismo lugar en el año 1890. Dichas palabras decían: «*Cada día más se olvidarán los hombres de sus almas y se ocuparán de sus cuerpos. La corrupción más grande reinará en la Tierra. Los hombres se asemejarán a animales feroces, sedientos de la sangre de sus hermanos. La Media Luna se borrará y sus adeptos se sumirán en la mendicidad y en la guerra perpetua. Sus conquistadores serán heridos por el sol, pero no subirán dos veces; les sucederá la peor de las desgracias y acabarán entre insultos a los ojos de los demás pueblos. Las coronas de los reyes, grandes y pequeños, caerán. Uno, dos, tres, cuatro, cinco, seis, siete, ocho... Habrá una guerra terrible entre todos los pueblos. Los océanos enrojecerán... La tierra y el fondo de los mares se cubrirán de esqueletos, se fraccionarán los reinos, morirán naciones enteras... El hambre, la enfermedad, los crímenes desconocidos de las leyes... Cuanto el mundo no habrá contemplado aún. Entonces vendrán los enemigos de Dios y del Espíritu Divino que residen en el hombre.*

Quienes cojan la mano de otro, perecerán también. Los olvidados, los perseguidos, se sublevarán y llamarán la atención del mundo entero. Habrá nieblas y tempestades, las montañas peladas se cubrirán de bosques. Temblará la tierra... Millones de hombres cambiarán las cadenas de la esclavitud y las humillaciones por el hambre, las enfermedades y la muerte. Los antiguos caminos se llenarán de multitudes que irán de un sitio a otro. Las ciudades mejores y más hermosas perecerán por el fuego... una, dos, tres... El padre luchará con el hijo, el hermano con el hermano, la madre con la hija. El vicio, el crimen, la destrucción de los cuerpos y de las almas, imperarán sin frenos... Se dispersarán las familias... Se desaparecerán la fidelidad y el amor... De diez mil hombres, uno sólo sobrevivirá... un loco, desnudo, hambriento y sin fuerzas, que no sabrá construirse una casa ni proporcionarse alimento... Aullará como un lobo rabioso, devorará cadáveres, morderá su propia carne y desafiará airado a Dios... Se despoblará la Tierra. Dios la dejará de su mano. Sobre ella esparcirán tan sólo sus frutos la noche y la muerte. Entonces surgirá un pueblo hasta ahora desconocido que, con puño fuerte, arrancará las malas hierbas de la locura y del vicio, y conducirá a los que hayan permanecido fieles al espíritu del hombre, a la batalla contra el mal. Fundarán una nueva vida en la Tierra purificada por la muerte de las naciones. Dentro de 50 años no habrá más que 3 grandes reinos nuevos que vivirán felices durante 71 años. Enseguida vendrán 18 años de guerras y cataclismos... Luego, los pueblos de Agharti saldrán de sus cavernas subterráneas y aparecerán en la superficie de la Tierra.»

Supuestamente esta profecía fue escrita por Melquisedec en el año 1890. Así pues, cuando Melquisedec dice "dentro de 50 años no habrá más que tres grandes reinos nuevos", nos está hablando de 1940, es decir, al haber iniciado tia Segunda Guerra Mundial. Aparecieron entonces 3 grandes reinos imperantes: Europa, Rusia y EEUU. Luego dice que "vivirán felices durante 71 años". Aunque eso no es del todo acertado, ciertamente esa fecha nos deja en el año 2011. En ese pasado año debían haber iniciado unos "18 años de guerras y cataclismos" –o sea, hasta el 2029. Aún no ha ocurrido nada, ¿se habrá equivocado? ¿Sería una mentira? Es claro que muchos han predicho el futuro y han acertado con cosas, pero al precisar en fechas prácticamente todos fallan, porque los tiempos han sido cambiados y dejados fuera del alcance aún de los ángeles (Hechos 1:7 y arcos 13:32). Si bien el propio Jesús dijo: «vuelvo pronto» y han pasado casi 2.000 años. Él mismo no tenía en su mano saber los tiempos pues es sólo cosa del Padre. Por lo demás, quien quiera que haya escrito eso, o si fue realmente Melquisedec, ha definido los mismos asuntos una y otra vez anunciados para tener lugar en poco tiempo.

Igual que Melquisedec, muchos han dado conocimiento sobre las referencias a tener en cuenta para cuando todo esto tenga lugar; entre ellos Enoc: «*Pero cuando toda clase de obras de pecado, injusticia, blasfemia y violencia se hayan incrementado y **la apostasía**, la desobediencia y la impureza aumenten, un gran castigo del Cielo vendrá sobre la Tierra y el Señor santo vendrá con ira y castigo sobre la Tierra para ejecutar el juicio.*» (1ª Enoc 91:7).

3.

EL ARREBATAMIENTO

EL RAPTO

«Por cuanto has guardado la palabra de mi paciencia, yo también **_te guardaré de la hora de la prueba que ha de venir_** *sobre el mundo entero, para probar a los que moran sobre la tierra.»* (Apocalipsis 3:10). La palabra "Arrebatamiento" que se utiliza en el mundo creyente no hace referencia al enajenamiento causado por la vehemencia de alguna pasión o por la ira. Su aplicación correcta es la "acción de arrebatar", en este caso, arrebatársele los Escogidos a Cristo al sistema, un sinónimo de "Rapto" –no confundir con el delito de robo o una acción de éxtasis. Este término se aprecia en la Brit ha-Jadashá (Nuevo Testamento) diciendo: *«Luego nosotros los que vivimos, los que hayamos quedado, seremos arrebatados juntamente con ellos en las nubes para recibir al Señor en el aire, y así estaremos siempre con el Señor.»* (1ª Tesalonicenses 4:17) Si Jesús saca a sus escogidos (Mateo 24:31 y Marcos 13:27) es también para que escapen de la peor parte de la Gran Tribulación, porque habrá *«una tribulación en aquellos días»*, la cual será precedida por una más grande, *«cual nunca la hubo ni la habrá»* (Marcos 13:19). Por eso dijo Gabriel que *«será tiempo de angustia, cual nunca fue desde que hubo gente hasta entonces»* (Daniel 12:1). Así es la cosa, *«e inmediatamente después de la tribulación de aquellos días, el sol se oscurecerá, y la luna no dará su resplandor, y las estrellas caerán del cielo, y las potencias de los cielos serán conmovidas. Entonces aparecerá la señal del Hijo del Hombre en el cielo...»* (Mateo 24:29-30)

Se entiende por Rapto de los de Cristo (los Escogidos o el Continuo Sacrificio), una acción de "abducción masiva" de un grupo de gente seleccionada de este planeta, citado en contadas ocasiones en los Evangelios e incluso en la TANAK (Antiguo Testamento): *«Aun se engrandeció contra el príncipe de los ejércitos, y <u>por él fue quitado el continuo sacrificio</u>, y el lugar de su santuario fue echado por tierra. Y a causa de la prevaricación le fue entregado el ejército junto con el continuo sacrificio; y echó por tierra la verdad, e hizo cuanto quiso, y prosperó. Entonces oí a un santo que hablaba; y otro de los santos preguntó a aquel que hablaba: ¿Hasta cuándo durará la visión del continuo sacrificio, y la prevaricación asoladora entregando el santuario y el ejército para ser pisoteados? Y él dijo: Hasta 2.300 tardes y mañanas; luego el santuario será purificado.»* (Daniel 8:11-14) Habla de unos 76 meses (6 años y poco más de 3 meses) desde el comienzo de los eventos de la visión del profeta hasta que acabe. Los indios jopi, de Norteamérica, dijeron sobre el regreso del Señor –a quien ellos llaman Pahana-: *«Mi gente aguarda la llegada de Pahana, el verdadero Hermano Blanco perdido, al igual que lo aguardan todos nuestros hermanos. El no será igual a los hombres blancos que conocemos hoy día, que son crueles y codiciosos. Habíamos sido advertidos de su llegada hace ya muchos años. Pero aún seguimos aguardando su llegada. El traerá consigo los símbolos, y la pieza faltante de la sagrada tabla que ahora custodian nuestros sabios. Esta pieza le fue dada cuando marchó, esto lo identificará como el Verdadero Hermano Blanco.»*

¿Cómo reaccionarán los gobiernos ante el Arrebatamiento? Juan dijo que *«Los reyes de la tierra, los grandes, los ricos, los capitanes, los poderosos, todo esclavo y todo libre, se escondieron en las cuevas y entre las peñas de los montes, y decían a los montes y a las peñas: "Caed sobre nosotros y escondednos del rostro de aquel que está sentado sobre el trono, y de la ira del Cordero, porque el gran día de su ira ha llegado y ¿quién podrá sostenerse en pie?".»* (Apocalipsis 6:15-17) Aquí se aclara lo dicho por Jesús sobre que *"todo ojo le verá"*, que los israelitas *"verán a quien traspasaron"* y todos *"harán lamentación"*, porque romperá todos los esquemas de este planeta: «*Entonces aparecerá la señal del Hijo del hombre en el cielo, y todas las tribus de la tierra harán lamentación cuando vean al Hijo del hombre venir sobre las nubes del cielo, con poder y gran gloria. Enviará sus ángeles con gran voz de trompeta y juntarán a sus escogidos de los cuatro vientos, desde un extremo del cielo hasta el otro. "De la higuera aprended la parábola: Cuando ya su rama está tierna y brotan las hojas, sabéis que el verano está cerca. Así también vosotros, cuando veáis todas estas cosas, conoced que está cerca, a las puertas. De cierto os digo que no pasará esta generación hasta que todo esto acontezca. El cielo y la tierra pasarán, pero mis palabras no pasarán.*» (Mateo 24:30-35)

Otras referencias dicen: «*Entonces verán al Hijo del hombre, que vendrá en las nubes con gran poder y gloria. Entonces enviará a sus ángeles y juntará a sus escogidos de los cuatro vientos, desde el extremo de la tierra hasta el extremo del cielo.*» (Marcos 13:26-27) Y: «*Entonces verán al Hijo del hombre que vendrá en una nube con poder y gran gloria. Cuando estas cosas comiencen a suceder, erguíos y levantad vuestra cabeza, porque vuestra redención está cerca.*» (Lucas 21:27-28) Isaías mismo escribió: «*la cosecha será arrebatada en el día de la angustia, y del dolor desesperado.*» (Isaías 17:11).

Ejemplos

Jesús habló de varios ejemplos para comprender ese día: «*Y os dirán: "Helo aquí" o "Helo allí". No vayáis ni los sigáis, porque como el relámpago que al fulgurar resplandece desde un extremo del cielo hasta el otro, así también será el Hijo del hombre en su día.*» (Lucas 17:23-24) Esto quiere decir que el evento será algo fugaz: de aparecer y desaparecer. Ese mismo ejemplo lo expuso de otra manera al afirmar: «*Mirad también por vosotros mismos, que vuestros corazones no se carguen de glotonería y de embriaguez y de las preocupaciones de esta vida, y venga de repente sobre vosotros aquel día, porque como un lazo vendrá sobre todos los que habitan sobre la faz de la tierra. Velad, pues, orando en todo tiempo que seáis tenidos por dignos de escapar de todas estas cosas que vendrán, y de estar en pie delante del Hijo del hombre.*» (Lucas 21:34-36) Después habló del ejemplo de Noé y de Lot, ambos en relación a tiempos oscuros, y lugares contaminados y abominables, donde únicamente un par de personas fueron socorridas y escaparon de la destrucción (Lucas 17:26-32 y Mateo 24:37-39).

¿Cuándo ocurrirá?

Todo este evento tendrá una clara señal –aunque todas estas que ocurrirán serán claras- la cual será la clave precisa de su llegada: «*Cuando el Ungido llegue, vendrá como un palomar, con una corona de palomas rodeándole y marchará sobre las nubes del cielo con el signo de la cruz precediéndole. El universo entero le verá como al sol que resplandece desde las regiones del Oriente hasta las regiones del Poniente. Así vendrá, con todos sus ángeles rodeándolo.*» (Apocalipsis de Elías 3:2-4) Las referencias literarias de Israel señalan que habrá grandes conflictos bélicos en la Tierra, después de los cual aparecerá el Inicuo, las señales del cielo y tendrá lugar el Arrebatamiento. Sobre esos eventos que ocurrirán antes de la aparición del Inicuo, y que serán caóticos, hemos hablado ya en la obra anterior: "Armagedón E-5", a lo largo de este libro y, también, en los capítulos subsiguientes.

No obstante, estas son algunas referencias de Baruc: «*Pero esto será de la siguiente manera: el que está dañado no es en absoluto, sino que ha forjado la iniquidad, tanto la medida en que se encuentran podría hacer nada, y no ha recordado mi bondad, ni aceptado Mi largo sufrimiento. Por lo tanto, habéis de ser considerados, como ya he dicho antes. Pues el tiempo que nace trae aflicción, para que venga y se pase rápidamente con vehemencia, y se viene [tiempo] turbulento en el calor de la indignación. Y viene a pasar en esos días que todos los habitantes de la tierra se trasladarán unos contra otros, porque saben que mi sentencia no ha llamado la noche. Por aquel entonces no se encontrarán muchas [personas] racionales, y los inteligentes serán sólo algunos: Además, incluso aquellos que se saben, la mayoría de todos [estarán] en silencio. Y habrá muchos rumores y noticias no pocos, y la acción de fantasmas [que] se manifiestan, promesas y no pocos se contarán, algunos de ellos [deberán probar] de inactividad, y algunos de ellos se confirmarán. Y el honor se convertirá en la vergüenza, humillados y la fuerza en contra, Probidad y destruidas, Y la belleza se convierte en fealdad. Y se dicen muchos a muchos en ese momento: ";¿Cuándo la multitud ha escondido de la inteligencia en sí, Y la multitud adónde ha eliminado de la sabiduría en sí?" Y mientras están meditando estas cosas, entonces nace la envidia en aquellos que no había pensado nada de sí mismos... Y deberán aprovechar la pasión que le es pacífica, y muchos se revolverán en la ira para perjudicar a muchos, y que se despierte a los ejércitos con el fin de sangre derramada, y en el fin, juntos con ellos. Y vienen a pasar en el mismo tiempo que [habrá] un cambio de tiempos de manera manifiesta un llamamiento a todos los hombres, Porque en todos los tiempos que ellos mismos contaminados Y se practica la opresión, Y cada hombre caminó en sus propias obras, Y no recordar el derecho del Fuerte. Por lo tanto, un fuego consumirá sus pensamientos, y se llama en las meditaciones de sus riendas ser juzgado; Para el juez deberá venir y no quedarse atrás. Porque cada uno de los habitantes de la tierra sabían cuando era transgredir. Mi Ley no la conocían por razón de su orgullo. Sin embargo, a continuación, seguramente muchos llorarán, Sí, a lo largo de la vida de más de más de los muertos.»* (2ª Baruc 48:29-41).

Se sabe que habrá gran agitación y caos, el Inicuo querrá dar la solución definitiva a la crisis económica y a la locura global que estará reinando, y entonces el susodicho evento tendrá lugar. Una importante referencia sobre el Arrebatamiento dice: «*Y desde el tiempo que sea quitado el continuo sacrificio hasta la abominación desoladora, habrá mil doscientos noventa días.*» (Daniel 12:11) La frase aquí y en el capítulo 8 no están bien traducidas, el texto hebreo diría realmente, al final del 8: «*Y desde [el] tiempo de Ha-Usar el Constante y Ha-Latet [la] detestable desolación [pasarán] 1290 días.*» (Daniel 8:13) La palabra "Ha-Usar" traduciría: "dar tregua", "dar descanso", "irse", "desaparecer", o básicamente "apartar". Posteriormente, la palabra "Ha-Lalet" traduciría: "dé", "ponga" o "sea puesto". Por consiguiente, ahí dice que desde el tiempo en que sea apartada la perpetuidad o quienes se sacrifican constantemente y tenga lugar la Abominación Desoladora, hasta el final, habrá 3 años y medio. No dice que desde el "Continuo" hasta el evento "Asolador" haya 1290 días, sino que sitúa a los dos en el mismo momento y hace referencia al tiempo que transcurrirá desde ahí «*hasta que venga la consumación, y lo que está determinado se derrame sobre el desolador.*» (Daniel 9:27)

Así que ese evento ha de tener lugar durante o al iniciar esa abominación, la cual está relacionada con un asedio a Jerusalén. Jesús habló claramente sobre esto y está en el libro de Mateo, en el capítulo 24. Aquí Jesús dijo que las señales finales serían estas: habría falsos profetas, falsos mesías, habría rumores de guerras, conflictos bélicos, nuevas enfermedades, gran hambre, terremotos y terror. Advirtió que esto sería el principio y que luego, para determinar el final de todas las cosas se enseñarán las Nuevas a todo el mundo. Una vez Jesús profetizó lo que ocurriría en los tiempos finales, de una forma breve, fue al grano para que supiésemos la señal clara de aquel día: «*Por tanto, cuando veáis la abominación desoladora de que habló el profeta Daniel, puesta donde no debe estar (el que lee, entienda), entonces los que estén en Judea huyan a los montes. El que esté en la azotea, no descienda a la casa, ni entre para tomar algo de su casa; y el que esté en el campo, no vuelva atrás a tomar su capa.*» (Marcos 13:14-16) Esto puede acomodarse al sitio de Jerusalén del año 66 d.C. y con algún paralelismo con los últimos días, antes de su regreso.

Como he dicho, algunos escatólogos han creído que dicha advertencia solo tendría lugar poco más de 30 años después de que

Jesús lo mencionó, cuando Judá fue atacado por los romanos y luego, en el 135 d.C., cuando fueron todos expulsados de su tierra, como el propio Enoc habría advertido: «*Luego, en la sexta semana, los que vivirán durante ella <u>serán enceguecidos y su corazón, infielmente, se alejará de la sabiduría</u>. Entonces <u>**un Hombre subirá al cielo**</u> y al final de esta semana, **la casa de dominación será consumida por el fuego** y <u>**será dispersado todo el linaje de la raíz escogida**</u>.*» (1ª Enoc 93:8). Pero si fuese así, ¿cuándo, entre el año 30 y el 135, hubo grandes guerras en países extranjeros, terremotos, pestes, hambres, prodigios en el cielo, etc.? Además de esto, si Jesús les advertía el huir lejos para no ser alcanzados, ¿por qué dijo: «*El que esté en la azotea, no descienda a la casa, ni entre para tomar algo de su casa*»? En vez de decirles que salgan de su casa y huyan lejos, les da a entender que esperen en la azotea, en los lugares altos, ¡que estén a la vista! Así que si ese asedio se repite sabremos que ha llegado la hora o simplemente con las referencias citadas y el devenir de los acontecimientos mundiales. Pero el Inicuo se dejará ver inmediatamente antes: «*Nadie os engañe en ninguna manera; porque [Cristo] no vendrá sin que antes venga la apostasía, y se manifieste el hombre de pecado, el hijo de perdición, el cual se opone y se levanta contra todo lo que se llama Dios o es objeto de culto; tanto que se sienta en el templo de Dios como Dios, haciéndose pasar por Dios.*» (2ª Tesalonicenses 2:3-4) Aunque la apostasía se suele asociar con el Arrebatamiento es más apropiado indicarla como el alejamiento de la verdadera fe.

Otras referencias sobre el escenario de aquellos días fue advertido por profetas de Israel: «*Y me respondió y dijo: ¿Cuánto más seguirá la tribulación, hay que aceptar la necesidad de muchos años? [...] Y él respondió y dijo a mí: "en 12 partes que se divide el tiempo, y cada uno de ellos está reservado para el que es designado para él: En la 1ª parte será el comienzo de conmociones. Y en la 2ª parte asesinatos de los grandes. Y en la 3ª parte la caída de muchos con la muerte. Y en la 4ª parte el envío de la espada. Y en la 5ª parte el hambre y la retención de la lluvia. Y en la 6ª parte terremotos y terrores. [...texto perdido...] Y la 8ª parte de una multitud de espectros y los ataques de los demonios. Y en la 9ª parte la caída del fuego. Y en la 10ª parte rapiña y mucha opresión. Y en la 11ª parte la iniquidad y la maldad (el Inicuo y el Malo). Y en la 12ª parte de la confusión de mezclar juntas todas esas cosas mencionadas.»* (2ª Baruc 26:1 al 27:13) Este profeta también avisó: «*¡He aquí los días venideros! Y será el momento de la edad madura, y la cosecha de las malas y buenas semillas ha llegado, cuando el poder de Dios [se manifieste], se pondrá sobre la Tierra y sus habitantes y en sus gobernantes perturbación de espíritu y corazón de estupor. Y se odiarán entre sí, y provocarán una lucha a otra, [...] Y los muchos serán entregados en las manos de unos pocos...*» (2ª Baruc 70:1-4)

Por su parte el escriba Esdras dijo: «*Por lo tanto, cuando aparezcan en el mundo terremotos, tumultos de los pueblos, intrigas de las naciones, vacilación de los dirigentes, confusión de los príncipes, entonces usted sabrá que es aquel [tiempo] del que el Altísimo habló desde los días [...] desde el principio.*» (4ª Esdras 9:3-4) Y más adelante dijo: «*La Tierra y sus fundamentos temblarán, el mar será batido [desde] sus profundidades, y sus olas y el pez con ellos serán perturbados por la presencia del Señor y la gloria de su poder.*» (4ª Esdras 16:12) E Isaías antes de ser asesinado consiguió esgrimir: «*...y también los que eran creyentes en Él - de estos unos pocos en esos días se dejarán como sus siervos, mientras que huyen desde el desierto a desierto, esperando la venida del Amado.*» (La Ascensión de Isaías 4:13)

Sacrificio y Ofrenda

En varios casos se habla del "continuo sacrificio" e incluso del "sacrificio y la ofrenda": «*Se levantarán sus tropas, que profanarán el santuario y la fortaleza, quitarán el sacrificio continuo y pondrán la abominación desoladora.*» (Daniel 11:31) Continuo Sacrificio se traduce del hebreo "ha-tamid" (lo continuo – sellados de los que conocen, de los suyos) y de "zebaj" (sacrificio especial, por una ocasión festiva. Inmolación, víctima, ofrecimiento, sacrificarse). Esto se asocia con las palabras de Enoc que dicen: «*...los justos descansarán de la opresión de los pecadores.*» (1ª Enoc 53:7) Los que realmente son justos sufren viviendo en el mundo porque el mundo los rechaza y ellos viven en agonía porque se sacrifican a sí mismos en un sistema que trata contrariamente a sus valores y esperanza: «*Por lo tanto, hermanos, os ruego por las misericordias de Dios que presentéis vuestros cuerpos como sacrificio vivo, santo, agradable a Dios, que es vuestro culto racional.*» (Romanos 12:2) y en la carta a los hebreos nos dan otro ejemplo que señala: «*Así que, ofrezcamos siempre a Dios, por medio de él, sacrificio de alabanza, es decir, fruto de labios que confiesan su nombre.*» (Hebreos 13:15)

Por ejemplo, en relación a Daniel, recordemos que dice que «*por otra semana más confirmará el pacto con muchos; a la mitad de la semana hará cesar el sacrificio y la ofrenda. Después, con la muchedumbre de las abominaciones, vendrá el desolador, hasta que venga la consumación y lo que está determinado se derrame sobre el desolador.*» (Daniel 9:27) Yéndonos a otros pasajes para relacionar a ese "sacrificio y ofrenda", hallamos un ápice en una carta de Pablo: «*Tanto es así que nosotros mismos nos gloriamos de vosotros en las congregaciones de Dios, por vuestra paciencia y fe en todas vuestras persecuciones y tribulaciones que soportáis.*» (2ª Tesalonicenses 1:4) Y Pedro dijo: «*Pues ¿qué gloria es, si pecando sois abofeteados, y lo soportáis? Mas si haciendo lo bueno sufrís, y lo soportáis, esto ciertamente es aprobado delante de Dios.*» (1ª Pedro 2:20)

¿A dónde serán llevados?

Juan nos relata conforme a su revelación: «*Y cuando vio el Dragón que había sido arrojado a la Tierra, persiguió a la mujer (Nueva Jerusalén) que había dado a luz al hijo varón. Y se le dieron a la mujer las dos alas de la Gran Águila, para que volase de delante de la serpiente al desierto, a su lugar, donde es sustentada por un tiempo, y tiempos, y la mitad de un tiempo.*» (Apocalipsis 12:13-14) Esta simbología afirma que por 3 años y medio estos Escogidos estarán cerca de esta gigantesca nave en la que se posará la Nueva Jerusalén, la cual describió Juan como una enorme ciudad en forma de dado: «*La ciudad se halla establecida en cuadro, y su longitud es igual a su anchura; y él midió la ciudad con la caña, 12.000 estadios; la longitud, la altura y la anchura de ella son iguales. Y midió su muro, 144 codos, de medida de hombre, la cual es de ángel. El material de su muro era de jaspe; pero la ciudad era de oro puro, semejante al vidrio limpio; y los cimientos del muro de la ciudad estaban adornados con toda piedra preciosa. El primer cimiento era jaspe; el segundo, zafiro; el tercero, ágata; el cuarto, esmeralda; el quinto, ónice; el sexto, cornalina; el séptimo, crisólito; el octavo, berilo; el noveno, topacio; el décimo, crisopraso; el undécimo, jacinto; el duodécimo, amatista. Las doce puertas eran doce perlas; cada una de las puertas era una perla. Y la calle de la ciudad era de oro puro, transparente como vidrio. Y no vi en ella templo; porque el Señor Dios Todopoderoso es el templo de ella, y el Cordero. La ciudad no tiene necesidad de sol ni de luna que brillen en ella; porque la gloria de Dios la ilumina, y el Cordero es su lumbrera.*» (Apocalipsis 21:16-23)

Juan escribió también: «*Después de esto miré, y he aquí una gran multitud, la cual nadie podía contar, de todas naciones y tribus y pueblos y lenguas, que estaban delante del trono y en la presencia del Cordero, vestidos de ropas blancas, y con palmas en las manos [...] Entonces uno de los ancianos habló, diciéndome: [...] Éstos son los que han salido de la gran tribulación, y han lavado sus ropas, y las han emblanquecido en la sangre del Cordero. Por esto están delante del trono de Dios, y le sirven día y noche en su templo; y el que está sentado sobre el trono extenderá su tabernáculo sobre ellos. Ya no tendrán hambre ni sed, y el sol no caerá más sobre ellos, ni calor alguno; porque el Cordero que está en medio del trono los pastoreará, y los guiará a fuentes de aguas de vida; y Dios enjugará toda lágrima de los ojos de ellos.*» (Apocalipsis 7:9-17)

Al escapar de lo peor de a Gran Tribulación lo Escogidos estarán ya en un lugar privilegiados, consientes y enterados del transcurso de los acontecimientos en la Tierra, pero alejados de esta: «*Después de esto miré, y vi una gran multitud, la cual nadie podía contar, de todas las naciones, tribus, pueblos y lenguas. Estaban delante del trono y en la presencia del Cordero, vestidos de ropas blancas y con palmas en sus manos. Clamaban a gran voz, diciendo: "¡La salvación pertenece a nuestro Dios, que está sentado en el trono, y al Cordero!". [...] Entonces uno de los ancianos habló, diciéndome: "Estos que están vestidos de ropas blancas, ¿quiénes son y de dónde han venido?". Yo le dije: "Señor, tú lo sabes". Él me dijo: "Estos son los que han salido de la gran tribulación; han lavado sus ropas y las han blanqueado en la sangre del Cordero.*» (Apocalipsis 7:9-14) Esto lo reitera Juan más adelante al hablar de los últimos 7 eventos a ser desatados contra el mundo: «*Vi en el cielo otra señal grande y admirable: 7 ángeles con las 7 plagas postreras, porque en ellas se consumaba la ira de Dios. También vi como un mar de vidrio mezclado con fuego, y a los que habían alcanzado la victoria sobre la bestia y su imagen, sobre su marca y el número de su nombre, de pie sobre el mar de vidrio, con las arpas de Dios.*» (Apocalipsis 15:1-2)

De esta manera los escogidos y santos escaparán de lo que vendrá al mundo y también la Santa Ciudad celestial será mantenida pura y sin mancha, cumpliendo de este modo lo que Jehová dijo al malo: «*Entonces dijo Jehová al Satán: "¡Jehová te reprenda, Satán! ¡Jehová, que ha escogido a Jerusalén, te reprenda! ¿No es este un tizón arrebatado del incendio?".*» (Zacarías 3:2) Tanto los escogidos como la Gran Ciudad del Cielo escaparán del "incendio" que caerá al mundo.

¿Quiénes se irán?

Jesús contó: «*Porque como en los días antes del diluvio estaban comiendo y bebiendo, casándose y dando en casamiento, hasta el día en que Noé entró en el arca, y no entendieron hasta que vino el diluvio y se los llevó a todos, así será también la venida del Hijo del Hombre. Entonces estarán dos en el campo; el uno será tomado, y el otro será dejado. Dos mujeres estarán moliendo en un molino; la una será tomada, y la otra será dejada.»* (Mateo 24:38-41) Esto es evidente para los creyentes: aquí no dice que Jesús vendrá por todos los que se hacen llamar cristianos, sino únicamente por un grupo de Escogidos. Pero ¿por qué sólo unos pocos? *«No todo el que me dice: Señor, Señor, entrará en el reino de los cielos, sino el que hace la voluntad de mi Padre que está en los cielos. Muchos me dirán en aquel día: Señor, Señor, ¿no profetizamos en tu nombre, y en tu nombre echamos fuera demonios, y en tu nombre hicimos muchos milagros? Y entonces les declararé: Nunca os conocí; apartaos de mí, hacedores de maldad.»* (Mateo 7:21-23) Los días de Noé fueron tiempos de maldad, depravación, brujería y hechicería, manipulación genética, guerras atroces y calamidades (un escenario muy parecido al de hoy).

Jesús dijo a los judíos -y esto fue registrado en los Evangelios- que la salvación en ese caso será selectiva y merecida con esfuerzo: *«Y alguien le dijo: Señor, ¿son pocos los que se salvan? Y él les dijo: Esforzaos a entrar por la puerta angosta; porque os digo que muchos procurarán entrar, y no podrán. Después que el padre de familia se haya levantado y cerrado la puerta, y estando fuera empecéis a llamar a la puerta, diciendo: Señor, Señor, ábrenos, él respondiendo os dirá: No sé de dónde sois. Entonces comenzaréis a decir: Delante de ti hemos comido y bebido, y en nuestras plazas enseñaste. Pero os dirá: Os digo que no sé de dónde sois; apartaos de mí todos vosotros, hacedores de maldad. Allí será el llanto y el crujir de dientes, cuando veáis a Abraham, a Isaac, a Jacob y a todos los profetas en el reino de Dios, y vosotros estéis excluidos. Porque vendrán del oriente y del occidente, del norte y del sur, y se sentarán a la mesa en el reino de Dios. Y he aquí hay postreros que serán primeros, y primeros que serán postreros.»* (Lucas 13:23-30)

«*Porque el reino de los cielos es como un hombre que, yéndose lejos, llamó a sus siervos y les entregó sus bienes. A uno dio cinco talentos, y a otro dos, y a otro uno, a cada uno conforme a su capacidad; y luego se fue lejos. Y el que había recibido cinco talentos fue y negoció con ellos, y ganó otros cinco talentos. Asimismo, el que había recibido dos, ganó también otros dos. Pero el que había recibido uno fue y cavó en la tierra, y escondió el dinero de su señor. Después de mucho tiempo vino el señor de aquellos siervos, y arregló cuentas con ellos. Y llegando el que había recibido cinco talentos, trajo otros cinco talentos, diciendo: Señor, cinco talentos me entregaste; aquí tienes, he ganado otros cinco talentos sobre ellos. Y su señor le dijo: Bien, buen siervo y fiel; sobre poco has sido fiel, sobre mucho te pondré; entra en el gozo de tu señor. Llegando también el que había recibido dos talentos, dijo: Señor, dos talentos me entregaste; aquí tienes, he ganado otros dos talentos sobre ellos. Su señor le dijo: Bien, buen siervo y fiel; sobre poco has sido fiel, sobre mucho te pondré; entra en el gozo de tu señor. Pero llegando también el que había recibido un talento, dijo: Señor, te conocía que eres hombre duro, que siegas donde no sembraste y recoges donde no esparciste; por lo cual tuve miedo, y fui y escondí tu talento en la tierra; aquí tienes lo que es tuyo. Respondiendo su señor, le dijo: Siervo malo y negligente, sabías que siego donde no sembré, y que recojo donde no esparcí. Por tanto, debías haber dado mi dinero a los banqueros, y al venir yo, hubiera recibido lo que es mío con los intereses. Quitadle, pues, el talento, y dadlo al que tiene diez talentos. Porque al que tiene, le será dado, y tendrá más; y al que no tiene, aun lo que tiene le será quitado. Y al siervo inútil echadle en las tinieblas de afuera; allí será el lloro y el crujir de dientes.*» (Mateo 25:14-30)

Y, dicho de otra manera, también Jesús enseñó: «*Entonces el Rey dirá a los de su derecha: Venid, benditos de mi Padre, heredad el reino preparado para vosotros desde la fundación del mundo. Porque tuve hambre, y me disteis de comer; tuve sed, y me disteis de beber; fui forastero, y me recogisteis; estuve desnudo, y me cubristeis; enfermo, y me visitasteis; en la cárcel, y vinisteis a mí. Entonces los justos le responderán diciendo: Señor, ¿cuándo te vimos hambriento, y te sustentamos, o sediento, y te dimos de beber? ¿Y cuándo te vimos forastero, y te recogimos, o desnudo, y te cubrimos? ¿O cuándo te vimos enfermo, o en la cárcel, y vinimos a ti? Y respondiendo el Rey, les dirá: De cierto os digo que en cuanto lo hicisteis a uno de estos mis hermanos más pequeños, a mí lo hicisteis. Entonces dirá también a los de la izquierda: Apartaos de mí, malditos, al fuego eterno preparado para el diablo y sus ángeles. Porque tuve hambre, y no me disteis de comer; tuve sed, y no me disteis de beber; fui forastero, y no me recogisteis; estuve desnudo, y no me cubristeis; enfermo, y en la cárcel, y no me visitasteis. Entonces también ellos le responderán diciendo: Señor, ¿cuándo te vimos hambriento, sediento, forastero, desnudo, enfermo, o en la cárcel, y no te servimos? Entonces les responderá diciendo: De cierto os digo que en cuanto no lo hicisteis a uno de estos más pequeños, tampoco a mí lo hicisteis. E irán éstos al castigo eterno, y los justos a la vida eterna.»* (Mateo 25:34-46)

Entonces Jesús dijo lo que luego aclaró Pablo: «*Porque somos hechura suya, creados en Cristo Jesús para buenas obras, las cuales Dios preparó de antemano para que anduviésemos en ellas.*» (Efesios 2:10) ¿Buenas obras? ¿Acaso seremos salvados por obras? No las obras de la ley mosáica, de 613 normativas, sino por obras ministeriales, obras misioneras, obras fruto de lo que hay dentro de nuestro corazón, con base a nuestra fe: «*...haced el árbol bueno, y su fruto bueno, o haced el árbol malo, y su fruto malo; porque por el fruto se conoce el árbol.*» (Mateo 12:33) ¿Qué tipo de árbol somos? ¿Qué tipo de fruto damos? Algunos creen que no están capacitados para obrar, pero escrito está: «*...Subiendo a lo alto, llevó cautiva la cautividad, Y dio dones a los hombres.*» (Efesios 4:8) Por tanto, no tenemos excusa.

Así que si tenemos fe, pero no actuamos en consecuencia, nos es inválido el derecho, y si hacemos cosas para la obra sin amor, como también dice el apóstol, es igualmente inválido. Bien, uno de los hermanos de sangre de Jesús lo dijo así: «*Hermanos míos, ¿de qué aprovechará si alguno dice que tiene fe, y no tiene obras? ¿Podrá la fe salvarle? Y si un hermano o una hermana están desnudos, y tienen necesidad del mantenimiento de cada día, y alguno de vosotros les dice: Id en paz, calentaos y saciaos, pero no les dais las cosas que son necesarias para el cuerpo, ¿de qué aprovecha? Así también la fe, si no tiene obras, es muerta en sí misma. Pero alguno dirá: Tú tienes fe, y yo tengo obras. Muéstrame tu fe sin tus obras, y yo te mostraré mi fe por mis obras. Tú crees que Dios es uno; bien haces. También los demonios creen, y tiemblan. ¿Mas quieres saber, hombre vano, que la fe sin obras es muerta? ¿No fue justificado por las obras Abraham nuestro padre, cuando ofreció a su hijo Isaac sobre el altar? ¿No ves que la fe actuó juntamente con sus obras, y que la fe se perfeccionó por las obras? Y se cumplió la Escritura que dice: Abraham creyó a Dios, y le fue contado por justicia, y fue llamado amigo de Dios. Vosotros veis, pues, que el hombre es justificado por las obras, y no solamente por la fe. Asimism, también Rahab la ramera, ¿no fue justificada por obras, cuando recibió a los mensajeros y los envió por otro camino? Porque como el cuerpo sin espíritu está muerto, así también la fe sin obras está muerta.*» (Santiago 2:14-26)

Jesús enseñó también: «*Y os dirán: "Helo aquí" o "Helo allí". No vayáis ni los sigáis, porque como el relámpago que al fulgurar resplandece desde un extremo del cielo hasta el otro, así también será el Hijo del hombre en su día.*» (Lucas 17:23-24) Si queremos saber cómo escapar de lo que se viene, analicemos las palabras del propio Salvador que ha prometido llevarse a los que le sean fieles: «*Entonces el reino de los cielos será semejante a diez vírgenes que, tomando sus lámparas, salieron a recibir al novio. Cinco de ellas eran prudentes y cinco insensatas. Las insensatas, tomando sus lámparas, no tomaron consigo aceite; pero las prudentes tomaron aceite en sus vasijas, juntamente con sus lámparas. Como el novio tardaba, cabecearon todas y se durmieron. Y a la medianoche se oyó un clamor: "¡Aquí viene el novio, salid a recibirlo!" Entonces todas aquellas vírgenes se levantaron y arreglaron sus lámparas. Y las insensatas dijeron a las prudentes: "Dadnos de vuestro aceite, porque nuestras lámparas se apagan". Pero las prudentes respondieron diciendo: "Para que no nos falte a nosotras y a vosotras, id más bien a los que venden y comprad para vosotras mismas". Pero mientras ellas iban a comprar, llegó el novio; y las que estaban preparadas entraron con él a la boda, y se cerró la puerta. Después llegaron también las otras vírgenes, diciendo: "¡Señor, señor, ábrenos!". Pero él, respondiendo, dijo: "De cierto os digo que no os conozco". Velad, pues, porque no sabéis el día ni la hora en que el Hijo del hombre ha de venir.»* (Mateo 25:1-13) Aunque aquí habla de "unción", el resto de referencias las podéis encontrar en las parábolas de Jesús sobre "las minas" y "los talentos".

«Así también vosotros, cuando veáis que suceden estas cosas, sabed que está cerca el reino de Dios. "De cierto os digo que no pasará esta generación hasta que todo esto acontezca. El cielo y la tierra pasarán, pero mis palabras no pasarán. "Mirad también por vosotros mismos, que vuestros corazones no se carguen de glotonería y de embriaguez y de las preocupaciones de esta vida, y venga de repente sobre vosotros aquel día, porque como un lazo vendrá sobre todos los que habitan sobre la faz de la tierra. Velad, pues, orando en todo tiempo que seáis tenidos por dignos de escapar de todas estas cosas que vendrán, y de estar en pie delante del Hijo del hombre".» (Lucas 21:31-36)

La Pascua

El simbolismo de la Pascua es el mejor ejemplo para comprender cómo se desarrollará el Arrebatamiento, pues toda la TANAK (Antiguo Testamento) *«es figura de lo que había de venir.»* La palabra hebrea Pesaj (Pascua), en inglés "Pass-Over" (Pasar por Encima, o Cruzar), es el nombre de la celebración más importante para los judíos, y debería serlo para los cristianos. Aquí se hace la celebración de los Panes sin Levadura, y sabemos que la levadura representa la contaminación (Mateo 16:6-12, Marcos 8:15, Lucas

12:1, 1ª Corintios 5:6-8 y Gálatas 5:9) o la "añadidura". Asimismo, el pan es la información (Mateo 4:4, 15:26, Marcos 7:27, Lucas 4:4, 14:15, Juan 6:31-58), aunque con el sacrificio de Cristo, éste viene a simbolizar principalmente su cuerpo u organización. Por tanto, el pan sin levadura es la información sin contaminación y a la vez es la carne que no vio corrupción, es decir, la del Hijo de Dios, pues no se halló pecado en él. Incluso, el tiempo mismo de Israel en Egipto (oficialmente 430 años) es una décima parte del tiempo que el mundo estuvo en manos del diablo desde que el tiempo se volvió a considerar. En otras palabras, desde el Diluvio hasta Jesús habrán transcurrido una media de 4.300 años. E Israel simboliza esa décima parte del tiempo en atadura del sistema satánico.

Esto nos debe llevar a comprender que no hay casualidades en las fechas, nombres, lugares, tiempos, elementos, colores, números, eventos ni características que se mencionan a lo largo de toda la historia relatada en la Biblia. El concepto de "la esposa" de Cristo, como luz del mundo, también se celebra, dando lugar primero a la vela que enciende la mujer del hogar y luego el hombre, en representación también del Padre y del Hijo –pues la Esposa (definida por Juan como la Nueva Jerusalén), se "cubre" o identifica con los santos, pues son personas de "obras justas" (Apoc. 19:8). También, según la Hagadá (la tradición oral), hay 4 copas de vino, más la de Elías: una de la Santificación, la de las Diez Plagas, la de la Redención y Bendición, la Copa de Hallel (copa de la Alabanza) y la Copa de Elías (las copas o cáliz representan sucesos o acontecimientos puestos en marcha). Aquí se hacen 4 preguntas y se relata brevemente cómo salió Israel de Egipto, y hoy, los creyentes añadimos el relato de cómo el Señor celebró la última Pascua la noche que fue entregado. Las diez plagas mismas son Diez, se cree precisamente, como oposición a las 10 investiduras que recibió Satanás antes de su rebelión (Ezequiel 28:13), y es la misma razón de porqué son 10 mandamientos los que constan en las Tablas de la Ley. Nada de estos simbolismos es casualidad.

Israel huyó de Egipto a medianoche (y Jesús siempre identificó el Rapto con la noche), y Egipto representa el sistema actual. Egipto es la representación de la servidumbre y la esclavitud, concretamente del pecado. Israel salió al desierto, donde fue sustentado por Dios, igual que la Esposa y el "niño varón" serán llevados al desierto (Apocalipsis 12:5-6) mientras los juicios de Dios caen sobre el mundo, como cayeron sobre Egipto (Éxodo 7:4). El propio José, que fue vendido por sus hermanos, fue el puente para traer al linaje de Jacob a la bendición en Egipto, igual que José, el carpintero, lo fue por medio del hijo que adoptó, Jesús, y lo llevó a Egipto. Recordemos que faraón no dejó ir a su pueblo, y eso ocurrirá con Satanás, quien tratará de evitar el Arrebatamiento (Apocalipsis 12:3-4 y 12:13). Israel, al salir de Egipto, cruzó el mar, lo cual en simbología hebrea representa el Segundo Cielo, y los obstáculos que los principados y potestades tratan de levantar sobre la humanidad.

También en Pascua se recuerda que la gente tuvo que sacrificar un cordero sin mancha y untar con su sangre los dinteles de las puertas de sus casas, para que el ángel de Jehová no matase a los primogénitos de dicho hogar. Los que no están cubiertos por la sangre del cordero (Jesucristo) verán la mortandad de quedarse en la Tierra y sufrir el *"lloro y crujir de dientes"*, aunque fuesen de los israelitas, o sea, de los del Señor, «*y hubo un gran clamor en Egipto, porque no había casa donde no hubiese un muerto.*» (Éxodo 12:30) La "muerte" simboliza la destitución. Luego tenemos que faraón los hizo huir apresuradamente, como hoy los que detentan el poder quieren que la oposición al Nuevo Orden Mundial se vaya cuanto antes, para poder desarrollar plenamente sus objetivos. Además, Israel se iba al desierto a "servir a su Dios", igual que lo harán los escogidos.

Tras todo esto, en la celebración pascual, están 5 simbolismos: Matzá o pan ácimo (pan sin levadura), Maror (hierbas amargas), Beitzá (huevo), Jaroset (mezcla de manzana y miel) y Zeroah (un hueso). Entonces, tras estos simbolismos viene la cena, la cual emula las Bodas del Cordero, donde se comerán las cenas del Señor posiblemente en la Nueva Jerusalén. La copa misma de Elías es alusiva al regreso del profeta, quien prepararía la venida del Señor para reinar. Esto lo vemos en que el espíritu de Elías vino sobre Juan el bautista para preparar el camino de Jesús, y nuevamente vendrá Elías, esta vez con Enoc, para la llegada triunfal de Jesús desde los cielos para reinar en la Tierra y destruir a la Bestia, el Falso Profeta, y para encarcelar al dragón. La fiesta de los Panes sin Levadura, por ejemplo, comienza 7 días antes de las *"dos tardes"* (Éxodo 12:6) en las que se come el cordero de la Pascua. Durante estos 7 días -ojo con el simbolismo- nadie come pan leudado, o es "erradicado de la congregación". ¿Qué son esos 7 días? Una semana. Concretamente La Semana de la que habló Gabriel a Daniel (cap. 9:27) y que a Juan le fue detallada en la isla de Patmos, y cuyo libro llamamos "Apocalipsis". Ahora vamos a ver a qué se refería el Señor al decirnos que "velásemos", como el guarda que hace vigilia sin pegar ojo, y no menciona nada de que venga durante el día.

Durante este lapso de tiempo, es preciso que las vírgenes mantengan encendidas sus lámparas y con aceite en ellas, como reza la parábola del Señor. Y es precisamente de noche cuando *"viene el esposo"*. Pero ¿cómo puede ser de noche si hay 24 husos horarios en toda la Tierra? Será de noche en Israel, y de ahí avanzará el evento, posiblemente para desarrollarse a lo largo de 24 horas, de noche en todo momento: «*Cuando llegó la noche, el señor de la viña dijo a su mayordomo: Llama a los obreros y págales el jornal, comenzando desde los postreros hasta los primeros.*» (Mateo 20:8) Aquí dice que la "recompensa" de los obreros viene al llegar la noche, que es también el título con el que se describe al imperio de las tinieblas, es decir, cuando empieza a erigirse el reino del Hijo de la Perdición. Por esa razón dijo Jesús «*que **en aquella noche** estarán dos en una cama; el uno será tomado, y el otro será dejado.*» (Lucas 17:34) Y volvió Jesús a decir que «***a la medianoche se oyó un clamor**: ¡Aquí **viene el esposo**; salid a recibirle!*» (Mateo 25:6) ¿Avisan de que viene y les da tiempo a algunos de correr a buscar aceite? Aunque sean 24 horas y se oigan los casos en otras latitudes, el mundo no tendrá tiempo de reaccionar: «*Velad, pues, porque no sabéis cuándo vendrá el señor de la casa; **si al anochecer, o a la medianoche, o al canto del gallo, o a la mañana**; para que cuando venga de repente, no os halle durmiendo. Y lo que a vosotros digo, a todos lo digo: Velad.*» (Marcos Mark 13:35-37)

Debate sobre la autenticidad del hecho

Aún hoy muchos que se dicen cristianos debaten sobre la autenticidad del hecho del Arrebatamiento, asumiendo que el susodicho no tendrá lugar. Hablando sobre los eventos cataclísmicos de los últimos tiempos, Enoc escribió que «*...en ese tiempo todos los justos escaparán.*» (1ª Enoc 10:17). La cuestión de debatir esto tiene sus raíces en las ideas tergiversadas que ya en tiempos antiguos fueron diseminadas por Orígenes y Agustín de Hipona. Aún con todo ya estaba definido antes de Cristo que habría una selección entre gente que el Elegido (Jesús) tomaría para sí: «*Por los mismos días el Elegido se levantará y de entre ellos seleccionará a los justos y a los santos, porque se acerca el día en que serán salvados.*» (1ª Enoc 51:2) La promesa de exaltación para los justos y los elegidos se complementa con el reinado de Jesús en la Tierra: «*Los justos y los elegidos se habrán levantado de la Tierra, dejarán de estar cabizbajos y se vestirán con prendas de gloria. Tales serán las prendas de vida del Señor de los espíritus: vuestra ropa no envejecerá y vuestra gloria no terminará ante el Señor de los espíritus.*» (1ª Enoc 62:15-16)

Dado que los datos de Jesús sobre su regreso son claros, hay únicamente que sumar los asuntos y comprender el resultado. Jesús dio 8 referencias claras sobre su regreso, antes de que comience el reinado de la Bestia:

1. **Guerras y rumores de guerras.** Rumor de guerra es que se oye que al parecer hay una guerra o que posiblemente se vaya a desarrollar un conflicto armado. También se habló de "revueltas", que son alborotos, alteraciones o sediciones. Asimismo, esto se refiere a una vuelta o mudanza de un estado a otro, o de un parecer a otro. El motivo de estas cosas es que se levantará nación contra nación y reino contra reino (no serán luchas internacionales sino regionales). Una nación es un conjunto de los habitantes de un país regido por un gobierno. Por su parte un reino es un territorio o estado con sus habitantes sujetos a un rey.

2. **Terremotos en diferentes lugares**, en muchos lugares o simplemente grandes terremotos. Un terremoto es un movimiento de tierra, una concusión o sacudida del terreno, ocasionada por fuerzas que actúan en el interior del globo.

3. **Pestes** o pestilencias. Esta es una enfermedad contagiosa y grave que causa gran mortandad en los hombres y otros seres vivos. Por extensión es cualquier enfermedad, aunque no sea contagiosa, que causa grande mortandad.

4. **Hambres.** El hambre son ganas o necesidad de comer, la escasez de frutos o un apetito o deseo ardiente de una cosa.

5. **Terror** y señales. Según Lucas, «*...habrá terror y grandes señales del cielo.*» (Lucas 21:11). El terror es miedo, espanto, pavor de algo que amenaza o de un peligro que se teme. La palabra "señal" viene del latín "signum" (signo). Es una marca o nota para darla a conocer y distinguirla de otra, o sea, referencias. Un signo es una cosa que por su naturaleza o convencionalmente evoca en el entendimiento la idea de otra.

6. **Unos contra otros.** La cuestión de las divisiones familiares, los conflictos dentro de las ideas religiosas, la presión social tan grave que hace que la gente deje de ayudarse o de pensar en el prójimo. Jesús dijo que «*muchos tropezarán entonces, y se entregarán unos a otros, y unos a otros se aborrecerán.*» (Mateo 24:10) Y justo después añadió que «*...por haberse multiplicado la maldad, el amor de muchos se enfriará.*» (Mateo 24:12)

7. **Falsos Profetas** y Falsos Cristos. Jesús advirtió que en esta última generación surgirían muchos líderes mentirosos, diciendo: «*Muchos falsos profetas se levantarán y engañarán a muchos.*» Falsos profetas son quienes «*vienen a vosotros con vestidos de ovejas, pero por dentro son lobos rapaces.*» (Mateo 7:15) Un profeta es básicamente un advertidor, exhortador, conocedor de cosas futuras o divinas. Un gran orador. Jesús reafirmó: «*Porque se levantarán falsos Cristos, y falsos profetas, y harán grandes señales y prodigios, de tal manera que engañarán, si fuere posible, aun a los escogidos. Ya os lo he dicho antes.*» (Mateo 24:24)

8. **Señales en el cielo.** Lo que dijo Lucas es solo la "punta del gran iceberg" anunciado por profetas y apóstoles: «*He aquí el día de Jehová viene: día terrible, de indignación y ardor de ira, para convertir la tierra en soledad y raer de ella a sus pecadores. Por lo cual las estrellas de los cielos y sus luceros no darán su luz; el sol se oscurecerá al nacer y la luna no dará su resplandor.*» (Isaías 13:9-10) Sobre esto anunció Joel: «*Delante de él temblará la tierra y se estremecerán los cielos; el sol y la luna se oscurecerán, y las estrellas perderán su resplandor. Y Jehová dará su orden delante de su ejército, porque muy grande es su campamento y fuerte es el que ejecuta su orden; porque grande es el día de Jehová y muy terrible. ¿Quién podrá soportarlo?*» (Joel 2:10-11) Y más adelante

añadió: «*Haré prodigios en el cielo y en la tierra, sangre, fuego y columnas de humo. El sol se convertirá en tinieblas y la luna en sangre, antes que venga el día, grande y espantoso, de Jehová. Y todo aquel que invoque el nombre de Jehová, será salvo; porque en el monte Sión y en Jerusalén habrá salvación, como ha dicho Jehová, y entre el resto al cual él habrá llamado.*» (Joel 2:30-32) Y también: «*Muchos pueblos en el valle de la Decisión; porque cercano está el día de Jehová en el valle de la Decisión. El sol y la luna se oscurecerán, y las estrellas perderán su resplandor. Jehová rugirá desde Sión, dará su voz desde Jerusalén y temblarán los cielos y la tierra; pero Jehová será la esperanza de su pueblo, la fortaleza de los hijos de Israel.*» (Joel 3:14-16)

Está claro que estas señales precederán la venida de Jesús en el Arrebatamiento. Justo antes de la aparición de la señal del hijo del hombre: Habrá un gran terremoto, como definió Juan en Apocalipsis aquella Tribulación que acabamos de referir. Inmediatamente después de aquella etapa habrá señales en el sol, se oscurecerá, se pondrá negro como tela de luto. La luna no dará su resplandor, se oscurecerá, se pondrá como sangre, habrá señales en ella. En las estrellas habrá señales, retraerán su resplandor, perderán su resplandor, no darán su luz y caerán del cielo. Precisamente por esa gran guerra en el cielo el mundo entrará en shock: «*...y en la tierra angustia de las gentes, confundidas a causa del bramido del mar y de las olas; desfalleciendo los hombres por el temor y la expectación de las cosas que sobrevendrán en la tierra; porque las potencias de los cielos serán conmovidas.*» (Lucas 21:25-26) Las potencias que están en los cielos son referidas en griego como "dinaméis" (poder, energía), principalmente "ejércitos", y luego: escuadrones, fuerzas, maravillas, milagros, virtudes.

En este momento los Escogidos se prepararán para su recogida: «*Cuando estas cosas comiencen a suceder, erguíos y levantad vuestra cabeza, porque vuestra redención está cerca.*» (Lucas 21:28) Así se aproximará la Salvación para los que aguantan hasta el final: «*Mas el que persevere hasta el fin, éste será salvo.*» (Mateo 24:13) Así la paciencia mostrará quién conseguirá la meta: «*Con vuestra paciencia ganaréis vuestras almas.*» (Lucas 21:19) La paciencia es la virtud que consiste en sufrir sin perturbación del ánimo los infortunios y trabajos. La perseverancia es la firmeza y constancia en la ejecución de los propósitos y en las resoluciones del ánimo. Duración permanente o continua de una cosa. Ser salvo es identificativo de quien se salva o se libra de algo, y en este caso, de lo que vendrá a la Tierra, peor que lo anterior.

4.

La BESTIA

EL MAL

Para hablar de la Bestia dirijámonos al inicio del mal. ¿Qué es el mal? ¿Quién es el padre del mal?: «*Pero después, [cuando él] es avergonzado, va a estar desconcertado, (por el hecho) de que su esfuerzo está lejos [de] los eones, es una nada. Y su herencia va a resultar pequeña, es decir, aquella de la que él se gloría (diciendo) que era grande. Sus regalos tampoco son beneficiosos. Sus promesas son malos consejos. Pues tú no estás (incluido) en sus misericordias. Más bien, él ejerce violencia contra ti. Él pretende hacernos injusticia. Y él va a reinar por algún tiempo, fijado para él.*» (Segundo Apocalipsis de Santiago 1:53) El concepto del mal nace con la idea dualista de que desde el principio existió una polaridad buena y una mala. Esto es natural en la inmensa mayoría de pueblos de la antigüedad, salvo en el monoteísmo hebreo-judío, el cristiano, el islam y otras pequeñas vertientes como el sijísmo o el bahaísmo. En la antigua Persia se conocía a la fuente del mal en el mazdeísmo como Angra Mainyu, similar al malvado Vala de la tradición hindú. Este ser destructor y malévolo recibió una gran derrota, según los textos védicos, por obra del único dos verdadero, el Padre Creador, Brahama, antes del origen de los dioses y los demonios en la Tierra. Esta historia ha sido recopilada por todos lados, desde Mesoamérica, Australia, Egipto, China o Islandia. Shaytán, como se denomina en el islam, ha sido el "opositor" y "seductor" de la humanidad, dedicado exclusivamente a llevar a los hombres por el mal camino: *«él es para nosotros un enemigo declarado.»* (Mahoma)

En África la personificación del mal era llamada Angat, y es un principio representado en forma de reptil, a quién se le ofrendaba carne humana. ¿Pero cuál es su origen? Es confuso tratar de encontrarle el origen sintetizando la historia antigua, y la razón puede ser porque no hablamos de una sola persona, como el ejemplo de Ezequiel 28 donde habla del "rey de Tiro" y del "príncipe de Tiro". En la historia de Israel y de los hijos de Ismael, cuando se hablaba de Jehová o Alá, no se citaba un dios singular, sino que se hablaba de forma plural: "hicimos", "dijimos" o "pensamos". De hecho, si Jehová fuera una sola persona, no habría dicho: *«Jehová te reprenda»* (Zacarías 3:2), como si hablase en tercera persona. Este ejemplo sirve así mismo para explicar por qué la personificación del mal parece adoptar distintas formas: tiene varias caras. Cada una de las manifestaciones o "hijos" del Mal se entienden como el propio mal. Esto ocurre de la misma manera que a los hijos de la luz se les refiere como unidad, y todos y cada uno representan el Bien, y en el ejército de Jehová, todos, o uno, representan a Jehová.

Este mal absoluto o "Lado Oscuro", personificado también en la novela de Tolkkien como "Sauron", y representado como un "ojo", es precisamente el símbolo característico del dios creador egipcio Ra, que pasó a Horus. El satanista y mentor de Adolf Hitler, Aleister Crowley –también se cree que era amante de la madre de George H. Bush- llama a Satanás "el ojo", y también en el ocultismo masón e Illuminati el símbolo característico es *"el ojo que todo lo ve"*, y por tanto, la manifestación de Horus, la cual se espera que vuelva a verse encarnada en un cuerpo humano. Obviamente los dioses egipcios no enseñaban que ellos fuesen malos u obra de Satanás, sino que lo que para ellos era malo, como Seth, el hermano de Osiris, eso describían como mal o como connotación negativa y destructiva, al igual que en Escandinavia entre Odín y el malévolo brujo Loki. El advenimiento de Horus (el Distante), el halcón, para encarnar en un cuerpo humano es piedra angular del ocultismo y un sinónimo del Anticristo, el dios que gobernará en el mundo. Es esta razón una de las cuales asocian al Anticristo con un hombre de un solo ojo, a semejanza de Odín (la figura original de Santa Claus), en el islam y en el ocultismo –aunque no tiene por qué tener literalmente un solo ojo. La historia de los textos de Nag Hammadi sobre el poder secreto de Sakla y el envenenamiento que Isis ocasionó deliberadamente a Ra, son muy parecidos: Ra tiene un poder de creación y se manifiesta de diferentes maneras, aunque nunca dejar ver su verdadero rostro ni da a conocer su verdadero nombre, salvo a Isis, en secreto, para que le cure de la mordedura de una serpiente que ella le envió, y ese nombre ella debía únicamente darlo a conocer a Horus, el soberano y más grande dios de toda la historia egipcia –incluso superior a Amón-Ra. El cuerpo físico creado por Ra como avatar se deterioraría y él regresaría a controlar el paso del sol y del inframundo, siendo su bisnieto Horus el que le representase. También en los textos de Nag Hammadi (Egipto) dicen que el segundo ángel asistente o espíritu generador de la Tierra, creado por Sakla fue Harmas, denominado el "ojo celoso" o el "ojo de fuego". Este es uno de los "doce poderes/dioses" de Sakla (7 cabezas en los 7 cielos y 5 cabezas del inframundo).

Sakla

La personificación del Mal tomó varios nombres en antaño, entre ellos "Sakla" (errado), luego "Jaldabaot" (macho cabrío calumniador) y por último "Samael" (dios ciego). En los textos de Nag Hammadi se afirma que su poder fue tan grande que dijo: «*Soy dios, y no hay otro dios fuera de mí*», siendo que ni él mismo sabía de dónde había procedido ni cómo tenía el poder que tenía. Su propia madre le expulsó de los reinos eternos, como en un paralelismo de la historia griega de Hera y su "andrógino" Hefaistos (Vulcano). Encontramos asimismo que, según las mitologías del mundo, en un combate épico, el Mal fue quebrado en dos. La cabeza de Sakla fue precipitada al Abismo, y su cola –y/o el resto del cuerpo- salió despedido por el cosmos, huyendo "errante y fugitivo" (Isaías 27:1), llamados en el hinduismo "Rahú" (demonio) y "Ketú" (desconectado). Esta batalla la menciona un ángel diciéndole al profeta que «*en una sola hora fue dividido*», y esto le genera grandes incógnitas a ese escriba: «*Le supliqué a otro ángel que me revelara el poder de esos monstruos, cómo fueron separados en un solo día y arrojados el <u>uno al fondo del mar y el otro al suelo seco del desierto</u>.*» (1ª Enoc 60:9) Así parece haber una gran similitud con el salmo de Asaf que dice: «*Dividiste el mar con tu poder; Quebrantaste cabezas de monstruos en las aguas. Magullaste las cabezas del leviatán, Y lo diste por comida a los moradores del desierto.*» (Salmo 74:13-14) La palabra "moradores del desierto", originalmente en hebreo "laam letziím", traduce más concretamente: "gente salvaje" o "demonios".

El nombre hindú de "Rahú" pudo ser la fuente del hebreo "Rahab" (orgullo) de los salmos (89:10), y de los Neviím (profetas): «*Despiértate, despiértate, vístete de poder, oh brazo de Jehová; despiértate como en el tiempo antiguo, en los siglos pasados. ¿No eres tú el que cortó a Rahab, y el que hirió al dragón?*» (Isaías 51:9) Sakla, el Gran Toro o la Bestia, fue herido de muerte, pero sobrevivió. Ergo, Sakla no era solo un hombre, sino que se manifestaba en "siete cabecillas" o "hijos", e incluso, en muchos casos, en alguna de sus manifestaciones, personificadas también en criaturas creadas por él, concretamente en alguno de sus "doce ángeles asistentes". Sus hijos eran los que presidían las caras de Sakla y son las apariencias con las cuales él se da a conocer –nunca se deja ver personalmente-: Athot (oveja), Eloaios (mula), Astafaios (hiena), Yao (serpiente de siete cabezas), Sabaot (dragón), Adonis (mono) y Sabataios (fuego llameante). Su principal espíritu generador enviado a la Tierra fue destinado al Abismo y es conocido como Belial (el "sin luz"). Todos estos nombres llevan a confundir sobre la identidad de Sakla. Por ejemplo, el nombre Mastemá (odio) puede ser referido a él, a Belial (Beliar o Belias) u otro, y el propio Belcebú no está claro si es Sakla, si es Satán o si es Belial –ya que es complejo definir si Sakla y Satán son la misma persona. Sobre este Belial fue escrito en los Textos del Mar Muerto: «*Pero hiciste a Belial, el ángel de la enemistad, para la fosa, y lo escogis[te con sus ayudan]tes y su consejo para ser causa de maldad y culpa. Y todos los espíritus 'de su heredad' son ángeles de destrucción, siguen las leyes de las tinieblas, y a éstas se dirigen a una sus [de]seos.*» (La Guerra de los hijos de la Luz contra los Hijos de las Tinieblas). Belial es precisamente el Hijo de la Perdición, el Falso Profeta, aquel inicuo que ha de hacer portentos engañosos.

La Bestia

Los textos de Nag Hammadi también llaman a Sakla el "Primer Gobernante", el "Arcano", "la Bestia" y el "Gran Toro". Su identificación con la Bestia (Behemot) lo asocia al árabe Bahamut, un monstruo enorme acuático que en dicha mitología soporta la Tierra. Este mismo símbolo del "gigante de mar" soportando la Tierra, es vista en la tradición griega, donde Atlas soporta la esfera terrestre en sus hombros. Ese mismo Atlas es similar a "Atla", deidad vikinga del mar, descendiente directo del dios del mar y gigante, Aegir. Así también encontramos a Atlanteotl, de la cultura de los mexicas, que es la región *"rodeada por agua"* de la que provinieron los aztecas (de Atzlan, Atlan, Atlante, Atlanteotl o Atlántida). Este ser acuífero que mora en «*las profundidades de los abismos de los mares*» (Génesis 1:21; Job 3:8; 41:1, Salmo 74:14, 104:26 y 148:7), fue llamado Tiamat en la antigua Sumer, y se asociaba también con Ki o Ninhursag, siempre descrita como diosa gigante reptil (llamada Cipactli por los aztecas y Tlaltecuhtli por los mayas). Este monstruo subterráneo gigantesco tiene paralelismos con un mito nórdico, sobre una mítica Serpiente Midgard, llamada Jörmungandr, la cual morirá en la batalla final, en el "valle del mundo", contra Thor –ambos fenecerán en el combate. Esta serpiente no es la única, y es alimentada y engordada para aquel día (hay que ver que se puede estar hablando del Leviatán o de Behemot): «*...y el ángel de paz que estaba conmigo me dijo: 'Esos dos monstruos han sido <u>preparados para el gran día de Dios</u> y son alimentados a fin de que el castigo del Señor de los espíritus no caiga en vano sobre ellos, harán morir los niños con sus madres y los hijos con sus padres y <u>luego tendrá lugar el juicio</u> acorde con su misericordia y su paciencia.*» (1ª Enoc 60:24-25)

Otro profeta también habló sobre esta serpiente devoradora del averno, diciendo: «*[yo procedí] con el ángel de ese lugar alrededor de 185 días de viaje. Y me mostró un terreno llano, y una serpiente, que parece ser de 200 plethra de longitud. Y me mostró el Hades, y su aspecto era oscuro y abominable. Y yo le dije, ¿Quién es este dragón, y qué es este monstruo que le rodea? Y el ángel dijo: El dragón es el [eterno, que por] años se come los cuerpos de aquellos que pasan su vida [en la] maldad, y él se alimenta de ellos. Y esto es el Infierno, que a su vez también se asemeja a él...*» (3ª Baruc 2-9) Y después volvió a preguntar sobre esa bestia: «*Y Baruch dijo al ángel: permíteme preguntarte una cosa, señor. Sobre lo que me dijiste del dragón, [cuyas] bebidas [son de] un codo del mar, me [puedes] decir también, ¿cómo es su gran vientre? Y el ángel me dijo: Su vientre es el Hades, y en la medida en que se lanza una caída de 300 hombres, tan grande es su barriga.*» (3ª Baruc 5:1-3) Relacionar la muerte con el hijo de Satanás es un punto que podríamos en cierto modo asociar en el libro de Enoc: «*Y [ahora] el quinto, su nombre fue Casdueia, él desde [ahí] mostró a los hijos del hombre todos los golpes de [los] espíritus y los malos demonios, y [los] golpes al estómago cuando cae y golpes al alma, la mordedura de la Serpiente, y los golpes de Mediodía, [y enseñó que] [el] hijo de la Serpiente es llamado Tabaat.*» (1ª Enoc 69:12). Ese Tabaat recuerda al concepto de que Satán dio como resultado (hijo) la muerte y el asesinato.

El profeta Daniel también parece haber profetizado sobre esta bestia, y Juan mejoró su descripción, diciendo: «*Me paré sobre la* arena del mar, y vi subir del mar una bestia que tenía siete cabezas y diez cuernos; y en sus cuernos diez diademas; y sobre sus cabezas, un nombre blasfemo.»* (Apocalipsis 13:1) Estos cuernos recuerdan a las 10 regiones en las cuales quiere ser dividido EE.UU. dentro de pocos años —en vez de 50 estados-, y donde se pondría un "gobernador" por cada región. Esta Bestia fue ya mencionada por el profeta Isaías cuando escribió: «*Y le llamó a la presencia de Isaías, hijo de Amós, el profeta, y en la presencia de Josab el hijo de Isaías, con el fin de ofrecer las palabras de justicia que el rey había visto: Y de las sentencias y los tormentos eternos del Gehenna, y del príncipe de este mundo, y de sus ángeles, y sus autoridades y sus poderes.*" (Ascensión de Isaías 1:2-3) Sakla (Samael) y Belial ("Belias" o "Beliar") parecían trabajar continuamente juntos, eran inseparables dos que dominan el Abismo. El profeta Isaías es quien confirma que Belial es el "príncipe de este mundo", cuando dijo: «*Y Manasés desvió su corazón para servir a Beliar, porque [es] el ángel de la anarquía, que es el príncipe de este mundo, es Beliar, cuyo nombre es Mantanbukus.*» (Ascensión de Isaías 2:4) Y otro ejemplo lo hizo Pablo al comparar dos líderes antagónicos: «*¿Y qué concordia Cristo con Belial? ¿O qué parte el creyente con el incrédulo?*» (2ª Corintios 6:15) Si es príncipe, quiere decir que tiene un rey sobre él, y por ello puede que él se asocie con Belcebú (Beelzebú o Baal-Zvuv), el "*príncipe de los demonios*".

Más adelante, anticipándose al asesinato del profeta Isaías, fue escrito: «*Pero Beliar se llenó de gran ira en contra de Isaías en razón de la visión [que había tenido], y debido a la exposición con que había expuesto [a] Sammael, y porque a través de él la salida del Amado del séptimo cielo se había dado a conocer, y de su transformación y su descenso y la semejanza en la que debía ser transformado [que es] la semejanza del hombre, y la persecución con que deben ser perseguidos, y los verdugos, [por medio de los] cuales los hijos de Israel le torturarán, y la llegada de sus doce discípulos, y de su enseñanza, y que debe ser antes del sábado crucificado en el madero, y debe ser crucificado junto a los hombres malos, y que debe ser enterrado en el sepulcro [...] y resucitado.*» (Ascensión de Isaías 3:13) Además de exponer que Isaías supo con detalle lo que le sobrevendría a Jesús y dejó en evidencia a Sakla, aquí se vuelve a dar a entender que Samael y Belial son dos personajes diferentes trabajando conjuntamente. Pero Isaías fue más allá, anunciando que Belial vendría a manifestarse como humano y tomará sitio en el gobierno mundial de la Tierra, como mago del supremo mandatario: «*Después de que se consuma [el tiempo], Beliar, el gran príncipe, el rey de este mundo, descenderá, quien ha gobernado el país desde que entró en vigor, sí, va a descender de su expansión en la figura de un hombre, un rey sin ley, el asesino de su madre: ella misma [fue] quien [puso] a este rey.*» (Ascensión de Isaías 4:2)

De la diabólica triada tenemos al Dragón, la Bestia y el Falso Profeta. El Dragón se reconoce como Serpiente Antigua, la Serpiente Veloz o el Leviatán (monstro o dragón de los mares); la Bestia como Behemot o la Serpiente Tortuosa (monstruo o bestia del desierto); y el Régimen del Abismo en manos de Belial que es el Inicuo, el Falso Profeta y el Hijo de la Perdición. Todos representan a Satanás, a Sakla, a la Bestia, al Dragón, etc. Todos son uno y el mismo, como Cristo, el Padre, el Espíritu Santo, los ángeles del Uno y la Esposa son uno e incluso los Escogidos son uno. El Falso Profeta, precisamente tiene "dos cuernos" (Apoc. 13:11) porque uno representa al sistema satánico y el otro lo representa a él mismo, al propio Belial. Este Satanás y/o Sakla fue descrito por el profeta Sofonías, en un viaje que tuvo al Hades, así: «*En ese mismo instante me levanté, y vi un gran ángel delante de mí. Su pelo se extiende como el del león. Sus dientes se encontraban fuera de su boca como un oso. Su pelo se extiende como la mujer. Su cuerpo era como la serpiente...*» (Apocalipsis de Sofonías 6:8) Y al preguntar sobre la identidad de aquel hombre al ángel Eremiel, éste le contesta que «*este es el que acusa a los hombres en la presencia del Señor.*» Y añade: «*...has prevalecido y has triunfado* *sobre el acusador, y has llegado hasta el Hades y el Abismo.*» La definición "acusador" en latín se dice "diábolo".

Sobre el hecho de que el maligno está acompañado del "ángel de la furia" –o Nebruel según el Apocalipsis de Set-, existe también un escrito de un antiguo miembro del Sanedrín, y discípulo de Jesús, quien al parecer escribió: «*Y, mientras todos los padres antiguos se regocijaban, he aquí que Satanás, príncipe y jefe de la muerte, dijo a la Furia: prepárate a recibir a Jesús, que se vanagloria de ser el Cristo y el Hijo de Dios, y que es un hombre temerosísimo de la muerte, puesto que yo mismo lo he oído decir: Mi alma está triste hasta la muerte. Y entonces comprendí que tenía miedo de la cruz. Y añadió: Hermano, aprestémonos, tanto tú como yo, para el mal día. Fortifiquemos este lugar, para poder retener aquí prisionero al llamado Jesús que, al decir de Juan y de los profetas, debe venir a expulsarnos de aquí.*» (Evangelio de Nicodemo 21:1-2) Textos árabes, incluyendo el Corán, dicen de la Bestia que «*se proclamará dios y tratará de hacerse señor [...] la criatura de un solo ojo no puede engañar a los que crean.*» (Mahoma)

Aunque Satanás no parecía saber lo que decía de Jesús en esos márgenes del Evangelio de Nicodemo, ello es lo que supuestamente le oyeron decir, y los testigos resucitados que afirmaban esto ante el Sanedrín, expusieron, además: «*Y, mientras Satanás y la Furia así hablaban, se oyó una voz como un trueno, que decía: Abrid vuestras puertas, vosotros, príncipes. Abríos, puertas eternas, que el Rey de la Gloria quiere entrar. Y la Furia, oyendo la voz, dijo a Satanás: Anda, sal, y pelea contra él. Y Satanás salió. Entonces la Furia dijo a sus demonios: Cerrad las grandes puertas de bronce, cerrad los grandes cerrojos de hierro, cerrad con llave las grandes cerraduras, y poneos todos de centinela, porque, si este hombre entra, estamos todos perdidos. Y, oyendo estas grandes voces, los santos antiguos exclamaron: Devoradora e insaciable Furia, abre al Rey de la Gloria, al hijo de David, al profetizado por Moisés y por Isaías. Y otra vez se oyó la voz de trueno que decía: Abrid vuestras puertas eternas, que el Rey de la Gloria quiere* *entrar. Y la Furia gritó, rabiosa: ¿Quién es el Rey de la Gloria? Y los ángeles de Dios contestaron: El Señor poderoso y vencedor. Y, en el acto, las grandes puertas de bronce volaron en mil pedazos, y **los que la muerte había tenido encadenados se levantaron**. Y el Rey de la Gloria entró en figura de hombre, y todas las cuevas de la Furia quedaron iluminadas. Y rompió los lazos, que hasta entonces no habían sido quebrantados, y el socorro de una virtud invencible nos visitó, a nosotros, que estábamos sentados en las profundidades de las tinieblas de nuestras faltas y en la sombra de la muerte de nuestros pecados.»* (Evangelio de Nicodemo 22:1-9)

La Manifestación del Anticristo

Ahora bien, como mencionaba en el primer capítulo, en un nuevo video de animación producido por los Illuminati se revelan los planes finales para manifestar al Anticristo. Primeramente en 1995 los Illuminati sacaron una serie de cartas de roll donde mostraban cómo estaban controlando al mundo y cómo planean levantar el Nuevo Orden Mundial y presentar al Falso Mesías o Anticristo. Posteriormente, en 1996 la ONU redactó un documento que mostraba 4 objetivos a desarrollar para que el Anticristo sea puesto como líder mundial. En 2001 se provoca la destrucción del núcleo central de Manhattan como inicio a los eventos del Fin de los Tiempos –contando 11 años de planificación, pues el 11 es el principal número de la masonería, hasta llegar a 2012-, donde tendrían lugar una serie importante de eventos que entran en los advertidos por Jesucristo a las afueras de Jerusalén (Evangelio de Mateo, capítulo 24).

Este video explica brevemente esto y confirma muchas teorías conspirativas que se mueven en torno a los eventos finales para dar inicio a la Gran Tribulación:

1. Habrá un sistema mundial de monitoreo por medio de un chip implantado a cada ser humano en su mano derecha (ver introducción del video). Así todas las personas serán controladas

como ganado y aún influirán en su estado emocional gracias a la manipulación de la tecnología con ondas de variadas frecuencias. Por eso el video se llama "I pet goat" (yo un peluche de cabra = muñeco manipulado). En la simbología sionista –variante de la cábala judía- la cabra representa el pecado de la humanidad.

2. Detrás de la cabra, que también recuerda a la cabra de Baphomet, se ven las torres gemelas incendiándose, con lo que eso muestra ser el inicio del desarrollo del NOM.

3. El FEMA tiene cientos de campos de concentración preparados para todas las personas que se manifiesten en contra del Nuevo Orden Mundial (ver también introducción del video), para los activistas, para los musulmanes y para los cristianos.

4. Hay manos de un ser malévolo que tiene un aniño con el símbolo del dólar: "$", dando a entender que hay un titiritero que controla todo el planeta gracias al sistema financiero (los bancos). Este titiritero manipula a los presidentes de los EE.UU. –los cuales están sujetos a los banqueros.

5. Bush sigue los planes de la familia y de su escuela, los Skull & Bones, muestra haber sido un payaso que solo estaba ahí para distraer al pueblo con sus tonterías mientras el Complejo Militar Industrial sacaba el petróleo de Oriente Medio y culpaban a Bin Laden, un ex agente del FBI –como se ve en el video, uniformado como soldado norteamericano y con el logo del FBI- y al islamismo; pero Bush también estaba al tanto de las cosas, especialmente del auto-atentado al World Trade Center –por esa razón el escenario donde lo muestran es en la escuela donde estaba la hora en la que le avisaron de que se estaba produciendo una ataque en Nueva York.

6. El suelo es el típico de los templos masones y la luz que le ilumina mientras danza tiene forma de estrella de 5 puntas.

7. Obama aparece como líder carismático y docto –contrarrestando las estupideces de Bush-, como ya lo presentaban en 1995 las Cartas Illuminati. Este nuevo títere prepara la

implantación del chip en EE.UU. por medio de la Seguridad Social y ridiculiza al evangelismo gringo para que no se opongan al microprocesador –pues está citado en Apocalipsis 13:16, como la Marca de la Bestia.

8. En el tablero de la clase se habla de la "evolución", la principal hipótesis promovida por la masonería en el sistema educativo, por lo que una persona dibujada lleva una horca (la gente es destruida intelectualmente por ser inculcada en esta farsa). Debajo hay un dragón destruyendo un cerebro, lo cual representa el poder satánico acabando con las mentes de los seres humanos (TV). Arriba a la izquierda hay un búho, que es el emblema de la sociedad secreta Bohemian Grove a donde pertenecen los más poderosos dignatarios de los EE.UU. El búho y la lechuza son los símbolos emblemáticos del ocultismo. También hay imágenes subliminales y directas con falos explicando la cantidad de material sexista que se promueve a la juventud –y a la sociedad- a través de los medios sociales.

9. La niña del cuento de Alicia en el País de las Maravillas está rodeada de niños estatua rodeados de alambres de púa. La fantasía de Alicia es, de hecho, una narración Illuminati sobre seres pan-dimensionales y portales a otras REALIDADES –por eso está el conejo blanco detrás de ella-, ver el ejemplo de la película Matrix. Los niños representan a la juventud de hoy que está siendo hipnotizada, vetada, controlada, engañada y cebada mentalmente por el sistema. La niña tiene una manzana, lo cual es alegóricamente alusivo al pecado, por la malinterpretación de la historia de Adán y Eva. La manzana, en casi cualquier simbología, se refiere al nacimiento de algo: un fruto. Este fruto serán dos "gusanos", a los cuales se muestra después como controladores del mundo, pero que parecen a la humanidad como algo bueno (flor), o sea, levantan un sistema que parecerá bonito a la gente en su fachada.

10. Hay un dragón bajo el tablero, lo cual coincide con el 2012 que es el año chino del Dragón. La niña también recuerda a la

constelación de virgo entre las casas zodiacales que ahí no tienen prioridad. La flor de loto es símbolo de la vida o el origen de la vida.

11. El círculo en torno a la niña representa el culto o ritual satánico del cual va a salir algo o "alguien". Obama suda porque sabe las cosas, pero están fuera de su alcance –él solo es un títere que obedece ordenes, igual que todos los políticos, que están sujetos a los bancos, las corporaciones y las fuerzas militares.

12. La bandera de los EE.UU. se rompe porque son destruidas las leyes civiles y lo que significó EE.UU. ya no lo es más –aunque los americanos no se dan cuenta.

13. La Estatua de la Libertad es un símbolo de la diosa egipcia Isis y Afrodita, la cual está cimentada en el sionismo. Al caer la antorcha cae también EE.UU. como emblema, igual que la bandera rota. La antorcha misma simboliza a los Juegos Olímpicos, y la caída de la antorcha es señal de caos e inicio de los planes Illuminati para la llegada del Anticristo –según los musulmanes es algo que ocurrirá en los Olímpicos de Londres.

14. El embrión y la serpiente es el engendramiento del Anticristo que viene de parte de Satán, como escribió Pablo: «...inicuo cuyo advenimiento es por obra de Satanás» (2ª Tesalonicenses 2:9). El "ojo" y la "serpiente" es, en el ocultismo y la masonería, el símbolo del Anticristo y, por ende, del dios egipcio Horus. El huevo que sale al principio, parece que sea el hijo de Satanás, quien lo mantiene encubando (cable del televisor enrollado y ojo de reptil: el ojo que todo lo ve). Este mismo personaje, que se transforma, deja de ser un reptil, sale también del ojo que tiene dibujado en la frente el Anticristo, dando a entender que él es manipulado y gobernado por Satanás, que está a la cabeza absoluta de todos estos asuntos.

15. El Anticristo viniendo en la barca de Anubis es el Falso Mesías que viene en representación de Horus. La barca y su origen es, según la cultura egipcia antigua, el Duat (el Inframundo), y el lago es también citado en el helenismo como la Laguna Estigia.

16. El ojo que todo lo ve -símbolo de la Escuela de Misterios que se fundó en Egipto para los sacerdotes del dios Ra-, ve todas las cosas y actúa desde otro lugar a través de un avatar (en la cultura hindú era un cuerpo que se fabricaba un dios para manifestarse en la Tierra). También esto representa a los seres jinn y los alter que en la masonería son espíritus negativos que controlan la voluntad humana. Ese ojo como pantalla ve que todo vaya de acuerdo a sus planes, hasta que se cumplan sus objetivos, por los representa a Satán quien dirige al Anticristo antes de que se manifieste como tal.

17. El ser del ojo es reptiliano, el ser de la pantalla muestra como la TV controla a los jóvenes y los programa mentalmente y tiene el símbolo de la pirámide del billete de dólar en el mentón.

18. El ataque a un importante centro islámico por parte de fuerzas aéreas sofisticadas —aviones espía- demuestra el interés cumplido en destruir la Cúpula de la Roca en Jerusalén para poder dejar el sitio libre para la reconstrucción del Tercer Templo de los judíos. Las aves volando es el símbolo de los musulmanes escapando del lugar, pues los querrán echar, y uno de ellos vendrá al anticristo y él lo destruirá, dando a entender que él lidera la guerra de los países desarrollados para eliminar a los islámicos.

19. La estatua de la mujer llorando y con aureola simboliza a la Iglesia Católica, por la "virgen" María. Esta llora hipócritamente a sus hijos, o sea, a su pueblo católico, pero en su mano se ve una explosión atómica que sale de un frasco —como los jinn árabes que salen de una lámpara o Pandora cuando desata los males de la humanidad-, lo cual explica que el Vaticano será el precursor de esto sin que el mundo católico lo sepa. El Papa apoyará la destrucción de la Cúpula de la Roca, que dará lugar a la explosión de una bomba atómica, como advirtió el profeta Joel: «Y daré prodigios en el cielo y en la tierra, sangre, y fuego, y columnas de humo.» (Joel 2:30)

20. Esa mujer también recuerda a Isis y a Horus pues al niño se le sube un escarabajo, que es un símbolo de los dioses egipcios, que tiene en su espalda el ojo de Horus.

21. A los hijos de "África" se les incentiva y lava el cerebro para mantenerse en conflictos armados. Ellos son poseídos por espíritus malos a causa de los rituales que realizan. El arma con un lazo es el tráfico de armas y el engaño de regalarlas como símbolo de poder a los infantes, mientras sus madres lloran y sufren.

22. El hombre hundiéndose con el martillo y la oz son el pueblo trabajador, y los dos símbolos son el emblema de la masonería, donde la gente de los grados inferiores no sabrá que también son engañados y sumidos en el caos junto con todo el resto del mundo.

23. Este hombre también puede simbolizar a Rusia afectada o destruida por armas biológicas.

24. Los manifestantes y activistas serán chantajeados, coaccionados y amenazados por la élite para que no detengan el inicio de la Tercera Guerra Mundial. El Falso Profeta es el orquestador de toda esta parte del "show". Lleva una chistera, igual que la que utilizan los magos que hacen trucos. Esto puede simbolizar tal vez las señales y milagros que podría realizar para luego con su "barita", dirigir a la gente (tiene un anillo de diamantes). Todo esto mientras el Anticristo está siendo engendrado para su ministerio: engañar y esclavizar la Tierra.

25. La chaqueta de la joven que se manifiesta tiene un tigre que es el emblema de China, y con dibujos a los lados típicos de esa cultura. También la sombra de luz muestra el Ying Yang.

26. La imagen de Jesús en la barca explica claramente que el Anticristo va a suplantar el lugar de Jesucristo. El paso por la "garganta", la aparición de la lámpara desde otra dimensión y el fuego que sale de la boca del Anticristo explican que el espíritu del Hijo de la Perdición viene a esta dimensión para entrar en el avatar del Anticristo (le ponen una aureola encima cuando viene la energía

como poniéndolo a manera de deidad). Ese cuerpo de donde está saliendo al Anticristo es todo el sistema de la Bestia, del que hablaron el profeta Daniel y el apóstol Juan.

27. La aparición de Shiva explica que está celebrándose un ritual satánico durante todo el proceso, con danzas, fuego, mantras y metamorfosis. Shiva es la diosa de la enemistad, la discordia y la guerra para los hindúes (estas deidades representan a los Nefilím bíblicos o espíritus de los ángeles caídos).

28. Los peces subiendo a la barca representan al pueblo –los cristianos serán muchos de ellos-, que morirán al buscar en el Anticristo a un Mesías. Todo esto ocurre mientras el mundo está bajo una Gran Tribulación.

29. Ocurre un diabólico engendramiento donde los Illuminati se creen que Dios les ayudará o, alguna fuerza divina, –algo totalmente falso- para concebir lo que hace mucho los ancianos de la monarquía, la banca y el sionismo han esperado, por eso, en vez de una virgen es una anciana disfrazada de cristiana –encerrada en una torre en forma de falo, como símbolo del impedimento de no poder conseguir los palanes hasta que todo hoy estuviese preparado en el escenario-, tratando de duplicar la idea de la concepción de Cristo por parte del Espíritu Santo.

30. Entonces aparece el Anticristo y destruye todo el poder político del mundo y toda hegemonía existente. Los títeres que son los líderes del mundo caen ante el Hijo de la Perdición.

31. El director de orquesta, el Falso Profeta, es un ser del Hades que lleva todo a su antojo mientras esto se presenta como una bella danza que cumple todos los deseos preparados por los Illuminati con un disfraz de pureza, belleza e inocencia.

32. La danza y la metamorfosis del ser dentro de un habitáculo muestra que es está representando las bestias que vio el profeta Daniel, mostrándose una a una por medio de este evento que va transcurriendo. Aquel ser que baila alrededor de una hoguera viene

a mostrar cómo se utilizan las danzas estas deidades o entidades que juegan alrededor de la conciencia humana. Los bailes, el ambiente "festivo", todo el tiempo aluden a la frivolidad de sus planes, mezclando distracción y FIESTAS con masacre: consumen a los hombres en sus placeres mientras los espíritus de las divinidades oscuras se alimentan de ellos, algo muy repetido en todas las mitologías.

33. Entonces surge el Anticristo que es por obra de Satán, por lo que se ve su cabeza en la abertura; que es una copia clara del hecho de que Jesús de Nazaret no se manifestó públicamente hasta que recibió al Espíritu Santo plenamente en el bautismo de Juan. En este caso el Anticristo no se muestra públicamente hasta que no llegue el espíritu del Hades que le ha de poseer.

34. Detrás del Anticristo que es poseído se ve cómo el cristianismo es destruido cuando él es liberado –desaparece su corona de espinas- para mostrarse plenamente. Realmente caer Roma.

35. Al Anticristo (Falso Mesías y la Bestia) se le ve claramente con la imagen de una pirámide con el ojo iluminando en su frente, como representación de que eso lo identifica: la imagen de la Bestia.

36. Todo el evento acurre de noche, como advierten todas las profecías bíblicas, diciendo que en esos días habrá gran oscuridad en la Tierra y la luna se verá como roja –igual que la escena donde se ve a Bin Laden-, y tratan de hacer creer que este caos será aliviado por la aparición del Anticristo, quien dará todas las respuestas y todas las soluciones, como expresa el documento de la ONU de 1996 y las Cartas Illuminati de 1995.

37. Este engaño llega a su colmo con un supuesto amanecer de una Nueva Era. El sol estará causando desastres mientras la guerra avanza. Egipto es atacado –son destruidas las pirámides- y el Falso Mesías es hipnotizado y se somete al sol (Helios en griego). Por eso cae Egipto, pues ahí está la Ciudad del Sol (Heliopolis, el actual

Cairo) de donde el profeta Elías dijo que se verían las últimas señales claras para la aparición del Falso Profeta y el Anticristo. El sol representa a Horus, el dios que manda al Anticristo a representarle como Mesías. Así inicia el reinado de la Bestia.

38. Las nubes de tras de las pirámides tienen forma de aguijón de escorpión.

Esta es una animación Illuminati que explica que después –o durante la candidatura de Obama (hay que ver ahora si es reelegido o no)- se manifestará el Anticristo.

La Reconstrucción del Templo de Jerusalén

Otro punto interesante en torno a todas estas conspiraciones y los eventos a tener lugar para preparar el camino al Anticristo es el del Templo de Jerusalén. Se suele creer en el ámbito cristiano que será reconstruido, pero no hay evidencia real bíblica al respecto, aunque los sionistas Illuminati sí desean hacer esto. Al decir que el hijo de la iniquidad se parará en el "lugar santo" se refiere a la ubicación geográfica de Israel, concretamente Jerusalén. ¿Por qué? Como todo pilar de una religión, para el judaísmo ortodoxo es imperativo tener su templo como centro de culto y eso lo sabe el sistema satánico.

Desde la destrucción del Segundo Templo de Jerusalén por orden de Tito en el año 70 d.C., los judíos han rezado para que Dios permitiera la reconstrucción de un Tercer Templo. Esta oración ha sido parte de la tradicional oración que muchos judíos realizan 3 veces al día. En el TANAK los profetas piden su construcción para que sea levantado en la era mesiánica y las referencias no hablan de un templo hecho por hombres, sino que desciende del cielo, aún con esto, el afán de erigirlo hace a los interesados tomar referencias de la TANAK para suponer que el pueblo mismo debe servirse para alzarlo como sucedió en la antigüedad. Los planos existen hace mucho tiempo, también las vestimentas de los sacerdotes, las familias de los hijos de Aarón están registradas (los Cohen), también están los utensilios y todo ha sido donado a nivel mundial, incluyendo millones de dólares recibidos para iniciar las obras de edificación. A pesar de que, según la tradición judía, su construcción será fruto de la "obra divina", según Yehuda Glick, director del Instituto del Templo, «*La Torá nos ordena levantar el Templo. Los que creen que el Templo descenderá de los cielos, por arte de magia o elemento cósmico, eluden el precepto bíblico de prepararse y participar en la construcción.*»

Sin embargo, hay un problema que hay que resolver: la explanada donde estuvo el Segundo Templo y donde se debe construir el Tercero está dominada por las mezquitas musulmanas de la Cúpula de la Roca y de Al-Aqsa. Cualquier tentativa de expropiación conduciría a un enorme conflicto religioso que traspasaría los límites de la región, como aún hoy es delicado que un israelita suba a la zona del Monte del Templo. Estos lugares sacrosantos conocidos como Al-Haram ash-Sharif (El Noble Santuario), es para el islam su tercer lugar más sagrado después de La Meca y Medina. Tal como las primeras guerras mundiales fueron provocadas, por intereses económicos y, como las más sangrientas, en relación al credo, Muhamad (Mahoma) dejó en sobre aviso al pueblo islámico en cuanto al Dajjal (Anticristo), el cual engañaría a los judíos y haría que Israel dominase al mundo. Aunque esto parezca ridículo, las argumentaciones de los Imanes musulmanes y ex funcionarios militares de los EE.UU. dan a entender que todo este plan lleva tiempo en desarrollo y, como se puede esperar, provocará un conflicto armado a gran escala donde ya EE.UU., Europa, Rusia y China están preparándose.

Rick Clay, un joven que fue asesinado tras hablar "demasiado" sobre complots detrás de los Juegos Olímpicos de Londres 2012, y otros teóricos de la conspiración, sin ponerse de acuerdo ni saber nada sobre las posturas árabes, han supuesto que estos Juegos, como todo el resto de eventos internacionales –discusiones políticas, deportes, programas de televisión, noticias distorsionadas de los medios, etc.-, fueron distracciones para iniciar el Nuevo Orden

Mundial, donde se usaría alguna excusa para provocar un terremoto en Jerusalén o bombardear el Monte del Templo y hacer que los templos islámicos ahí situados se desplomen. Esto daría espacio para poder construir el Tercer Templo, pero provocaría un asedio a Israel por parte de todos los países musulmanes, lo cual, precisamente fue advertido por Jesucristo como la antesala al Fin de los Tiempos.

El Inicuo

Juan escribió: «*Y vi salir de la boca del dragón, y de la boca de la bestia, y de la boca del falso profeta, tres espíritus inmundos a manera de ranas; pues son espíritus de demonios, que hacen señales, y van a los reyes de la tierra en todo el mundo, para reunirlos a la batalla de aquel gran día del Dios Todopoderoso.*» (Apocalipsis 16:13-14) Ese Falso Profeta hará señales y prodigios «*para engañar, si fuese posible, aún a los escogidos*» (Marcos 13:22), y luego será capturado y lanzado al Gehena: «*Y la bestia fue apresada, y con ella el falso profeta que había hecho delante de ella las señales con las cuales había engañado a los que recibieron la marca de la bestia, y habían adorado su imagen. Estos dos fueron lanzados vivos dentro de un lago de fuego que arde con azufre.*» (Apocalipsis 19:20) Sobre este individuo también profetizó Elías, afirmando que, tras una gran tribulación en la Tierra, un hombre reinará con poder y dará lugar a la llegada del Inicuo: «*En el cuarto año de este rey el Hijo de la Iniquidad aparecerá diciendo: **'Yo soy el Ungido', pero él no lo es**. ¡No creáis en él! Cuando el Ungido llegue, vendrá como un palomar, con una corona de palomas rodeándole y marchará sobre las nubes del cielo **con el signo de la cruz precediéndole**. El universo entero le verá como al sol que resplandece, desde las regiones del Oriente hasta las regiones del Poniente. Así vendrá, con todos sus ángeles rodeándolo. El Hijo de la Iniquidad **de nuevo comenzará a pararse sobre el lugar santo**. Dirá al sol: '¡Cae!' y él caerá; le dirá: '¡Brilla!' y él lo hará; la dirá: '¡Obscurécete!' y él lo hará. Dirá a la luna: '¡Conviértete en sangre!' y ella lo hará. **Recorrerá el cielo con ellos; caminará sobre el mar** y sobre los ríos como sobre la* *tierra seca.* ***Hará caminar a los paralíticos, oír a los sordos, hablar a los mudos y ver a los ciegos. Limpiará a los leprosos, curará a los enfermos y sacará demonios.*** *Multiplicará las señales y prodigios en presencia de todos.* ***Hará las mismas obras que el Ungido, excepto resucitar los muertos.*** *Por eso sabrás que él es el Hijo de la Iniquidad, porque* ***no tiene poder para dar la vida.***» (Apocalipsis de Elías 3:1-13)

Saulo mencionó sobre él, que se manifestará tras la "apostasía" (distanciamiento), en lo que a la fe se refiere –aunque se suele especular la posibilidad de que también se pueda referir al Arrebatamiento-: «*Nadie os engañe en ninguna manera; porque no vendrá sin que* ***antes venga la apostasía,*** *y se manifieste el hombre de pecado, el hijo de perdición, el cual* <u>se opone y se levanta contra todo lo que se llama Dios o es objeto de culto;</u> *tanto que* ***se sienta en el templo de Dios como Dios, haciéndose pasar por Dios.*** *[...] Y ahora vosotros sabéis lo que lo detiene, a fin de que* <u>a su debido tiempo se manifieste.</u> *Porque ya está en acción el misterio de la iniquidad; sólo que hay quien al presente lo detiene, hasta que él a su vez sea quitado de en medio. Y* <u>entonces se manifestará aquel inicuo, a quien el Señor matará con el espíritu de su boca,</u> *y destruirá con el resplandor de su venida; inicuo* ***cuyo advenimiento es por obra de Satanás,*** *con gran* ***poder y señales y prodigios mentirosos,*** *y con todo engaño de iniquidad para los que se pierden, por cuanto* ***no recibieron el amor de la verdad para ser salvos.*** *Por esto Dios les envía un* <u>poder engañoso,</u> *para que crean la mentira, a fin de que sean condenados todos los que no creyeron a la verdad, sino que se complacieron en la injusticia.*» (2ª Tesalonicenses 2:3-12)

Este fanfarrón mentiroso y engañador del mundo ha sido mencionado por profetas como Elías e Isaías, y asociado con el liderazgo en Israel, posiblemente con gran influencia futura en este país para presentar al Anticristo como el Mesías esperado y viniendo en su propia y soberbia representación. Por esa razón se puede pensar que hay algo más en las palabras de Jesús referidas en Juan 5:43, donde dice: «*Yo he venido en el nombre de mi Padre, y no me recibís; si otro viene en su propio nombre, a ese recibiréis.*» Mencionó Isaías sobre este Falso Profeta: «*Y en su palabra que el sol saldrá por la noche y que hará que la luna a aparecer en la sexta hora. Y todo lo que ha deseado que va a hacer en el mundo: que va a hacer y hablar como el Amado, y él dirá: "Yo soy Dios y delante de mí no ha habido ninguno". Y todo el pueblo en el mundo va a creer en él. Y que se sacrificará a él y que le servirá decir: "Esto es de Dios y como él no hay otro." Y mayor número de los que se han asociado en conjunto con el fin de recibir el Amado, que, a su vez, a un lado después de él. Y [no] será el poder de sus milagros en cada ciudad y región. Y pondrá su imagen delante de él en cada ciudad. Y él llevará el dominio en 3 y 7 meses y 27 días. Y muchos creyentes y santos haberlo visto por quienes tenían la esperanza, el que fue crucificado, Jesús el Cristo Señor, [después de que yo, Isaías, había visto a aquel que fue crucificado y ascendió] y también los que eran creyentes en Él - de estos unos pocos en esos días se dejará como sus siervos, mientras que huyen desde el desierto a desierto, esperando la venida del Amado. Y después de [1]332 días, el Señor vendrá con sus ángeles y con los ejércitos de los santos del 7º cielo de la gloria del 7º cielo, y él arrastra a Beliar al infierno y también sus ejércitos.*» (Ascensión de Isaías 4:5-14).

Pero ¿cuándo se manifestará este Falso Profeta? Elías describió esto tras un fuerte conflicto en relación a Egipto y países como Asiria y Persia, el cual durará unos años y entonces aparecerá este miserable: «*En esos días 3 reyes se levantarán entre los persas, tomarán a los judíos que estén en Egipto y los transportarán hasta Jerusalén y habitarán y permanecerán allí. Si escucháis que "la seguridad está en Jerusalén", entonces ¡rasgad las vestiduras! Vosotros sacerdotes de la tierra, porque la llegada del Hijo de Perdición no demorará. En esos días el Impío se manifestará en los lugares santos; los reyes de los persas huirán hacia Hrearit con los reyes de los asirios 4 reyes pelearán contra 3. Durarán 3 años en ese lugar hasta que allí puedan poner sus manos sobre el tesoro del templo. En esos días la sangre correrá desde Kôs hasta Menfis. El río de Egipto se convertirá en sangre y nadie podrá beber de él por 3 días. ¡Ay de Egipto y sus habitantes! En esos días un rey aparecerá en la ciudad llamada "La Ciudad del Sol". Toda la tierra se consternará y él se apresurará hacia Menfis. En el 6º año de los reyes persas, él planeará una emboscada en Menfis; él matará a los reyes asirios. Los persas se vengarán de la tierra. Ordenará la ejecución de todos los gentiles y ateos y mandará que los templos de los gentiles sean saqueados y aniquilados sus sacerdotes y mandará reconstruir los templos santos. Él dará dobles regalos al templo de Dios y dirá: "¡El Nombre de Dios es Uno!". Toda la tierra adorará a los persas. Por eso, el resto, los que han sobrevivido la arremetida, dirán: "este es un rey justo que el Señor nos envió para que la tierra no sea convertida en desierto". Ordenará no dar nada al rey durante 3 años y 6 meses. La tierra se llenará de abundantes riquezas. Los vivos irán al encuentro de los muertos y les dirán: "levantaos y compartid con nosotros esta vida de paz".»* (Apocalipsis de Elías 2:39-53)

No obstante, aquí empieza su parte clara: «*En el 4º año de este rey el Hijo de la Iniquidad aparecerá diciendo: "Yo soy el Ungido", pero él no lo es. ¡No creáis en él! Cuando el Ungido llegue, vendrá como un palomar, con una corona de palomas rodeándole y marchará sobre las nubes del cielo con el signo de la cruz precediéndole. El universo entero le verá como al sol que resplandece, desde las regiones del Oriente hasta las regiones del Poniente. Así vendrá, con todos sus ángeles rodeándolo. El Hijo de la Iniquidad de nuevo comenzará a pararse sobre el lugar santo. Dirá al sol: "¡Cae!" y él caerá; le dirá: "¡Brilla!" y él lo hará; la dirá: "¡Obscurécete!" y él lo hará. Dirá a la luna: "¡Conviértete en sangre!" y ella lo hará. Recorrerá el cielo con ellos; caminará sobre el mar y sobre los ríos como sobre la tierra seca. Hará caminar a los paralíticos, oír a los sordos, hablar a los mudos y ver a los ciegos. Limpiará a los leprosos, curará a los enfermos y sacará demonios. Multiplicará las señales y prodigios en presencia de todos. Hará las mismas obras que el Ungido, excepto resucitar los muertos. Por eso sabrás que él es el Hijo de la Iniquidad, porque no tiene poder para dar la vida. Sí, os diré las señales que lo distinguen, para que podáis ser capaces de reconocerlo. Es un hombre escuálido hombre herboso, con las piernas débiles, alto, con un mechón gris por delante de su cabeza calva, las cejas le llegan hasta las orejas y por delante de la mano tiene una mancha de lepra. Se transformará delante, de vosotros y de quienes lo miren, unas veces como un anciano otras veces como un niño; Se transformará en todas sus características, pero las señales de su cabeza no las podrá cambiar. En esto conoceréis que él es el Hijo de la Iniquidad.*» (Apocalipsis de Elías 3:1-18)

La Teoría del Petrus Romanus

Contemporáneo de la llegada del Falso Profeta (Petrus Romanus) es una profecía de lo que se considera la obra más importante de la Cábala judía, el Zohar, una colección de libros escritos en arameo medieval, más de 700 años atrás, que contiene comentarios místicos sobre la TANAK. Además de interpretar la Escritura, el "Vaera" sección (volumen 3, sección 34) incluye "Las señales que anuncian [al] Mashíaj" o "La venida del Mesías." La fecha fascinante para "su" aparición se encuentra en el Zohar a finales de 2012. Teniendo en cuenta el rechazo de Jesús por parte de la inmensa mayoría de judíos ortodoxos como el Mesías, los cristianos asociados a esta teoría entienden que esta "venida" sería más bien la anunciación o inauguración del Anticristo. La profecía en el Zohar, relaciona al romanismo, vaticano o papado con esta aparición. Los que sostienen estas ideas afirman que el reinado del último Papa, "Pedro el Romano", termina en la destrucción de Roma. Asimismo, sostienen que este hombre asumirá el poder durante un tiempo de gran tribulación y luego "*La ciudad de las 7 colinas será destruida y el Juez terrible y temible juzgará a su pueblo.*" Algunos expertos en este material creen que la profecía se repite y además parece hablar de dos apariciones, posiblemente de la Bestia y del Falso Profeta (aunque los judíos no creyentes en Jesús verían en esto la aparición del mesías esperado).

Esta tesis rabínica antigua afirma que Roma será destruida en el año 5773 del calendario judío, que, en el calendario gregoriano comienza con la luna nueva de septiembre de 2012 y concluye un año más tarde: «*En el año 73 [2012/2013] los reyes del mundo se reunirán en la gran ciudad de Roma y el Santo derramará sobre ellos el fuego y el granizo y piedras meteóricas hasta que sean destruidos, con la excepción de aquellos que aún no habrán llegado allí.*» estas opiniones aseveran que no todos los reyes serán destruidos. De los restantes dice: «*Estos comenzarán de nuevo a hacer otras guerras. A partir de entonces el Mesías comenzará a declararse, y alrededor de él no se recogerán muchas naciones y muchos anfitriones de los extremos confines de la tierra.*» Hay que ver que la confusión hacia los judíos puede ser mayúscula, dado que esta misma referencia es dad a los profetas en colación con la aparición del Falso Profeta diciendo que él es el Ungido. Es propio comprender que puedan errar ya que sus cálculos no incluyen a un Mesías que ya vino y a un impostor que aparecerá para engañar. Sin estos dos ingredientes el "oráculo" está incompleto y puede dar una aseveración contraria.

Combate Sideral

Usualmente las tradiciones religiosas suelen decir que el mal está cimentado en el inframundo, y es posible que tengan parte de razón, pero las fuerzas del mal también tienen su lugar, incluso, en el cielo. Jesús dijo que «*desde los días de Juan el Bautista hasta ahora, **el reino de los cielos sufre violencia**, y los violentos lo arrebatan.*» (Mateo 11:12) En la primera Revelación famosa de Juan, él dice que después de ver el Arrebatamiento y la Nueva Jerusalén (mujer vestida de sol y su hijo), contempló una guerra espectacular en el espacio: «*Despúes hubo una gran batalla en el cielo: Miguel y sus ángeles luchaban contra el dragón; y luchaban el dragón y sus ángeles; pero **no prevalecieron,*** *ni se halló ya lugar para ellos en el cielo. Y fue lanzado fuera el gran dragón, la serpiente antigua, que se llama diablo y Satanás, el cual engaña al mundo entero; fue arrojado a la tierra, y sus ángeles fueron arrojados con él.»* (Apocalipsis 12:7-9) Y al caer este Dragón fue a perseguir a los Arrebatados, pero estos serán llevados lejos por 1.290 días, y entonces irá por los creyentes que se hayan quedado, para "vencerlos".

Saulo también dijo que las fuerzas del mal contra las cuales luchamos espiritualmente no están en la Tierra sino *«en los lugares celestes»* (Efesios 6:12). Incluso Gabriel reveló a Daniel que en los postreros días el ejército de Miguel será "entregado" en manos del enemigo para *«ser pisoteado»* (Daniel 8:12-14), hasta que llegue la hora y *«lo determinado se derrame sobre el desolador»*, una vez sea expulsado a la Tierra (Daniel 9:27). Esta será una victoria celestial literal y también será otra victoria espiritual como la que tuvo el Señor cuando sus discípulos predicaron por primera vez solos y él les dijo que con esto Satanás fue humillado: *«...Yo veía a Satanás caer del cielo como un rayo.»* (Lucas 10:18) Tan delicada ha sido esta guerra que cada vez que se veían cara a cara el propio ejército del Señor guardaba las líneas: *«Pero cuando el arcángel Miguel contendía con el diablo, disputando con él por el cuerpo de Moisés, no se atrevió a proferir juicio de maldición contra él, sino que dijo: El Señor te reprenda.»* (Judas 1:9)

Entonces llegará la hora de desplegar la batalla en la Tierra y *«Toda la gen[te que salga] a la guerra se pondrá en marcha y acampará frente al rey de los quíteos y de todo el ejército de Belial reunido con él para el día del [encuentro, en que será castigado] por la espada de Dios.»* (Guerra de los Hijos de la Luz contra los Hijos de las Tinieblas. Rollos del mar Muerto) Y los rollos añaden que *«Cuando [Belial] se apreste para acudir en socorro de los Hijos de las Tinieblas, comenzarán a caer muertos de la infantería, según los misteriosos designios de Dios, para así someter a prueba a los designados para el combate...»* Porque *«La mano del Dios de Israel se alzará contra toda la horda de Belial.»* Y quedará constancia de que *«los guerreros de los quíteos y las hordas de Asiría y todo el ejército de las naciones [que se congregan con e]llos cayeron muertos allí por la espada de Dios.»*

Una de las referencias más significativas en relación a la guerra celeste –y puede que su relación con los mismos reinos en la Tierra– son los combates que tendrán –o tienen– los malajím de Dios contra los reinos de Persia y Media (Daniel 8). Enoc mismo advirtió: *«En aquellos días los ángeles regresarán y se lanzarán hacia el Oriente, sobre los hijos de los partos y medos y sacudirán a los reyes, y un espíritu de desasosiego los invadirá y los derrocarán de sus tronos (sillas), de manera que huirán como leones de sus guaridas y como lobos hambrientos entre su manada. Ellos se levantarán y andarán sobre el camino y pisarán la tierra de sus elegidos y la tierra de sus elegidos les será un camino trillado. Y la ciudad de mi justicia será un obstáculo [pesado] para sus caballos, y harán guerra entre ellos y sus días [estarán] con fuerza sobre ellos. Un hombre no conocerá a su hermano ni un hijo a su padre ni a su madre, hasta que el número de cadáveres complete su matanza y su juicio no será en vano. En ese tiempo el Sheól abrirá sus mandíbulas, serán engullidos por él y su destrucción culminará: la muerte devorará a los pecadores en presencia de los elegidos.»* (1ª Enoc 56:5-8). Pero ¿hablará de los reinos correspondientes en la Tierra o en el Cielo?

¿Existen los Extraterrestres?

«Si fuésemos los únicos en el universo, ¡cuánto espacio desaprovechado!» (Contacto. Film de Steven Spielberg) En 1945 un grupo de búsqueda de la Guardia Costera de Florida (EE.UU.) buscaba 5 aviones P-51 desaparecidos en el llamado "Triángulo de las Bermudas", cuando una gran guerra acababa de "concluir". La tensión no era poca. Ya en 1942, tras el ataque al Pearl Harbour, la ciudad californiana de Santa Mónica se vio aterrorizada por un objeto gigantesco que se mantuvo en los cielos de Los Angeles. Los

carros antiaéreos estuvieron toda la noche disparándole sin hacerle el menor daño. Este evento fue llamado "La Batalla de Los Angeles". Años más tarde, el capitán de vuelo Kenneth Arnold divisó varios "boomerangs" voladores, más grandes que su propio avión. Según su descripción eran algo de "otro mundo". Más de un siglo atrás, un trampista se vio envuelto en una escena abrumadora para él: mientras caminaba vio un objeto metálico volador que explotó cerca de una colina. El impacto fue tan espectacular que sintió la onda expansiva que le lanzó volando. A comienzos del siglo XX un aparato de un tamaño enorme cayó a la Tierra, pero antes de chocar hizo un forzoso viraje y estalló en la región rusa de Tunguska. Aún la radiactividad se registra en la zona.

¿Qué son todos estos eventos? ¿Qué relación tienen con el fin de los tiempos? Evidentemente los poderosos del mundo quieren inventar un falso arrebatamiento y una falsa invasión extraterrestre, pero eso nada tiene que ver con la afirmación de que efectivamente exista gente en otros mundos, de hecho, iguales a nosotros. Pero, ¿qué tienen que ver con nosotros? en relación al fin de los días, mucho. De hecho, el Dragón viene de "allá afuera". Si el Dragón es la serpiente y la serpiente es Satán, tenemos claro que hay fuerzas alienígenas que vendrán a la Tierra con Satanás para apoyar al sistema de la Bestia. Si bien, la historia no indica que todos los extraterrestres sean satánicos, sino que simplemente "hay de todo en la viña del Señor".

Volviendo con los sucesos de los años 40, después del incidente de Kenneth Arnold, otro capitán de vuelo, Thomas Mantel, fue derribado por un objeto volador rojo en forma de cono, que sobrevolaba el espacio aéreo de los EE.UU. Tras no conseguir comunicación con la nave, Mantel trató de dispararle, pero fue reducido. Poco después, una nave de origen, hasta entonces desconocido, se estrelló en Aztec, Nuevo México. Quienes detentaban el poder entraron en preocupación y determinaron el asunto, que hasta ese entonces era secreto, como Top Secret (Alto

Secreto). En el lugar del accidente hallaron restos humanos con los cadáveres de unos seres que no pertenecían a nuestra tipología. En tiempos más antiguos, el faraón Tutmosis III y Julio César afirmaron haberse topado con seres sobrehumanos. También el cronista de Hernán Cortés y en las expediciones de Cristóbal Colón se habló de objetos submarinos que posteriormente salían del agua y se perdían en el firmamento.

Puede que lo más asombroso comenzase en los años 60, y no en los 40 -ya que la mayoría cree que el caso Roswell fue el más importante. Fue un observador aficionado en Monte Palomar, quien sacó las primeras fotografías de Objetos Voladores No Identificados en forma de sombrero y cigarro, que revolucionaron la historia del fenómeno OVNI. Este señor, que a su fallecimiento fue enterrado en el prestigioso cementerio de Arlington, fue George Adamski. Dicho caballero fue de los muchos que desde entonces comenzaron a afirmar que habían tenido conversaciones y viajes tripuladas en las naves de seres humanos como nosotros, pero provenientes de Venus y las Pléyades. Estos visitantes serían prácticamente humanos, con gran semejanza a una persona nórdica y tendrían buenos intereses en relación al mundo.

El ex presidente Dwight Eisenhower estuvo al corriente de estos eventos, tanto como Harry S. Truman y el Secretario de Defensa de los EE.UU. de aquel entonces, James Forestal. Posteriormente, James Forestal quiso saber más de la cuenta y fue asesinado por el FBI, como lo fue otro que quiso seguir sus pasos y advertir al pueblo americanos sobre los extraterrestres: John F. Kennedy. Kennedy, sus hermanos y su hijo tuvieron un trágico final al tratar de meterse contra el titánico Complejo Militar Industrial, pero John quería ir aún más lejos después de haber visitado el Área 51 en Groom Lake, en el desierto de Nevada. Su interés en informar al mundo sobre los aliens y sobre el tráfico de droga que controla la CIA lo llevó a la muerte en Dallas. Desde entonces los presidentes no fueron informados sobre el asunto, por lo que Lyndon B. Johnson supo únicamente lo que su Gabinete fue informado de parte de las Fuerzas Armadas. Algo similar pasó con Richard Nixon, pero no con Jimmy Carter ni Gerald Ford. El ex presidente Carter tuvo una experiencia de Encuentro Cercano en su residencia de descanso junto con algunos amigos. Tanto él como Ford, estuvieron muy interesados en el tema, lo cual llevó a Carter a sacar mucha información, aunque no la suficiente para despejar las dudas del pueblo y centrarse en un tipo de vida distinta a la convencional para un ex presidente.

Puede que toda esta revolución llevara en 1981 a Ronald Reagan a comenzar una nueva visión del mundo con base a este hecho. Reagan habló en la ONU sobre la existencia de vida extraterrestre y estaba tan convencido que comenzó el programa espacial "Star Wars" para militarizar el espacio en caso de una invasión. Al comenzar el gobierno de los Bush y los Clinton, la conspiración continuó tanto como el secreto. Desde la presidencia de Franklin Delano Roosevelt se hicieron estudios sobre los OVNIs, no solo en EE.UU. sino en Rusia –en esos años Alemania ya estaba adelantada en este terreno-, pero fue con el accidente de Roswell que el asunto estalló a nivel internacional. En EE.UU. se crearon cientos de bases subterráneas para supervivencia e investigación de la tecnología extraterrestre. Todo artefacto que caída del cielo era llevado a estas instalaciones y estudiado meticulosamente con el fin de revertir su ingeniería para el uso militar. Según el Coronel Phillip Corso, la tecnología actual fue el "salto Cuántico" que recibió la ciencia gracias a la tecnología invertida de los aparatos extraterrestres. También él y otros generales de la Armada afirmaron que los EE.UU., tal como Rusia y Alemania -y puede que China y Reino Unido- han tenido relaciones diplomáticas con seres de otros mundos con el fin de hacerse con una tecnología y ciencias mayores. Incluso dicen que existe un record de al menos 60 tipologías de seres de otras civilizaciones de fuera de este globo.

La propia literatura antigua, que se ha considerado como religiosa o mitológica, creen muchos expertos, que son las narraciones de la visita constante de seres extraterrestres y extra-dimensionales. Eso explicaría tantos petroglifos, geoglifos, jeroglíficos y demás pinturas rupestres con figuras de platillos voladores, seres no humanos, astronautas y cosmonautas. También puede explicar los Artefactos Fuera de su Tiempo que han dejado atónitos a incontables arqueólogos y paleontólogos al ser descubiertos y analizados. La escritura védica de la India cuenta como los dioses se enfrentaban en combates aéreos y cómo vencieron a demonios en otros sistemas planetarios; el Kaba, en la Meca, se cree que fue un trozo de una nave que habría llevado a Muhamad (Mahoma) al cielo para experimentar una visión; el profeta Isaías y el rey David hablaron de vehículos como carrozas que posee Jehová y entre las cuales vendrá desde una tierra que está más allá del cielo; una leyenda árabe dice que el rey Salomón tuvo un hijo con la reina de Saba y éste le robó a su padre uno de sus vehículos voladores que tenía depositados dentro del Primer Templo de Jerusalén. Los indios también hablan de dioses venidos del cielo en carrozas de fuego, ya sea entre los indios de América como los aborígenes de Australia, las tribus africanas como los dogones, o los dropa en la China. El mundo nunca estuvo exento de relatos de visitas de seres de otros mundos. Es más, los rumores entre servicios secretos sobre el advenimiento de civilizaciones extra-planetarias son cada vez mayores. En especial los mayas creen que los extraterrestres vendrán a la Tierra en algún momento entre 2013 y 2015.

Ese evento podría recordarnos a cómo los profetas Enoc, Elías y Jesús fueron sacados del planeta de forma corpórea en vehículos muy avanzados. Jesús mismo advirtió que su regreso a la Tierra vendría acompañado de carros de Jehová, en un tiempo en que habrá grandes cosas sucediendo en la atmósfera. Cuando todo esto sea inmediato, «*entonces aparecerá la señal del Hijo del Hombre en el cielo; y entonces lamentarán todas las tribus de la tierra, y verán al Hijo del Hombre viniendo sobre las nubes del cielo, con poder y gran gloria. Y enviará sus ángeles con gran voz de trompeta, y juntarán a sus escogidos, de los cuatro vientos, desde un extremo del cielo hasta el otro.»* (Mateo 24:30-31) Este acontecimiento será una gran abducción masiva, de la cual habló Saulo de Tarso diciendo: *«Porque el Señor mismo con voz de mando, con voz de arcángel, y con trompeta de Dios, descenderá del cielo; y los muertos en Cristo resucitarán primero. Luego nosotros los que vivimos, los que hayamos quedado, seremos arrebatados juntamente con ellos en las nubes para recibir al Señor en el aire...»* (1ª Tesalonicenses 4:16-17)

Algunos que creen que Jesús es un espíritu incorpóreo, no han entendido ni su historia ni su misión, ya que él vino a demostrarnos que la muerte no es el final y que nuestra esperanza ha de estar puesta en la Resurrección de los muertos. Jesús de Nazaret no está en este planeta, por eso él le explicó al procurador romano Poncio Pilatos: *«Mi reino no es de este mundo; si mi reino fuera de este mundo, mis servidores pelearían para que yo no fuera entregado a los judíos; pero mi reino no es de aquí.»* (Juan 18:36). Y cuando resucitó, nos mostró cuál fue su misión verdadera y la esperanza: darnos a nosotros también una Resurrección hacia la luz, hacia un cuerpo físico incorruptible e inmortal. Si no, no sería una "resurrección": *«Y levantándose en la misma hora, volvieron a Jerusalén, y hallaron a los once reunidos, y a los que estaban con ellos, que decían: Ha resucitado el Señor verdaderamente, y ha aparecido a Simón. Entonces ellos contaban las cosas que les habían acontecido en el camino, y cómo le habían reconocido al partir el pan. Mientras ellos aún hablaban de estas cosas, Jesús se puso en medio de ellos, y les dijo: Paz a vosotros. Entonces, espantados y atemorizados, pensaban que veían un fantasma. Pero él les dijo: ¿Por qué estáis turbados, y vienen a vuestro corazón estos pensamientos? Mirad mis manos y mis pies, que yo mismo soy; palpad, y ved; porque un espíritu no tiene carne ni huesos, como veis que yo tengo.*

Y diciendo esto, les mostró las manos y los pies. Y como todavía ellos, de gozo, no lo creían, y estaban maravillados, les dijo: ¿Tenéis aquí algo de comer? Entonces le dieron parte de un pez asado, y un panal de miel. Y él lo tomó, y comió delante de ellos.» (Lucas 24:33-43) Y cuando fue la hora, 40 días después, se despidió de ellos y fue abducido. Por eso Jesús advirtió a sus discípulos sobre las señales que acompañarían su regreso, las cuales no se pueden aplicar a ninguna otra época, salvo a esta.

Colonias Secretas en Marte

La bisnieta del presidente Dwight Eisenhower, afirma que existen colonias humanas en el planeta rojo como parte de un proyecto secreto de su gobierno. Laura Magdalena Eisenhower habló en una entrevista a Exopolitics TV el 17 de enero de 2011, sobre las palabras de despedida de su bisabuelo Dwight Eisenhower al pueblo americano el 17 de enero de 1961 –exactamente 40 años atrás- advirtiendo sobre un "complejo militar industrial", y así mismo se unió a otros investigadores reconocidos para denunciar un encubrimiento de tecnologías ecológicas que dispondrían varios departamentos del gobierno de los EE.UU., y que según Eisenhower, no son puestos al servicio del ciudadano por intereses económicos. Laura Eisenhower junto con Alfred Lambremont Webre (asesor de la Casa Blanca durante el mandato del presidente Jimmy Carter para un proyecto de estudio sobre la vida extraterrestre) y el abogado Andrew D. Basiago, afirmaron que existe un interés en las altas esferas del gobierno de los EE.UU. en mantener en secreto varias colonias para la supervivencia humana en nuestro planeta análogo, Marte. Las quejas se suceden después de que otros altos funcionarios del gobierno viniesen denunciando la ocultación de información importante sobre avances tecnológicos que podrían beneficiar a la sociedad y que no quieren ser presentados.

Desde que se celebró una primera conferencia sobre Exopolítica del Disclosure Project en el Washington Press Club 10 años antes, muchos altos mandos de variados departamentos han asegurado que existe un interés en desinformar y esconder evidencias sobre colonias selectivas de personas para vivir en Marte por si hubiese un caso de extinción en la Tierra, una guerra mundial o algún otro agente que pudiese poner en riesgo la vida en este orbe, como sostiene Steven Greer, director del Disclosure Project. Laura Eisenhower y sus compañeros llaman a que se haga público el conocimiento de dichas instalaciones y a que no se monopolicen estos procedimientos, puesto que consideran que estas decisiones de enviar un grupo de personas que representen la supervivencia humana en caso de emergencia a otros lugares fuera de este mundo, debe ser de conocimiento general. Además, instan a que estos temas sean puestos en manos de una comisión internacional que los evalúe y no que estén al amparo de lo que Dwight Eisenhower no tardó en acuñar "El Complejo Industrial Militar".

Otro tipo de críticas por parte de grupos similares dicen que es inadmisible el hecho de que se gasten millones de dólares anuales en proyectos espaciales mientras el gobierno lleva años, según ellos, desarrollando dichos proyectos secretos con fondos negros. Uno de los primeros en hablar de un programa espacial paralelo subvencionado de forma anticonstitucional fue el fallecido oficial de la Inteligencia Naval de los EE.UU., Milton William Cooper, quien según sus compañeros, habría advertido sobre esto al Congreso el 26 de abril de 1989. Las declaraciones no han tomado el eco que esperaban en los medios de comunicación, pero en sistemas de libre información, como Internet o la radio, se han parado en firme sobre sus alegaciones y mucha gente les ha oído. En documentales, radio, conferencias y otros medios han dicho que la NASA no está informando completamente, o bien está desinformando, sobre proyectos llevados a cabo mayormente por los EE.UU. en el espacio exterior. Incluso se dice que el proyecto Cassini cerca de Saturno es un programa secreto que está estudiando fenómenos extraños de naves ETs en los anillos de dicho orbe.

Uno de estos tantos críticos es el Sargento retirado de los EE.UU., Robert O. Dean, quien trabajó en proyectos de defensa de la OTAN por muchos años. Dean afirma que existe un encubrimiento sobre eventos que están ocurriendo en nuestro sistema solar y sobre tecnologías que podrían salvar nuestro planeta del radical "cambio climático", pero que se mantienen en total hermetismo, sólo para el uso de agencias militares y proyectos clandestinos. El investigador Alfred L. Webre asegura que él mismo estuvo comisionado para el estudio de estos fenómenos extraños y sostiene, así como otros ex funcionarios de la NASA, que se ha tergiversado y manipulado información veraz sobre la Luna y Marte, una información que debería ser de acceso público para todo el mundo.

Vida en la Luna y Marte

La fascinación por nuestro planeta análogo Marte y por nuestro satélite, la Luna, han llevado a preguntarse si las civilizaciones como las nuestras están también en desarrollo en dichos lugares. Durante décadas la NASA ha ocultado tanta información de carácter valioso sobre misiones espaciales y descubrimientos, que han tenido que ser ex funcionarios o militares los que den a conocer las mentiras y tapaderas de la NASA y han ofrecido al público los informes reales sobre lo que verdaderamente se ha descubierto y lo que a duras penas se ha conseguido destapar. El 22 de noviembre de 1968, el Washington Post puso un encabezado en primera página que decía: *«Seis sombras de misteriosas estatuas fotografiadas sobre la Luna por una cápsula en órbita.»* La historia del Post que más tarde recogió el Los Angeles Time describía una foto lunar tomada dos días entes por la cápsula espacial U.S. Orbiter II mientras pasaba entre 20 y 30 millas (32 y 48,3 Km.) por encima de la superficie de la Luna. La fotografía parece revelar seis espiras arregladas en un preconcebido patrón geométrico dentro de una pequeña porción del Mar de la

Tranquilidad. La señalización de la sombra de los objetos lunares indica que ellos son todos figuras bien sea de conos o de pirámides. Aunque la prensa oficial de la NASA no mencionó nada raro acerca de la fotografía, otra gente encontró la foto notablemente interesante. El Dr. William Blair del Instituto de Biotecnología de la Boeing estableció: «*Si las espiras en forma cónica realmente fueron el resultado de algún evento geográfico sería natural verlo distribuidos al azar. Como un resultado, la triangulación sería escalena (tres lados desiguales) o irregular. Ahora bien, aquella que concierne al objeto lunar llevan a un sistema básico con coordenadas x, y, z para el ángulo recto, seis triángulos isósceles y dos ejes consistentes de tres puntos cada uno.*»

En la revista Argosy, el ingeniero espacial Alexander Abromov fue más allá y dijo: «*La distribución de estos objetos lunares es similar al plano de las pirámides egipcias, construidas por Keops, Kefren y Micerino en Gize, cerca de El Cairo. El centro de las espiras de esta "abaka" (arreglo de pirámides) lunar esta precisamente arreglada de la misma manera tal como los ápices (picos) de las tres grandes pirámides [...] Asumiendo que los doctores Blair y Abromov no han calculado mal, parece que algunas de las pirámides de la Tierra pueden formar parte de un sistema de marcación permanente que se extiende a más de un planeta en nuestro sistema solar. El sistema puede que se extienda a Marte. Objetos como pirámides han sido fotografiados sobre la superficie marciana. Fotos tomadas por la misión US Viking en 1976 señalan que la región marciana de Sidonia contiene objetos piramidales y que parecen ser unas enormes caras talladas cercanas al cielo estrellado. Es fácil deducir que las pirámides marcianas y sus caras son formaciones naturales no diferentes a algunas encontradas en la Tierra; sin embargo, una y posiblemente dos "caras" más han sido descubiertas en otras partes de Marte con sorprendentes formas similares, tales como el "casco", cara cortada e indentación por encima del ojo derecho. Quizás igualmente interesante es el hecho de que una pirámide en Sidonia tiene un lado que apunta hacia el Norte, eje de rotación de Marte. ¿Es ésta una suerte de alineamiento o hay una conexión con la Gran Pirámide de Gize, la cual también está alineada de acuerdo a direcciones precisas de la brújula?»* (William Bramley, Dioses del Edén)

Después de los rumores de que EE.UU. había bombardeado antiguas ruinas en la Luna y la cara derecha del famoso "rostro" de Marte para disuadir a los curiosos, otros puntos continuaron sin poder escaparse de los investigadores. Toda la región de Sidonia en el norte del ecuador marciano es un cementerio de ruinas de alguna antigua civilización que dejó pirámides, esfinges y figuras en forma de corazón, delfín, submarino, rostro humano, etc. Marte y la Luna son objeto de múltiples visiones acompañadas de fotografías donde se pueden apreciar pirámides, formaciones cónicas de varios kilómetros de altura y de ancho, monumentos, edificios, domos o cúpulas, ciudades enteras, cultivos hidropónicos, árboles, lagos, nubes (en la Luna), animales, luces extrañas, ruinas y restos de vehículos no humanos. Para alguien no entendido en el tema o familiarizado con estos encubrimientos, esto parece ciencia ficción, pero los hechos son empíricos: existe vida inteligente en nuestro sistema solar. La filmación de canales y líneas no naturales en varios satélites de Júpiter, es una de dichas señales claras. En este orden tenemos las condiciones del mayor satélite de nuestro sistema. Ubicado en Saturno, Titán poco o nada tiene de satélite pues guarda similitudes con la Tierra más que cualquier otro cuerpo celeste de nuestro sistema solar. Otros satélites jovianos han demostrado tener agua líquida y agua congelada. También se ha visto en satélites de Júpiter, Saturno, Urano y Neptuno líneas rectilíneas perfectas, que denotan la "terra-formación" de dichos cuerpos. Esto ocurre también con la Luna.

Objetos Grandes se Acercan

A finales de 2010 varias noticias sobre objetos enormes acercándose a la Tierra corrían por la red. En la misma época y casi de forma paralela, un funcionario de un observatorio de China hablaba de lo mismo. Tras confirmar esto con el Sky-Map, se vio, al menos durante un tiempo, a estos gigantescos objetos. Posteriormente los más grandes fueron censurados o distorsionados. Desde entonces muchos más objetos han sido observados a grandes distancias, los cuales tienen variados tamaños, pero todos ellos en formas perfectas: cilindros, esferas, rectángulos, etc., pero no rocas como podría creerse, confundiendo los aparatos con asteroides. Concretamente se describen Tres Objetos Muy Grandes que se Acercan a la Tierra desde el Espacio Exterior. Así corría en la red, añadiendo que *«alguien o algo está en camino hacia la Tierra.»* El astrofísico Craig Kasnov del proyecto SETI había anunciado el acercamiento a la Tierra de 3 objetos de gran tamaño en movimiento muy rápido. Con la polémica causada por el tema, la desinformación y la negación aparecieron nuevamente, como en todo escenario conspirativo. La longitud de artilugios está en el rango de decenas de kilómetros, no como los OVNIs comunes que se han registrado a lo largo de la historia, que usualmente miden entre 5 y 100 metros de diámetro. La llegada a la Tierra según los cálculos de los científicos, debe ser a mediados de diciembre de 2012. Es posible que buscando las coordenadas pueda usted mismo encontrarlos en el Sky-map, hasta que terminen de censurarlo –como ya hicieron con las imágenes correspondientes del Google Sky.

De acuerdo al segundo conjunto de números en cada línea, en las coordenadas, se entiende que el "objeto" u "objetos" vienen del Espacio muy profundo del Hemisferio Sur. Ninguno de estos objetos se puede ver desde el Hemisferio Norte. Los participantes del proyecto han asegurado que los objetos son absolutamente reales, pero claramente la agencia espacial estadounidense, NASA, está tratando de ocultar información importante. Según Kasnov, pronto objetos celestes serán visibles en el cielo con un buen telescopio. Si los medios de comunicación y la televisión no terminan por absorber totalmente a la sociedad, es posible que manteniendo los ojos en el cielo e investigando debidamente podamos hacer seguimiento de esto –entretanto no se tape el hecho cada vez más por parte de las agencias de seguridad. La verdad seguirá sabiéndose y, muy pronto, todo saldrá a la luz, pero en lo referente a estos días hay que estar pendiente de las señales puntuales advertidas por Jesús, que anunciaban el Arrebatamiento de sus Escogidos y la aparición del Falso Profeta, para iniciar el reinado del Anticristo. Esta información se acomoda a las actividades secretas tras el proyecto Cassini en Saturno, donde supuestamente estudian los anillos, pero detrás del telón, están analizando el tráfico de extraños y gigantescos vehículos no terrestres y combates cerca de la región de Saturno y Júpiter desde hace varios años.

Otro reporte similar alude a otro objeto observado desde hace algunos años, a 1,5 millones de millas del polo Sur, en el espacio, donde hay una nave de 20 millas que ahora se encontraba estacionaria en 2011. La NASA y los telescopios de otras organizaciones han estado haciéndole seguimiento y observan que su trayectoria viene hacia nosotros. Ahora están estacionarios y se observan naves que entran y salen de esta estructura de 20 millas. Igual, sobre todas estas "señales del cielo" que pronto se verán, para dar lugar a la señal de Cristo y el oscurecimiento de la atmósfera, hay más material. Por ejemplo, una estructura planetaria muy grande viene en 18° la AR de la órbita de Neptuno. Debió ya ser visible por momentos en el 2011. Hay más información sobre todo esto en la web de la organización internacional del estudio OVNI, llamada MUFON. ¿Qué tanto es verdad, qué tantos es mentira y qué tanto es desinformación? El hecho es que existen seres en otros mundos y los terminaremos viendo, pero la cuestión es si el mundo es ayudado por buenos alienígenas o engañado por malos alienígenas.

Alzados contra el Ungido

«Como el calor en lugar seco, así humillarás el orgullo de los extraños; y como calor debajo de nube harás marchitar el renuevo de los robustos. Y Jehová de los ejércitos hará en este monte a todos los pueblos banquete de manjares suculentos, banquete de vinos refinados, de gruesos tuétanos y de vinos purificados. Y destruirá en este monte la cubierta con que están cubiertos todos los pueblos, y el velo que envuelve a todas las naciones. Destruirá a la muerte para siempre; y enjugará Jehová el Señor toda lágrima de todos los rostros; y quitará la afrenta de su pueblo de toda la tierra; porque Jehová lo ha dicho.» (Isaías 25:5-8) El Señor aparecerá y destruirá a sus enemigos, como lo vaticinaron los santos profetas, pero antes habrá combate o instigación violenta entre la propia casa de Israel contra sus enemigos, que serán motivados por las fuerzas del mal: *«La guerra comenzará cuando los Hijos de la Luz lancen su ataque contra la heredad de los Hijos de las Tinieblas, contra el ejército de Belial, contra las guerrillas de Edom, de Moab y de los amonitas, contra los ejércitos de Sidón y de los filisteos, y contra las guerrillas de los quíteos de Asiria y su gente, que acudirán en auxilio de los violadores del pacto. Los descendientes de Leví, de Judá, los exiliados del desierto, combatirán contra ellos, contra to[do su ejército] y todas sus guerrillas, cuando los exiliados Hijos de la Luz vuelvan del desierto de los pueblos para acampar en el desierto de Jerusalén. Y después de la batalla avanzarán de allí contra todas las tropas de los quíteos que se hallan en Egipto. Y cuando él considere el momento oportuno, saldrá con grande cólera a combatir contra los reyes del norte para exterminar y destruir completamente el poder de Belial.»* (Rollos del mar Muerto)

También Daniel (todo el capítulo 10 y 11) dejó nota detallada de este conflicto –añadiendo posiblemente algunos eventos históricos que tuvieron lugar en tiempos del imperio persa, griego y romano-, pero Elías lo resumió escribiendo: *«Porque he aquí que los reyes de Asiria y la disolución de los cielos y la tierra **y lo que está bajo la tierra**, desde ahora no prevalecerán sobre aquellos que me pertenecen, dijo el*

Señor, 'y ellos <u>no temerán en la batalla</u>'. Cuando ellos vean a un rey aparecido por el Norte, lo designarán rey asirio y el rey de la injusticia; hará guerras sin fin sobre Egipto y causará muchas perturbaciones: habrá gemidos por la tierra, porque se llevarán vuestros hijos. Muchos buscarán la muerte en esos días pero la muerte los eludirá.» (Apocalipsis de Elías 2:1-5) Y pasados estos eventos y otros aún más dramáticos, se verá a un hombre que parecerá vencer a un rey maligno de asiria, mas, estableciendo un templo en Menfis será asesinado por su propio hijo, y lo siguiente será que *«Si escucháis que 'la seguridad está en Jerusalén', entonces ¡rasgad las vestiduras! Vosotros sacerdotes de la tierra, porque la llegada del Hijo de Perdición no demorará.»* Todo esto fue anunciado por los profetas, como Ezequiel y Jeremías, pero especialmente por Zacarías (cap. 12).

Los textos de Qumran continúan afirmando: *«El día que caigan los quíteos habrá un encuentro y tremenda carnicería ante el Dios de Israel. Porque ese es el día designado por él desde mucho antes para la guerra de exterminio de los Hijos de las Tinieblas. En él chocarán con gran carnicería la congregación de los seres divinos y la asamblea de los hombres. Los hijos de la Luz y los del partido de las tinieblas lucharán en apretados bloques, el día del desastre, con estruendo de enorme gentío y los gritos de guerra de los seres divinos y de los hombres, para poner de manifiesto el poder de Dios. Será tiempo de angustia y a[premio] para el pueblo redimido por Dios. De todas sus angustias ninguna será como ésta, desde que se desencadene súbitamente hasta que culmine en la eterna redención.»* Añadiendo que *«[La gloria de Dios, en la compañía de] los santos, refulgirá en la ayuda impartida a los Hijos de la Luz, varones fieles, para aniquilación de los Hijos de las Tinieblas, heredad de Belial.»* En este día aún los hombres deberán estar purificados para ir a la guerra, ya que, de no ser así, no podrán *«acompañarlos en el ataque el día de la batalla, porque <u>los santos ángeles van con su ejército</u>.»*

Cuando Jesucristo sea manifestado en la Tierra para reinar, el imperio satánico tratará de destruirlo: «*Y después de [mil] trescientos treinta y dos días, el Señor vendrá con sus ángeles y con los ejércitos de los santos del séptimo cielo de la gloria del séptimo cielo, y él arrastrará a Beliar al Gehena y también [a] sus ejércitos.*» (Ascensión de Isaías 4:14) Y este evento lo señala Juan, escribiendo: «*Y vi a la bestia, a los reyes de la tierra y a sus ejércitos, **reunidos para guerrear contra el que montaba el caballo**, y contra su ejército. Y la bestia fue apresada, y con ella el falso profeta que había hecho delante de ella **las señales con las cuales había engañado a los que recibieron la marca de la bestia**, y habían adorado su imagen. Estos dos <u>fueron lanzados vivos</u> dentro de un lago de fuego que arde con azufre. Y los demás fueron muertos con la espada que salía de la boca del que montaba el caballo, y todas las aves se saciaron de las carnes de ellos.*» (Apocalipsis 19:19-21) Y así mismo dijo Juan: «*Y los diez cuernos que has visto, son diez reyes, que aún no han recibido reino; pero por una hora recibirán <u>autoridad como reyes juntamente con la bestia</u>. Éstos tienen un mismo propósito, y entregarán su poder y su autoridad a la bestia. **Pelearán contra el Cordero, y el Cordero los vencerá**, porque él es Señor de señores y Rey de reyes; y los que están con él son llamados y elegidos y fieles.*» (Apocalipsis 17:12-14)

Mil años después de este enfrentamiento en Meggido (el cual tendrá lugar antes de que llegue Jesús a imponer el Milenio y encerrar a Satanás), el diablo «*será suelto de su prisión*» (Apoc. 7:20) y traerá al remanente de los malvados y a los que no han aceptado el reino del Señor Jesucristo, los cuales bajarán por las colinas en masa: «*Cuando destruimos una ciudad, les está prohibido a sus habitantes regresar a ella, <u>hasta que se suelte a Gog y Magog</u> y se precipiten por toda colina abajo. Se acerca la amenaza verdadera. Los infieles, desorbitados los ojos: ¡Ay de nosotros, que no sólo nos traía esto sin cuidado, sino que obrábamos impíamente!' Vosotros y lo que servís en lugar de servir a Alá, seréis combustible para el Gehena. ¡Bajaréis a ella!*» (Corán

21:95-98) Gog, que había sido "limitado" (Corán 18:92-101) desde antaño, romperá sus grilletes y "murallas" de contención para bajar por última vez a destruir. Estos demonios que acosaban al mundo, según los profetas islámicos, también desaparecerán: «*Ellos se beberán toda el agua...* ***Ellos serán mil de ellos por cada uno de ustedes****... ellos dirán 'Hemos vencido a la gente de la Tierra'... ellos dirán 'hemos vencido a los cielos'...* **ellos dispararán flechas contra los Cielos y ello sobrevendrá con sangre.** *Ellos vendrán de cada montón... Y la gente se atrincherará a sí misma en sus fortalezas.*» (Hadith) Ergo, estos malvados "*rodearán la Tierra*" para destruir el "campamento" del Señor, pero Dios actuará: «*[ejecutarás tus sentencias contra Gog y toda su asamblea, [...] pues los combatirás desde los cie[los].*» (Guerra de los Hijos de la Luz contra los Hijos de las Tinieblas. Rollos del mar Muerto) Y esto escribió Juan: «*Y subieron sobre la anchura de la tierra, y rodearon el campamento de los santos y la ciudad amada; y de Dios descendió fuego del cielo, y los consumió. Y el diablo que los engañaba fue lanzado en el lago de fuego y azufre, donde estaban la bestia y el falso profeta; y* ***serán atormentados día y noche por los siglos de los siglos****.*» (Apocalipsis 20:9-10)

Ley Marcial

¿La élite del poder actual que rige el mundo está preparando el mundo para un nuevo imperio? Muchos creen que estamos a las puertas de una hegemonía totalitaria a nivel global, y está claro que el Anticristo está detrás de esto. ¿Qué será ese nuevo orden? El establecimiento de una dictadura regida por los amos del poder de este planeta, según afirman muchos activistas, pero los creyentes sabemos que esto es obra del imperio satánico, pues estos aparentes Amos del Mundo son, de hecho, títeres del diablo. El objetivo que tendrán será de:

• Abolir las fronteras de los países para crear un solo gobierno mundial.

• Eliminar las monedas para crear una única divisa global, digital.

- Forzar a las naciones al desarme nuclear, quedando sólo la OTAN con armas de destrucción masiva.

- Eliminar las creencias espirituales globales para crear una nueva y única religión; artificial, dicho sea de paso.

- Establecer un único presidente planetario. Un líder que tendría la hegemonía sobre todo el globo.

Los críticos e investigadores en este campo señalan que la agenda de Satanás, operando a través de sus secuaces en la Tierra, son:

- La eliminación del 93% de la población terrestre, promoviendo conflictos internacionales, nuevas enfermedades -creadas en laboratorios-, desastres "naturales" provocados con armas geomagnéticas o geofísicas, contaminación del agua, los alimentos y el aire con agentes químicos.

- La abolición de todo concepto monoteísta, desinformación sobre la figura de Jesús de Nazaret y desprestigio de cualquier organización que fomente la espiritualidad. Asimismo, promover la figura de dioses griegos, egipcios y mesopotámicos para instaurar una futura creencia basada en dichas entidades.

- El control absoluto sobre la humanidad, con la ayuda de dispositivos tecnológicos: Una red de sistemas electrónicos conectados a un chip personal que sustituiría el dinero en efectivo. Funcionaría enlazando inalámbricamente el Verichip (microprocesador implantado en humanos), televisores, ordenadores y móviles. Estos serían monitoreados y dirigidos por satelitales conectados con la Bestia Belga (el primer súper ordenador del mundo).

- La imposición de una Ley Marcial: Evitar oposición al sistema en cualquiera de sus gamas. Esta será respaldada por fuerzas del orden y campos de concentración que ya existen y están en funcionamiento.

Algunos apellidos de las familias que resuenan en los pasillos de esta conspiración son los Rothschild, Bush, Rockefeller, Morgan, Whitney, Warburg, Clinton y las Casas Reales -también instituciones religiosas como el Vaticano. Pero las corporaciones son definitivamente los monstruos más desalmados de todos, y la teoría conspirativa apunta a que todo lleva un mismo engranaje y titiritero:

• Las casas reales crearon los centros de préstamos que hoy se han convertido en los grandes bancos. Ellos siguen teniendo el control sobre estos. Por su parte, los Rockefeller tomaron el poder del petróleo desde hace más de un siglo y tienen capital para hacer lo que sea –aún una guerra o invasión a otro país- para mantener este estatus.

• El barón Rothschild crearía el sueño de los Sabios de Sión para controlar el Caspio e imponer en un futuro próximo un único líder global. De esta manera la élite sionista podría tener control del petróleo, el gas, los minerales, las fuerzas armadas, el desarrollo de nuevas tecnologías y eliminarían los grupos éticos imprescindibles –según ellos-, de manera que acelerarían la reducción de la población mundial.

• Los dueños de los bancos piden de regreso los préstamos para las guerras y las deudas internacionales de manera que presionan a cada nación a tener que abolir su moneda. Así un gran banco central global impondría su moneda virtual, por encima del BM (Banco Mundial) y el FMI (Fondo Monetario Internacional). Un sistema tecnológico que erradicará el papel moneda y las tarjetas, reemplazándolas por un ingenio de lectura digital implantado en la mano derecha de todo individuo.

• Los teóricos de la conspiración, historiadores alternativos e investigadores dicen que las casas reales y otras familias dominan este planeta y han creado sociedades secretas y los servicios secretos para hacer de esta labor un trabajo eficiente. Para eliminar la resistencia habrían establecido los partidos políticos y los medios de comunicación, bajo el concepto Maquiavelo. Así tendrían distraído al pueblo mientras lo llevan a un absoluto lavado de cerebro basado como el del programa MK-Ultra de la CIA. Es decir, los políticos internacionales y los medios de comunicación no estarían para luchar por el bien civil ni para informar al pueblo, sino para que el pueblo crea lo que la élite quiere que crean.

• Las corporaciones invirtieren sumas titánicas de dinero en publicidad y marketing para que se vendan sus productos, aunque sean innecesarios, y promueven una titánica industria de contaminación del agua, los alimentos y los servicios de primera necesidad.

• La industria farmacéutica sería la mayor entidad promotora de la drogodependencia. No dan antídotos –que sí existen, pero no los ofrecen para no perder miles de millones en fármacos-, diciendo que aún no se han descubierto, y entonces vender sus propios productos cancerígenos (traen más efectos secundarios y daños que soluciones) y alucinógenos (entorpecen la mente y la hacen dócil pare ser dirigida por el gobierno), por lo que bien hacen en llamarla "cartel petroquímico".

• La institución católica, una de las religiones más poderosas, apoya regímenes genocidas, esconde la verdad sobre la Deidad y traza planes para establecer una nueva religión mezclada con objetivos Illuminati, siendo controlada, a su vez, por los jesuitas.

• Los ejércitos estarían en constante movimiento para generar ingresos, aun inventándose terroristas y atentados para justificar sus acciones. Si no hay guerra el aparato militar cae desde arriba hacia abajo. Una lucha bélica sería la mejor forma de hacer dinero para un país invasor, y por eso al Complejo Militar Industrial de los EE.UU. le llaman el aparato más poderos del mundo.

• Las Organización de las Naciones Unidas viene a ser la promotora de los mayores crímenes contra la humanidad. Estarían planeando erigir un Único Gobierno Global, una Única Moneda Global, un Único Ejército Global, un Único presidente Global, y una Única Religión Global, estructurados en un Comunismo silencioso: «*Tendremos un Gobierno Mundial, les guste o no, por conquista o por consentimiento.*» (James Warburg, Comité de Relaciones Exteriores). No obstante, para avanzar en esto hay que evitar las revueltas civiles.

Los filósofos alemanes más famosos del siglo XVIII y XIX pensaban como los Illuminati y motivaron ideas del control mundial. Todo lo relacionado con la guerra, el hambre y la reducción de la población mundial, también viene de sus ideas. Por ejemplo, en el sistema Heigel, el Estado es todopoderoso y está dominado por la élite del monopolio económico. Básicamente ellos manejan la maquinaria del estado. En ese orden los líderes Illuminati creen que el terror, el hambre y la guerra son las armas que están a su disposición. Creen que es el poder que les es legado.

En 2012 concluye el Derecho a Manifestarse

A mediados del mes de julio de 2012 España se suma a países como los EE.UU. o China donde las manifestaciones están prohibidas, queriendo legalizar el derecho a "castigar" a quienes ocupen la vía pública, alteren el "orden público", generen "desarmonía", se reúnan para hablar "en contra del gobierno" o usen el Internet para planificar manifestaciones o incitaciones a las tales, dejando atrás de estas arbitrariedades a Corea del Norte.

Báñez, ministra del PP vino a ser portavoz de quienes quieren que el pueblo lentamente se deje engañar por el gobierno y guarde silencio mientras los llevan –igual que otros países ya están haciendo silenciosamente- a una dictadura nacional, afirmando que «*habrá algunos que se resistan al cambio, pero la mayoría silenciosa de buenos españoles afrontarán los esfuerzos con aplomo y serenidad.*» Otras de sus declaraciones van más allá diciendo que «*a los malos españoles esos, a los rojos de siempre, les mandamos a los antidisturbios y les partimos la cabeza de un porrazo o los cosemos a bolazos de goma, para luego, encima, procesarlos en juicios farsa por "desacato" o "atentado a la autoridad"... siempre nos queda empezar a aplicar las leyes antiterroristas.*»

Además, la doctrina de Felip Puig, el conseller de Interior de la Generalitat catalana que forzó la creación en Catalunya de una nueva unidad especializada en detectar y perseguir a las personas que cometan actos vandálicos durante las celebraciones deportivas o las manifestaciones, llega ahora al Congreso de los Diputados. La Cámara baja ha debatido sobre una moción de CiU que, entre otras medidas, propone la creación del delito específico de violencia urbana, con la posibilidad de imponer la prisión provisional como medida cautelar, así como una nueva definición del delito de alteración del orden público y atentado. Esto sonaría racional en relación a la violencia, pero no si lentamente el objetivo es atar al pueblo de pies y manos para que se deje llevar por un gobierno corrupto que les está empobreciendo.

Jorge Fernández Díaz, coincide con el anuncio del Gobierno de un endurecimiento del Código Penal antes de fin de año para atajar "la espiral de violencia" que protagonizan colectivos antisistema con técnicas de "guerrilla urbana". Con esta modificación, anunciada el pasado abril, el Ejecutivo persigue el endurecimiento de las sanciones para la violencia callejera, equiparándolo con la legislación antiterrorista diseñada para tratar los casos de kale borroka en el País Vasco o pretende que la resistencia pasiva sea considerada resistencia a la autoridad. Otra de las medidas anunciadas en la reforma es que sea considerado "delito de integración en organización criminal" difundir a través de Internet y las redes sociales las convocatorias "violentas" y que "alteren gravemente el orden público". Asimismo, pide una tipificación específica de la difusión de cualquier tipo de información que tenga por objeto organizar o promover la participación de actos de alteración del orden público.

De forma paralela, propone una actualización del catálogo de infracciones y sanciones para adaptarlos a las nuevas conductas, como la ocultación del rostro, la resistencia pasiva, la desobediencia a la autoridad o el bloqueo de la vía pública. Para CiU, también se hace necesaria una modificación de la Ley Reguladora del Derecho de Reunión con la finalidad de "armonizar" el legítimo ejercicio de este derecho constitucional con una "más eficaz protección" de la seguridad ciudadana y del orden público. A la expresión del pueblo en la quieren denominar «*nuevas formas de criminalidad*» y que «*la actuación en grupo*» se castigue con dureza.

Con la excusa de que hay quienes usan la violencia, se quiere incorporar una nueva respuesta penal contra quienes "quieren apropiarse de las calles" y contra los "fanáticos violentos" que "ultrajan" los derechos de reunión y manifestación. Los policías arremeten incluso con indigentes que duermen en bancos, niños de a pie, personas mayores, mujeres, etc. Los medios no lo difunden, pero miles de fotógrafos captan las imágenes de las caras ensangrentadas de los manifestantes a causa de las porras. Se han denunciado muchos casos del uso de escopetas de pelotas de goma, las cuales dispararon contra niños y todo tipo de personas. Estas armas pueden causar la muerte y dejan unas marcas monstruosas en el cuerpo.

En otros países ya estas leyes han avanzado para implementar dictaduras nacionales y globalizar al mundo prohibiéndole el derecho a quejarse. Solo entre 2010 y 2012 salieron variadas leyes para impedir los amotinamientos y las sediciones. En Arabia Saudita prohíben manifestaciones bajo pretexto de que ocupan la vía pública; el pueblo canadiense protesta ante la prohibición al derecho a manifestarse; estas leyes se implementan legalmente en toda Europa, mezcladas discretamente con otras leyes; el Tribunal de Reino Unido prohibió un documental de la BBC sobre manifestaciones británicas antes de los Juegos Olímpicos 2012. Entre las tantas movilizaciones civiles en los países musulmanes, la de Kuwait ha llegado a incluirse detalladamente entre las más relevantes de 2012.

En relación a España, se violan ya en el país una enorme cantidad de artículos legales. Entre ellos están los Artículos de la Constitución números: 1, 7, 9, 10, 14, 15, 18, 20, 21, 22, 24, 27, 28, 31, 33, 35, 36, 37, 40, 41, 43, 44, 45, 46, 47, 49, 50, 51, 52 y 53. Sobre el gobierno y la administración se violan los Artículos: 97, 98, 102, 104 y 125. Sobre la Economía y Hacienda se violan los Artículos: 128, 130 y 135.

La Marca

Un microprocesador en la mano será el próximo paso hacia una única moneda global y hacia la eliminación de las tarjetas de identificación. En un futuro cercano, las divisas de todas las naciones se refundirán en una sola, para poder esclavizar a la raza humana. Este es el trabajo de Mondex Smartcard (Dinero en la Mano Derecha – Dinero Inteligente) y su desarrollo Verichip (implantes de chip en humanos) para la implementación mundial de un dispositivo que reemplace el dinero en efectivo y las tarjetas de crédito, Seguridad Social, Identificación Personal y Carnet de Conducir. La crisis actual sólo lleva nuestro mundo hacia el desarrollo de nuevas facilidades financieras, más seguridad y beneficios. La tecnología vanguardista de chips RFID (Identificación por Radio Frecuencia) es la clave a esta solución, según sus defensores. La unión de naciones y de sistemas monetarios lleva a un fin común predador para los años venideros. Mondex, con la participación de más del 50% por parte de Mastercard, ofrece un sistema único en la historia: un microchip implantado en la mano derecha para reemplazar el dinero, los cheques, las monedas y las tarjetas plásticas.

Sus detractores, en su mayoría activistas y movimientos religiosos cristianos –aunque los musulmanes también están técnicamente en contra-, dicen que este nuevo avance es precisamente la "marca" (griego: "charagma" o "stigma". O sea, "incisión subcutánea") de la que el misionero israelita Juan predijo en su destierro a la isla griega de Patmos, alrededor del año 90 d.C. Denominada por un gran número de cristianos y musulmanes como "La Marca de la Bestia", por un pasaje del libro de la Revelación de Juan. La reseña que se suele citar dice que se levantará un Falso Profeta que «*...hacía que a todos, pequeños y grandes, ricos y pobres, libres y esclavos, se les pusiese una marca en la mano derecha, o en la frente; y que ninguno pudiese comprar ni vender, sino el que tuviese la marca o el nombre de la Bestia, o el número de su nombre.*» (Apocalipsis 13:16-17. RVA 60) Los críticos llaman a observar la similitud de dicho vaticinio con un reporte de Standardization News de febrero de 1991, donde se habló de unos desarrollos increíbles. La página 30 del reporte dice: «*Uno no puede comprar o vender un producto hasta no ser identificado con la marca de la C. E.*» Y reseñan además que quienes preparan este sistema monetario gastaron más de 1,5 millones de dólares en estudios, sólo para saber cuál era el mejor lugar para colocar este biochip en el cuerpo humano. Sólo encontraron dos lugares satisfactorios y eficientes: la cabeza, debajo del cuero cabelludo, y la parte detrás de la mano, específicamente la mano derecha.

Este dispositivo envía y recibe ondas como las de la radio, con las cuales, de forma inalámbrica, registra transacciones o lee datos personales de un individuo. Este diminuto procesador tiene una batería de litio recargable que se mantiene constante gracias a las fluctuaciones del calor corporal. A su vez dispone de un sistema transponder que sirve para almacenar información. Científicos rusos, políticos, informáticos, agentes de servicios secretos, ex oficiales militares, cristianos y teóricos de la conspiración, creen fielmente que el dispositivo no es seguro:

1. El líquido interno se podría quebrar y causaría gangrenas o úlceras inmediatas.

2. Los chips RFID son fácilmente "hackeables" con lectores digitales, tales como los que se utilizarían para comprar o vender (los lectores de los supermercados).

3. El dispositivo funcionaría como GPS por medio del cual el sistema sabrá en todo momento dónde está el individuo, de hecho, qué hace y cómo se siente.

4. Los teóricos van más allá y afirman que incluso podremos ser manipulados por ondas de baja frecuencia e información enviada al microchip.

Podríamos encontrar un ejemplo de esto en las palabras del escriba proto-hebreo que rezan: «*Porque un hombre no podrá impedir a su mano que asesine a su hijo y a su nieto, ni el pecador podrá impedir a su mano que asesine a su querido hermano, desde el amanecer hasta que el sol se oculte, ellos se degollarán entre sí.*» Ahora, sobre este problema del sofisticado artilugio, se menciona otro aparte del libro futurista del discípulo de Jesucristo, que dice que «*...vino una úlcera maligna y pestilente sobre los hombres que tenían la marca de la bestia, y que adoraban su imagen.*» (Apocalipsis 16:2) El escritor G. Edward Griffin dijo: «*Un chip para cada persona sería el sistema monetario universal por excelencia, porque no habría manera de evitarlo. Estarías bajo el control de los que controlan los impulsos del chip.*» El investigador británico David Icke, durante muchos años ha señalado como peligroso este avance tecnológico: «*Una población controlable por chips electrónicos es el principal objetivo de los Illuminati.*» Según él, ha estado en contacto con personal de la CIA que le confirmaban que se implantarán chip de control a los seres humanos (atendamos a que la palabra "illuminati", es etimológicamente acadia, y viene de la voz "Ilu", que significa: "grande", "ilustre" o "señor", que era el término con el que ellos llamaban a sus dioses; dioses que a sí mismos se denominaron Anunnaki, en lengua sumeria, es decir: "*aquellos que del cielo bajaron a la Tierra*", refiriéndose a los bíblicos "Nefilím").

Icke añade: «*No es un delirio de ciencia-ficción. ¡Esto ya se produce ahora! Está claro, que no van a decirlo francamente porque saben, que mucha gente se resistiría. Lo introducen poco a poco para esconder su verdadero objetivo. Empezaron por implantarlo a los animales. En un principio, solo si lo querían los propietarios. Ahora se está volviendo una ley. Y el mismo método será utilizado para los humanos.*» Políticos reconocidos han ido más lejos diciendo que «*al ritmo que la tecnología avanza, la gente empezará a implantar chips en nuestros hijos para hacer publicidad directamente en su cerebro y les dirán qué tipo de productos comprar.*» (Hillary Clinton en la Kaiser Family Foundation el 20 de julio de 2006) Carl Sanders, inventor de los microchips para la implantación humana, afirma que existe un plan para introducir en todas las personas un biochip con 18 dígitos (6 + 6 + 6), que sería controlado por un superordenador en Bruselas llamado "La Bestia Belga". La Comunidad Europea conectará 340 millones de personas a esta bestia informática, la primera y mayor de una serie de 10 grandes ordenadores cuya misión sería mantener un férreo control económico sobre toda la población del planeta. El ex Senador de EE.UU., Aaron Russo, dijo en una entrevista con Alex Jones: «*La mayoría de gente no tiene ni idea que banqueros no elegidos realmente controlan los gobiernos de este mundo. [...] Los bancos centrales del mundo están trabajando juntos para crear un Gobierno Único Global. Un estado policial global tan siniestro como imaginó George Orwell. Cada persona en el planeta Tierra tendría su chip RFID debajo de la piel.*»

Esta profecía bíblica del chip podría comenzar en breve a tener lugar. El temible microprocesador de control global ha sido recientemente aprobado en los EE.UU. (mediados de 2012). Un microchip implantado debajo de la piel, en la mano derecha, es cada vez más un hecho irrefutable e imperativo que hará que todos los seres humanos en la Tierra sean controlados por una red mundial de ordenadores y satélites. El primer país en hacerlo oficial ha sido EE.UU. y la ley viene como Reforma Sanitaria de Barak Obama, siendo una Ley de Cobertura Universal de Salud que comenzará a tener lugar entre abril y mayo del 2013 –siendo desarrollado desde ese año hasta perfeccionarlo en 2014. Esto viene a raíz de largos debates, no sólo en torno a la libertad personal en los futuros poseedores del chip, sino en la eventual caída del dólar que vendría acompañado de esta "Marca de la Bestia". El reporte original afirma que «*El impacto real de esta ley está escondido en los detalles de sus más de 2.000 páginas. Las modificaciones de la ley de Salud Pública entrarán a regir en tres años, o sea a partir de marzo/abril del 2013.*» La Ley decretada por el gobierno de los EE.UU. estipula en la sección 2521, página 1000, que «*El gobierno establecerá un Registro Nacional de Dispositivos Médicos para facilitar el análisis de los datos resultantes y la seguridad de cada dispositivo que sea, o haya sido, usado en un paciente; y sea un dispositivo de clase III; o un dispositivo clase II.*» El dispositivo de clase II es implantable y considerado «*de soporte o sustento de vida.*»

En la página 1004 describe lo que significa el término "datos" usado en el párrafo 1, sección B: «*En este párrafo, el término "datos" se refiere a la información referente al dispositivo descrito en el párrafo 1, incluyendo datos de órdenes médicas, datos de consultas de los pacientes, archivos de análisis estandarizados que permitan la estadística y análisis de datos procedentes de diferentes entornos de datos, registros electrónicos de salud, y cualquier otra información considerada apropiada por el Ministerio.*» Añade otro reporte al respeto. Un dispositivo de clase II implantable es un minúsculo aparato que ya ha sido aprobado por la FDA, y se trata de un «*sistema transponedor de radio frecuencia implantable para la identificación del paciente y la información de su salud.*» La versión oficial es que el objetivo del dispositivo de clase II es recoger datos en los pacientes médicos, tales como «*datos de las órdenes médicas, los datos de la consulta de los pacientes, los archivos de análisis estandarizados que permitan la estadística y análisis de los datos procedentes de diferentes entornos de datos, registros de salud electrónicos, y cualquier otra información que considerada apropiada por el Ministerio.*» Esta nueva ley - al ser implementada - proveerá el marco para hacer de los Estados Unidos la primera nación en el mundo en requerir que cada uno de sus ciudadanos tenga implantados en ellos un microchip de identificación por radiofrecuencia (RFID) con el propósito de controlar quién es la persona y permitir el seguro de salud en su país.

También en la Cobertura de Salud H.R. 3200 (Healthcare Bill H.R.) 3200, en la página 1006 se dice que va *«a ser implementada en los 36 meses de vigencia»*, y en la página 503 aclara que los americanos serán monitoreados: *«...vigilancia del dispositivo médico.»* Si este sistema comienza en los EE.UU. ¿cuánto creen que tardará Europa en aceptarlo? Otro reporte sobre el tema cita: *«¿Porqué el gobierno usaría la palabra "vigilancia" al referirse a ciudadanos? La definición de "vigilancia" es el monitoreo del comportamiento, actividades, u otras informaciones cambiantes, comúnmente de personas y siempre de manera secreta. En teoría, la intención de agilizar la asistencia de salud y de eliminar el fraude a través de "chips de cobertura de la salud" parece correcta. Pero, que la única superpotencia del mundo (América, por ahora) obligue al uso (página 1006) de un dispositivo implantable es terrorífico.»* El ex ministro de Salud y Servicios Humanos (HHS), Tommy Thompson, quien sirvió en el primer mandato del gobierno de George W. Bush, se unió a la junta de directores de Applied Digital, el propietario de VeriChip.

Esto va aún más allá, pues la Sección 163 de la HR 3200, permite que el gobierno, de manera directa, tenga acceso electrónico a tu cuenta bancaria, la que trabajará vinculada al chip implantado. La página 58 de H.R. 3200 líneas 5 a 15 hablan de *«permitir en tiempo real (o casi en tiempo real) la determinación de la responsabilidad financiera de un individuo en el punto de servicio y, en la medida de lo posible, antes del servicio, incluyendo si la persona es elegible para un servicio específico con un médico específico, en una instalación específica, lo que puede incluir la utilización de una máquina que pueda leer el plan de salud de los beneficiarios del seguro; permitirán, cuando sea posible, casi en tiempo real el pago de los servicios médicos.»* Otro de los artículos publicados al respecto reza: *«Esto significa que el gobierno dará a todos una tarjeta de Identificación de Salud, que pueda ser leída (por banda magnética o chip RFID), similar a una tarjeta de crédito. Su número de identificación estará embutido en este chip o banda del dispositivo de Identificación de la Cobertura de Salud, cuando usted visite un proveedor de servicios médicos, las órdenes médicas serán procesadas mientras todavía se encuentre en la oficina o instalación. Los proveedores de servicios médicos se pagarán en tiempo real. La parte que se le deba será deducida de su cuenta bancaria, en tiempo real, de acuerdo a la HR 3200.»* Esta sección añade: *«que puede incluir la utilización de una máquina que pueda detectar y leer el plan de salud de los beneficiarios de la tarjeta de identidad.»*

HALLAN UN MICROCHIP en el Cráneo de Napoleón

¿Tendrá alguna relación el chip con los extraterrestres? Ya desde hace décadas en Área 51 eran utilizados chips para los trabajadores de las áreas subterráneas del complejo, como sistema de seguridad y siendo idea de quienes aportaban tecnología a los militares. Ahora bien, ¿en el pasado ya usaban chips? Bueno, científicos que examinaron los restos de Napoleón Bonaparte admitieron que quedaron "profundamente sorprendidos" por el descubrimiento de un microchip incrustado en su cráneo, el cual tenía 1 cm de largo. Los que lo estudiaron dicen que el misterioso objeto podría ser un implante extraterrestre, algo que sugeriría que el emperador francés fue una vez secuestrado en un OVNI, y lleva a pensar si en la vida de Hitler pudo ocurrir algo similar (esto explicaría muchas cosas extrañas en torno al Fürher). *«Las posibles ramificaciones de este descubrimiento son demasiado grandes para comprender»*, declaró el doctor André Dubois, quien hizo la revelación sorprendente en una revista médica francesa. Hasta ese momento y de forma oficial, todo indicaba que los que han sido víctimas de secuestros extraterrestres son personas corrientes que no desempeñan ningún papel en los acontecimientos mundiales, no obstante, añadió Dubois, «*ahora tenemos evidencia convincente de que los extraterrestres hayan actuado en el pasado para influir en la historia humana, y pueden seguir haciéndolo.*»

El doctor Dubois hizo el sorprendente hallazgo al estudiar el esqueleto exhumado de Napoleón, bajo un presupuesto de trabajo de 140.000 dólares del gobierno francés. «*Yo esperaba determinar si sufrió de un trastorno de la hipófisis que contribuyera a su pequeña estatura*», explicó. «*...el objeto era una especie de microchip súper-avanzado.*» En lugar de lo que se esperaba, el investigador encontró algo mucho más extraordinario: «*Al examinar el interior del cráneo, mi mano rozó a través de una pequeña protuberancia.*» Entonces miró el área bajo la lupa y se sorprendió al encontrar que el objeto era una especie de microchip súper-avanzado. Desde el punto de crecimiento del hueso alrededor del chip, el experto considera que se implantó cuando Bonaparte era joven: «*Napoleón desapareció de la vista durante un período de varios días en julio de 1794, cuando tenía 25 años. Posteriormente declaró que había estado preso durante el golpe de estado Themidorian, pero no hay registros de que el arresto exista. Yo creo que es cuando se produjo el secuestro.*» Desde ese momento, el ascenso de Napoleón fue meteórico. Al año siguiente, había sido puesto a cargo del ejército francés en Italia. En 1804, después de una serie de victorias sorprendentes, el pequeño general se coronó emperador de Francia y su imperio pronto se amplió para incluir lo que hoy es Alemania y Austria, así como Suiza, Italia y Dinamarca.

«*Napoleón utilizó estrategias militares, más de un centenar de años por delante de su tiempo*», dijo el doctor Dubois. «*Tal vez el implante de alguna manera mejoró sus habilidades.*» El implante también podría explicar la costumbre famosa de Napoleón de poner su mano sobre su corazón, añadió. «*Es posible que el dispositivo afectara las señales eléctricas de su cerebro a su corazón.*» En el momento de su derrota ante los ingleses en Waterloo, en 1815, Napoleón había alterado la faz de Europa. *«Lo que la historia de Occidente habría sido si los extraterrestres no hubieran intervenido, sólo podemos imaginarlo»*, observó el doctor Dubois. *«Por lo tanto no podemos saber si se actuó para ayudar a la humanidad o hacernos daño.»*

Chips en la Actualidad

Hoy se habla ya de pastillas ingeribles. Se trata de un microchip encapsulado como una pastilla, tan grande como un grano de arena, que al entrar en contacto con algunos fluidos gástricos genera electricidad para funcionar. Una vez activado dentro del cuerpo, que monitorea la salud y envía información a la empresa proveedora de servicios médicos a través de un parche en la piel que se le instalará al paciente. La pastilla inteligente, como se le ha llamado fue aprobada por a la FDA (Administración de Alimentos y Medicinas de Estados Unidos, por sus siglas en inglés). Esto, entre muchas cosas, ayuda a esas personas que no tienen tiempo para ir al médico a hacerse un chequeo general o necesitan cuidarse si tienen una enfermedad crónica (Fuente: http://www.enter.co/secretosdetecnologia/pastilla-con-microchip-es-aprobada-por-la-fda/).

Las grandes empresas de desarrollo de microprocesadores presentan nuevas propuestas para controlar digitalmente la glucosa en el cuerpo por medio de un implante de chip bajo la piel que regula y advierte sobre los cambios en patrones corporales (http://www.positiveidcorp.com/products_glucochip.html) Invitamos también al investigador a averiguar sobre los desarrollos de Mondex, una importante empresa británica pionera en el desarrollo de Smart Cards (Tarjetas Inteligentes) con el fin de manejar un sistema monetario virtual por medio de microchips (http://en.wikipedia.org/wiki/Mondex) El nombre Mondex es una abreviación de: "Money" ("dinero", en inglés) y "Dextera" ("derecha", en latín), o sea, "dinero manejado por el lado derecho" concretamente desde la mano derecha.

Tras la aprobación de la ley para la Seguridad Social en los EE.UU. a través de un nano-chip implantado en la mano derecha para abril del 2013, hecha por Barack Obama, otros países han comenzado ya la carrera hacia el avance en dicho desarrollo, a pesar de sus implicaciones negativas previamente expuestas y analizadas (http://elobservatoriodeltiempo.wordpress.com/2012/04/23/eeuu-implementa-el-microchip-rfdi-obligatorio-a-personas-para-2013/). Ya países como España están siguiendo los pasos de los EE.UU., incluso tras ser pioneros en la implantación de chips para acceder a discotecas, en relación a la Seguridad Social, aunque se estima que pronto será también un sistema global financiero (http://despierten.wordpress.com/2012/01/12/chip-humanos-internet-vigilado-alimentos-controlados-que-sera-viene/)

El microchip está en fase de validación clínica en varios países como Alemania, España y Reino Unido, para poder aplicarla pronto como sustitutivo de las tarjetas de la Seguridad Social, aunque se sabe que el fin a corto plazo es su uso como sistema virtual de divisa global (http://taximarbella.blogspot.com.es/2012/05/obama-aprueba-la-implantacion-del.html). En Israel el problema de la seguridad ha llevado al gobierno a dar una solución: un chip implantado para saber dónde está cualquier persona en caso de secuestro. La noticia no se ha hecho esperar y muchos israelíes se quejan de la violación de su privacidad al dejar sus datos personales al alcance de quien controle los microprocesadores, pero consideran la seguridad una prioridad mayor. Toda esta información está abiertamente expuesta por sus directores (http://es.wikipedia.org/wiki/Verichip).

De manera que hablamos de la clara materialización de una de las profecías bíblicas más terroríficas podría tener lugar desde abril del año 2013, la Marca de la Bestia citada en el Libro del Apocalipsis del apóstol Juan (http://www.fda.gov/downloads/MedicalDevices/

DeviceRegulationandGuidance/GuidanceDocuments/ ucm072191.pdf y http://www.dailypaul.com/node/105079 y http://current.com/items/90842279_coverage-under-obamacare-will-require-an-implantable-microchip.htm).

Científicos del Instituto de Física de la Academia de Ciencias de Rusia, en cooperación con investigadores japoneses, anunciaron en 2011 la creación de un chip superconductivo que puede asumir el papel de un átomo artificial. A partir de ahora, el hombre puede generar niveles de energía diferentes de los que generan los átomos creados por la naturaleza. Según explicó uno de los autores de la creación, Yuri Pashkin, sobre un chip de silicio se pueden crear átomos artificiales con las propiedades previamente indicadas. Gracias a que tienen mayores dimensiones que los átomos naturales, los átomos artificiales interactúan más intensamente con la radiación electromagnética. Estos átomos pueden servir como componentes de un aparato técnico, por ejemplo, de un generador cuántico como láser.

La nueva estructura será muy útil para la ciencia. Los expertos afirman que a partir del único "átomo artificial" se pueden crear láseres que se pueden emplear en las computadoras. Asimismo, se puede modificar la frecuencia de radiación de estos átomos y utilizarlos para el análisis espectral con diferentes fines prácticos: desde la detección de sustancias explosivas y de drogas, hasta un diagnóstico rápido del estado de salud a través del análisis del aire expirado. Según comentó el director del Departamento de Superconductividad de Alta Temperatura y Nanoestructuras del Instituto de Física, Vladímir Pudalov, hace ya 15 años que los científicos aprendieron a crear átomos artificiales, pero solamente como experimento. Es la primera vez que se logró crear un dispositivo real. *«Es un éxito sobresaliente»*, comenta el académico.

Vaticano pide un Banco Central Mundial

En el documento "Por una reforma del sistema financiero y monetario internacional en la perspectiva de una autoridad pública con competencia universal", presentada por el cardenal Peter Turkson, presidente del Consejo Pontificio Justicia y Paz, el Vaticano aboga por tasar las transacciones financieras, proponiendo un líder "universal" en asuntos financiero y un Banco Central Mundial. No siendo suficiente con el robo que han generado sobre el mundo los bancos centrales, ahora Vaticano continúa su línea de apoyo para la aparición o levantamiento de un personaje que dirija un único y soberano banco sobre todos los demás, el cual sea "puesto" por el propio pueblo. La crisis económica, agrega este documento, que se inspira en la encíclica de Benedicto XVI "Caritas in veritate" (Caridad en la verdad) de 2009, está causada por el utilitarismo, el individualismo y la tecnocracia, "tres ideologías que tienen un efecto devastador".

«Esa Autoridad supranacional debe ponerse en marcha de manera gradual con el objetivo de favorecer mercados libres y estables, disciplinados mediante un adecuado cuadro jurídico», señala el documento, que agrega que se trataría de *«una autoridad planetaria que no puede ser impuesta por la fuerza, sino que debería ser expresión de un acuerdo libre y compartido.»* Esta autoridad debería estar a disposición de los países miembros según el principio de subsidiariedad, ofreciendo su apoyo en el respeto de la libertad y de la responsabilidad de las personas y la comunidad. El documento también incide en la necesidad de reformar el sistema monetario internacional y la creación de un organismo "que actúe como un Banco central mundial", que regule el flujo y el sistema de los intercambios monetarios.

La idea es que los estados cedan de manera gradual y equilibrada una parte de sus atribuciones nacionales a una Autoridad Mundial. *«Hoy se ve como surrealista y anacrónico que un estado considere que puede conseguir de manera autárquica el bien de sus ciudadanos. La globalización está unificando a los pueblos, llevándolos hacia un nuevo 'estado de derecho' a nivel supranacional, hacia un nuevo modelo de sociedad internacional más cohesionada...»* (http://www.intereconomia.com/noticias-gaceta/sociedad/ vaticano-pide-un-banco-central-mundial-20111024).

5.

ARMAGEDÓN

LA APOSTASÍA

Pablo dejó claro que antes de la llegada del Señor vendría el distanciamiento y se manifestaría el Hijo de la Perdición. ¿Qué es ese distanciamiento? Llamado "apostasía", por el idioma griego, representa la desvitalización y alejamiento de la verdad de Cristo y los apóstoles por parte de quienes creen en Jesús y tratan de seguirle, o sea, los cristianos. Muchos estudiosos, especialmente los creyentes en "El Reino Ahora", pasan por alto este importante hecho. Jesús mismo preguntó retóricamente: «*Cuando venga el hijo del hombre, ¿hallará fe en la Tierra?*» en aquel entonces todos estaban al corriente de que antes de la llegada del señor tendrían lugar estas dos cuestiones y hoy sabemos que el cristianismo, tristemente, es una pantomima y un escenario manipulado por el satanismo del Vaticano de manera indirecta y gracias a la manipulación e influencia de los jesuitas en el movimiento carismático y pentecostal: «*El diablo se está moviendo a través del movimiento carismático para deleite del Vaticano. Hemos sido traicionados por nuestros líderes "cristianos". En vez de contender por la fe (Judas 3), se han convertido en fariseos, y han comenzado a jugar a la política. Los han puesto sobre pedestales, y han transigido con el diablo. Predican amor y unidad con el Vaticano, en vez de predicar, "...salid de en medio de ellos, y apartaos, dice el Señor..." (2 Corintios 6: 17)*» (ex jesuita de alto rango, Dr. Alberto Rivera en sus crónicas).

Según el ex jesuita Dr. Alberto Rivera, muchos ministros evangélicos han sido comprados por el Vaticano, o amenazados de alguna manera, y luego en sus sermones ya no ha existido el más ligero matiz de desaprobación, ni alusión al catolicismo romano. Pero él no es el único ya que también esto es confirmado por ex brujos, o por ex satanistas como William Schnoebelen, quien asegura: «*Créame que puede estar seguro de que cualquier iglesia de más de cincuenta miembros, tiene brujos y brujas presentes en su medio, durante cualquier servicio dominical.*» (Lucifer destronado. Pág. 220). Una de las facetas más claras para ver que el cristianismo se ha desfasado es la creencia en el post-milenarismo, es decir, que solo tras una predicación global vendrá Jesús y que los profetas y apóstoles se están reestructurando –básicamente. Esta es la conclusión a la que llega un pastor llamado Robert S. Liichow, que estuvo en ese mover, y del cual salió cuando buscó realmente la verdad: «*Concluyendo, todo lo que quiero decir, es que el Nuevo Orden del Latter Rain está vivo y marchando con éxito. Como mínimo más de un millón de personas suscriben sus doctrinas, y sus iglesias son de entre las más grandes y de crecimiento mayor en el mundo.*»

Uno de los más prestigiosos historiadores de la Iglesia, dijo: «*El punto más chocante en la escatología de la era pre-nicena (antes del año 325), es el prominente Milenarismo; es decir, la creencia del reino visible de Cristo en gloria sobre la Tierra con los santos resucitados durante mil años, antes de la resurrección general y el juicio.*» Aun con todo la Apostasía motivada por los jesuitas, por mandato del Vaticano, tiene sofocado y controlado al mundo cristiano en un gran engaño al que entran millones y del que participan millones. De manera que hoy este escenario ya está dispuesto, solo hace falta el punto de la aparición del Falso Profeta y avances en los eventos internacionales, especialmente notables en áreas bélicas, políticas y monetarias.

2012

La fecha del final del año 2012 se ha convertido en un símbolo para el mundo. Las teorías desde el fin del mundo, el retorno de

Jesucristo, la elevación de plano dimensional humano, la dominación Illuminati, hasta el mero hecho de que no ocurra absolutamente nada relevante, son los conceptos que se ventilan constantemente al hablar del intervalo cronológico que comprende 2012-2013 d.C. La popularidad de las 7 Profecías Mayas y otras fuentes, han inspirado incluso muchas películas modernas, incluso surgidas de tergiversaciones bíblicas intencionadas. Con el pretexto de que la primera profecía maya dice que a partir de 1999 nos quedan sólo 13 años para que el hombre realice los cambios de conciencia y actitud para evitar la destrucción de su propio mundo, que sucederá según los mayas en el 2012, se ha sembrado miedo mal canalizado en vez de una concientización social. ¿Para qué puso el Señor las profecías? ¿No era acaso para que supiésemos que nuestros actos tendrán una verdadera repercusión? Una cosa es concienciarse y otra atemorizarse. Si a veces la preocupación o una llamada de atención advierten a alguien para cambiar de actitud, está correctamente dirigida. Pero si es para eliminar la esperanza y sembrar terror, ésta no es correcta ni apropiada, y es lo que está sembrando la élite de los EE.UU. por medio de Hollywood.

Una pregunta que resuena normalmente es: ¿cómo sabían los mayas sobre lo que ocurriría entre 1999 y 2013 de nuestro calendario? El Espíritu Santo ha dejado constancia de las cosas que habían de venir, como testimonio a todas las naciones. Esto ocurre con las profecías, ya sean mayas, hebreas, hopi, nórdicas, islámicas, persas o egipcias. Con base a la segunda de las Siete profecías mayas, que dice que habrá mucha tribulación, desesperación que afectará a la población mundial, la gente suele asustarse. Lo que se advirtió no fue un evento, sino varios. Acontecimientos, tanto positivos como negativos. Haciendo una síntesis del material adquirido por diversas fuentes -entre ellas militares, proféticas y de servicios secretos-, encontramos que hay un plan de la élite mundial en globalizar el mundo y crear una única religión ficticia. Oficialmente quienes gobiernan el mundo son los presidentes de los países, pero no es así en la realidad (detrás de la cortina), y son más bien los Illuminati (los verdaderos gobernantes), los que quieren mezclar eventos creados por ellos para una mayor dominación, con eventos externos que están fuera de sus manos y que muy posiblemente tengan lugar en la transición de los años 2012 y/o finales del 2013. Son estos "Illuminati", los siervos directos en la Tierra que tienen Satanás y sus demonios.

Aún las sectas más estrafalarias están al corriente de que las cosas van a cambiar drásticamente. Desde el punto de vista Nueva Era, nos aproximamos a un evento que suele ocurrir cada 26.000 años, aprox. Una alineación desde el centro de la Vía Láctea generaría un cambio dimensional del plano desde donde nos encontramos, hacia arriba, y un cambio solar de cada 11 años. Esto quiere decir que, si nos hallamos como seres de Tercera Dimensión, pasaríamos a ser de Cuarta Dimensión –una elevación que nunca antes le había ocurrido a la raza humana. Igualmente se habla de la entrada de una nueva era zodiacal estando en la Era de Acuario. Lo cual ocurre cada 2.160 años y que cambió por última vez en la era de Jesucristo: *"esta generación"*. Bíblico o no, el hecho es que las cosas están cambiando como nunca lo han hecho, aunque los conceptos de la Nueva Era estén orientados a una falsa esperanza en seres astrales que no son otros que las fuerzas del Dragón engañando.

Desde el punto de vista maya, habría 7 eventos, los cuales involucrarían la acción de la naturaleza por culpa del hombre, empezando con un caos y tribulación en el planeta. Entonces vendrán cambios climatológicos que vivirá la Tierra. Señalan con total precisión, cómo el calor aumentará en todas las regiones del mundo, produciendo cambios climatológicos, geológicos y sociales nunca antes vistos. Por esto habría un derretimiento de los polos y subidas del nivel de los océanos. Los mayas dicen que entonces habrá un cambio en la humanidad y nuestra raza será "redimida", o sea, será pagado el precio de nuestra liberación espiritual y ascensión, exactamente lo mismo que dijo Jesús y que advirtieron los profetas. También advierten de un cometa que se acerca y que consigo traerá múltiples cambios sociales –no dice que ese cometa se estrelle con la Tierra, sino que consigo vendrán cambios. Entonces, el hombre será uno con el universo reconciliándose con la creación y viviendo en armonía. Si bien, todas estas ideas son las que están promoviéndose de modo desinformativo para promover la llegada de Satán y la aceptación social del Falso Profeta.

Desde el punto de vista bíblico, habrá posiblemente un asedio a Jerusalén por parte de muchos países musulmanes unidos con el fin de destruir Israel. Tendrá lugar entonces la mayor abducción masiva de toda la historia conocida. Desaparecerán millones de personas en todo el globo en un avistamiento mundial de miles de objetos en el cielo. Seguidamente se levantará un imperio global que traerá la esclavitud a todos los seres humanos por 3 años y medio. Será impuesto a cada persona un microprocesador en la mano derecha que reemplace el dinero y la identificación personal, y será el ícono del Gobierno Mundial. Los seres humanos serán controlados y manipulados por este Gobierno denominado Behemot (La Bestia). Un gobierno que será ayudado por fuerzas que no son de este mundo, es decir, no-terrestres. Este nuevo gobierno hará toda su voluntad y engañará a la raza humana con tecnología desconocida para nosotros ahora mismo. Entonces se levantará una guerra en el Valle de Josafat (las afueras de Israel) que será más atroz que todas las guerras humanas de toda la historia. Una vez pasen 5 meses, Jesucristo mismo regresará en carne y huesos y dominará la Tierra trayendo un milenio de utopía.

La sociedad ufológica no está exenta de estas teorías. También los creyentes e investigadores del fenómeno OVNI dicen que vendrá una raza extraterrestre positiva que sacará a miles de personas de este mundo antes de que lleguen otras fuerzas negativas. Los ufólogos dicen que esas fuerzas negativas tienen cruces genéticos, líneas de sangre con reyes de la Tierra, es decir, han hibridado con humanos desde tiempo antiguo para ir reemplazándolos e ir instaurando a sus propios jerarcas que hoy serían la monarquía británica y las otras casas reales europeas. Ellos darían todo su poder (Dragón) al sistema global unido (La Bestia) y controlarían al mundo. Un tiempo después volverían los extraterrestres positivos y vencerían a los estamentos del imperio Dragón instaurando un reinado crístico de luz. No obstante, incluso en la ufología hay matices gnósticos y de la Nueva Era que serán usados en contra de sus seguidores para confundirlos y que acepten al Inicuo.

Desde el punto de vista conspirativo, es decir, información filtrada de militares, científicos y servicios secretos, se confirman, tanto las teorías Nueva Era, las ufológicas y las mayas como las bíblicas, y añaden datos más explícitos y técnicos sobre estos eventos. Se dice que está en función un plan con redes satelitales (Beams) conectados a superordenadores (el mayor de ellos en Bruselas). Estos satélites tendrán una tecnología incorporada para generar hologramas tridimensionales en la atmósfera e inclusive para generar "mensajes artificiales" que pueden ser recibidos mentalmente por los seres humanos. Con esto crearán un "dios" que se comunica con ellos y lo pueden ver. El objetivo: crear un dios artificial y una nueva religión mundial que están preparando los Rothschild y la Reina de Inglaterra. Así dirán que todas las otras religiones estuvieron siempre equivocadas o mal interpretadas. Parte de este plan será invitarse una invasión extraterrestre. Utilizando también estas redes satelitales, proyectarán hologramas espaciales haciendo creer al mundo que alienígenas predadores vienen a tomar la Tierra. Esto obligará a todas las naciones a liberar su arsenal nuclear al espacio, quedando desarmadas ante la única potencia con capacidad atómica: la OTAN (el Ejército Único Mundial).

Sergie Monast, un investigador canadiense, que fue el primero en hablar de esta conspiración de la ONU y la NASA, fue asesinado de forma brutal para que los que siguieran este tema se atemorizaran y no lo divulgasen –todo esto lo puede investigar usted mismo. Así mismo su hija fue secuestrada para presionarlo, pero al no conseguirlo le mataron a él, y su hija nunca fue devuelta. Rik Clay, un joven investigador, que llevaba el blog de The Cosmic Mind y hablaba sobre simbología del Nuevo Orden Mundial y los Illuminati, habló 4 horas con la emisora de radio Red Ice Creation sobre el Blue Beam y comentó lo que hará este Blue Beam Project desde los Juegos Olímpicos de Londres de 2012 –aunque esto aparentemente no ocurrió. Rick Clay fue asesinado después de esto. Se dijo oficialmente que se había suicidado. Sus amigos dijeron que era mentira, él estaba bien y feliz hasta que nadie supo más de él por varios días. El gobierno iraní ahora reclamó a la dirección de los Juegos Olímpicos diciendo que se han documentado sobre lo que quieren hacer y dijo que harían un boicot si no cambiaban el logotipo de "2012", no pudiendo presionar por ninguna excusa más para no parecer teóricos de la conspiración –al parecer el gobernó de Irán, sabe lo que le ocurrió a Rik Clay y que los sionistas británicos de la élite tramaban un engaño global muy grande. Lo que ahora se especula es que han dejado que muchos rumores se muevan y han dejado de mover fichas para que la sociedad se "queme" con rumores y al final cansen al pueblo de falsos comentarios y predicciones, y así terminen por no querer oír nada o no creerle a nadie.

Repecto al falso arrebatamiento y estos hologramas, la razón de este engaño a los cristianos y musulmanes es saber quiénes son oposición al Nuevo Orden Mundial, porque para los Illuminati los musulmanes, los cristianos y los activistas son potencialmente peligrosos y deberán ser encarcelados en los campos de concentración del FEMA –más de 800 centros carcelarios creados y en funcionamiento dentro del territorio de los EE.UU. Los desarrollos tecnológicos de las potencias mundiales (el gobierno planetario) unidos en la OTAN, militarizarán completamente la estratósfera para crear una barrera protectora para evitar lo que ha sido descrito como "Amenaza Planetaria". Es decir, el regreso material del Hijo de Dios para derrocar al gobierno global Illuminati. Esto se conoce como el decreto de Ronald Reagan a las Naciones Unidas como barrera continental antimisiles, o más bien "Star Wars". ¿Por qué Ronald Reagan le llamó "Guerra de las Estrellas" si es un plan para defender EE.UU. de otras naciones y no a la Tierra de naciones alien? ¿O sí? Entonces ¿qué hay detrás de todo esto? Mientras nos sea posible seguiremos ofreciendo información, pero, observe el lector cómo EE.UU. está derrocando directa e indirectamente a todos los líderes musulmanes: la oposición al Nuevo Orden Mundial, que ha sido ciertamente descrito como Nuevo Orden Comunista Global. El panorama sería decir a los creyentes: "ey, Jesús está en tal lugar, ¡vayan!" Lo cual es precisamente la trampa a los creyentes antes del verdadero Arrebatamiento y de ahí que Jesús dijera: «*si os dijeren: "helo aquí o helo allí" no lo creáis.*» Puesto que la venida será desde arriba con sus mensajeros, con poder y gloria, y todo ojo le verá.

Este año es el centro o foco de muchas teorías finmundistas de variada índole:

• El calendario maya termina en 2012 con el regreso de su dios dragón volador Kulkulkan. Según las antiguas inscripciones mayas, en 2012, el dios del inframundo maya, Bolon Yokte Ku, también regresa.

• El calendario azteca termina en el 2012 y su dragón volador, el dios Quetzalcóatl, vuelve.

• El calendario de los indios cherokee termina en el año 2012 y declara sobre un dios serpiente de cascabel volador. Las "Profecías Cherokee serpiente de cascabel", también conocida como la "Profecía Chickamaugan" o las "Profecías Cherokee constelación de estrellas", son parte de una serie de profecías apocalípticas hechas por los miembros de la tribu Cherokee durante 1811-1812. Al igual que los mayas, el calendario Cherokee termina misteriosamente en el año 2012, cuando los fenómenos astronómicos relacionados con Júpiter, Venus, Orión y las Pléyades hacen que los "poderes" de los sistemas estelares estén prestos a "despertar".

• El calendario hindú Kali Yuga termina en el año 2012 en la conclusión de la era del "demonio masculino."

• Según el libro, Apolión Rising 2012, la profecía de la Sibila de Cumas en el Gran Sello de los Estados Unidos (Novus Ordo Seclorum) hay puntos para la venida del Anticristo en el año 2012.

• Más de 260 años atrás, el líder del primer gran avivamiento cristiano en los Estados Unidos, Jonathan Edwards, ligadaba la llegada del Anticristo y el período de gran tribulación para el calendario 2012 y 2016.

• 130 años después, en 1878, el reverendo William J. Reid hizo lo mismo, y escribió en sus "Conferencias sobre la revelación" sobre el sistema papal: «*... estamos preparados para responder a la pregunta: ¿Cuándo pasará el sistema papal llegado a su fin? Va a ser destruido en el año 2012.*»

• También de interés es el proyecto Web Bot, que se desarrolló a finales de 1990 para el seguimiento y predicciones del mercado de valores. Esta tecnología rastrea el Internet, al igual que un motor de búsqueda, el rastreo de palabras clave y de "charla" con el fin de aprovechar el "inconsciente colectivo" de la comunidad mundial de puntos de inflexión con respecto a los patrones de compra anteriores, actuales y futuros. En 2001, los operadores comenzaron a darse cuenta de lo que parecía ser más que coincidencias, y que el "bot" fue adquiriendo una mente propia, prediciendo con exactitud más predicciones de mercado justo ahí, incluyendo junio de 2001, cuando el programa predijo que un cambio del sistema de vida se harían sentir en todo el mundo, y este se llevaría a cabo dentro de los 60 a 90 días. El 11 de septiembre de 2001, las Torres Gemelas del World Trade Center cayeron. El Web Bot también predijo el ataque con ántrax de 2001 sobre Washington DC, el terremoto que se produjo el 26 de diciembre de 2004, el tsunami, el huracán Katrina, y más. El Web Bot ha predicho una devastación global para finales de diciembre de 2012.

• En 2008, Henry Kissinger, predijo la llegada del Nuevo Orden Mundial en 4 años – 2012.

• En 2012, los Estados Unidos eligen a un presidente.

• En 2012, las Naciones Unidas reciben nuevos líderes.

En cuanto a los primeros escritores americanos como Jonathan Edwards y el reverendo William J. Reid, sostuvieron que el tiempo más probable para el reinado del Anticristo era 1260 años después del año 756 (en vías de adhesión del poder temporal del Papa), parece prudente observar que 1.260 + 756 = 2016 y cae en el rango de 3,5 años a partir de junio de 2012. Otro ejemplo está en el libro Apolión, donde entra en detalles mucho más sobre el significado oculto de estas fechas de 2012 y 2016, las cuales vuelven a aparecer en ocasiones numerosas en relación a una profecía masónica que implica la llegada de Hiram / Osiris / Apolo (conectados especialmente a la fecha de 2016), y que representa –para los defensores de la teoría del 2012- la "mitad de la semana" de la Gran Tribulación, cuando Apolo (el Anticristo) se presentará como Dios y establecerá la "abominación" en Jerusalén. Este escenario habla del marco de tiempo entre finales 2012 y 2016 (3 años y medio). En relación a esta teoría, los defensores hablan de la consideración de que el 21 de junio de 2016, marca exactamente 3 años y medio desde la fecha de terminación del calendario maya (21 de diciembre de 2012), y además marca el solsticio de verano en el Hemisferio Norte y el solsticio de invierno en el Hemisferio Sur, cuando una cúspide en línea se crea entre Géminis y Cáncer, los signos que el célebre masón David Ovason dice que tienen profundo significado astrológico en relación al destino de la fundación y el secreto de los Estados Unidos.

En torno a esta idea y los matices de las hipótesis relacionadas, también se señalan otras fechas y cálculos. Algunos eruditos creen en un período de no más de 70 años (un tipo de generación bíblica) transcurrirán entre la reforma de Israel como nación y el retorno de Jesucristo. Cuando los 70 años se agregan a 1948 (el año en que Israel fue reconocido formalmente como nación independiente por las Naciones Unidas), el número lleva hasta el año 2018 –lo que para algunos se asocia con este regreso, aunque es una filosofía netamente postmilenarista. Los eruditos islámicos también ven este momento como proféticamente importante. El autor de "El Día de la Ira", Safar Ibn 'Abd Al-Rahman Al-Hawali, escribe en www.IslamicAwakening.com: «*Cuando Daniel especifica el período comprendido entre el socorro y la ayuda, entre la era de la angustia y la era de la bendición, lo puso como 45 años. Ya hemos visto que se especifica el momento de la creación de la abominación de la desolación en el año 1967, que es lo que en realidad ocurrió. Por lo tanto, el comienzo de la final será 1967 + 45 = 2012.*» Esta opinión se apoya del asalto a Israel en la conocida Guerra de los 6 Días.

Los antiguos mayas reconocen una relación directa entre el número 13 y los años 1776 y 2012 en los ciclos y las ilustraciones, de una manera que al académico Richard N. Luxton le resultaron ser similares a las profecías del pasado "cristiano. El libro "El abogado de los mayas de Yucatán 1539-1638", señaló en el katún 13 Ahau: «*Las fechas que acompañan a las ilustraciones reales de los recuentos aproximados. Katún 13 Ahau terminó en 1539 y se inició en el Conde Colonial en 1776 .... El tema tradicional de acuerdo como el final del ciclo de este katún 13 Ahau en la que se mezclan aquí con los elementos del Juicio Final cristiano. Si este paradigma fue pensado también para la final de la Cuenta Larga en el año 2012 está abierto a la pregunta.*» Las ceremonias religiosas y las profecías mayas, acompañadas de katunes, y la conexión Luxton para el "Juicio Última cristiana" y los 13 katunes (un katún es de aproximadamente 19,7 años) entre 1776 y 2012, se extrae de las profecías del profeta maya Chilam Balam. Escrito alrededor del año 1595, el oráculo Chilam Balam, o chamán "jaguar", dijo que al final de este periodo seríamos testigo del juicio de Dios en forma de colapso social, las epidemias, plagas y el hambre. El mismo período que tiene que ver con la llegada de 2 grandes profetas, uno tras otro, de acuerdo con la profecía maya.

Paul Foster Case escribió hace muchos años que: «*Desde la fecha de 1776, se coloca en el campo de base de la pirámide, y dado que el número 13 ha sido tan importante en el simbolismo de la junta, no es descabellado suponer que los 13 cursos de la pirámide pueden representar períodos de tiempo de 13.*» John Kehne hizo una observación aún más intrigante, justo acoplando la fecha en del Gran Sello de trestleboard de 1776, y la fecha final maya de 2012: «*Este sello muestra una pirámide de 13 escalones con el 1776 en números romanos .... [el año] 1776 no sólo fue el año en que la Declaración de Independencia fue firmada, sino también fue un año especial en el calendario maya. Al igual que el último katún en el Gran Ciclo es "katún de 2012," fue el katún por primera vez en el ciclo de 13 años "katún 1776." De hecho, el katún terminó 33 días antes de la firma. Así que 1776 es el nivel más bajo de la pirámide, donde la fecha en que se inscribe de hecho es la parte superior de la pirámide, por lo tanto, el año 2012.*» cabe señalar que 1776 fue también el año de la fundación oficial de la sociedad bávara de los Illuminati.

La Gran Tribulación

El combate definitivo del que muchos pueblos han hablado desde tiempo antiguo, Armagedón, es la batalla más citada en novelas futuristas. Dicen las profecías que «*será tiempo de angustia, cual nunca fue desde que hubo gente hasta entonces...*» (Daniel 12:1) Y el Señor Jesús advirtió del comienzo de estos días, también, diciendo: «*Aquellos días serán de tribulación cual nunca ha habido desde el principio de la creación que Dios creó, hasta este tiempo, ni la habrá. Y si el Señor no hubiese acortado aquellos días, nadie sería salvo; más, por causa de los escogidos que él escogió, acortó aquellos días.*» (Marcos 13:19-20) Se presume que antes que «*venga el día grande del Señor*» (Joel 2:31 y Malaquías 4:5) Jerusalén será sitiada y «*las potencias de los cielos serán conmovidas*» (Marcos 13:25), trayendo como resultado una gran guerra contra Israel: «*¡Ah, cuán grande es aquel día! tanto, que no hay otro semejante a él; tiempo de angustia para Jacob; pero de ella será librado.*» (Jeremías 30:7) El inicio será en los cielos: «*Porque haré estremecer los cielos, y la tierra se moverá de su lugar, en la indignación de Jehová de los ejércitos, y en el día del ardor de su ira.*» (Isaías 13:13) Por tanto, no hemos de impacientarnos ya que el Señor hará justicia, pasando al mundo por fuego, para que éste sea purificado: «*No os venguéis vosotros mismos, amados míos, sino dejad lugar a la ira de Dios; porque escrito está: Mía es la venganza, yo pagaré, dice el Señor.*» (Romanos 12:19)

Sabemos por Jesús y Daniel que la Abominación Desoladora es algo desastroso y asqueroso que tuvo lugar después de su advertencia (años 66 d. C. al 70 d. C.), e incluso años después en la última deportación (133 d. C. al 135 d.C.). Es más, se repitió algo similar, con ataques a la nación, en la Guerra de los Seis días (1967) y la Guerra de Yom Kippur (1973). No obstante, Gabriel dijo al profeta Daniel que después de la muerte del Mesías la nación sería devastada (Daniel 9:25-27), pero no habló del Armagedón en ese momento. Sin embargo, en otras partes se habla de "poner la Abominación Desoladora" y "quitar el Continuo Sacrificio", por tanto, lo que le profetizó fue la devastación venidera además de la del siglo I d.C. por parte de los romanos (Tito y Adriano) tras la muerte de Tiberio, añadiendo que Israel no dejaría de tener problemas «*hasta que lo determinado se derrame sobre el desolador.*» El propio Jesús describió el día del Señor diciendo que vendría acompañado de grandes terremotos, pestes, guerras, conflictos internacionales, sediciones, fuerte expectación de las gentes, señales en el cielo, hambres y demás acontecimientos que no se dieron en aquel entonces, sino que están teniendo lugar hoy. Además, tras el regreso de Israel en 1945 (Isaías 14:1, Salmo 94:23, Jeremías 33:26 y Ezequiel 39:25) solamente Jerusalén fue capital indivisible, nuevamente, desde la victoria en 1973. Es pues necesario que Jerusalén fuese capital: «*He aquí yo pongo a Jerusalén por copa que hará temblar a todos los pueblos de alrededor contra Judá, en el sitio contra Jerusalén.*» (Zacarías 12:2) En aquel tiempo Jehová ayudará a Israel a dar batalla a todas las naciones vecinas: «*El Señor está a tu diestra; Quebrantará a los reyes en el día de su ira. Juzgará entre las naciones, Las llenará de cadáveres; Quebrantará las cabezas en muchas tierras.*» (Salmo 110:5-6)

Juan escribió en su libro que habría "animales de combate", con corazas fuertes y que lanzarían fuego por las bocas. Estos tanques de guerra están descritos al detalle en el capítulo 9:17 de Apocalipsis, donde se denominan también como «*fieras del campo.*» A estos les designa como parte de "las plagas", una de tres que arrasarán a los hombres. Si bien, no serán solo las armas y la maquinaria de guerra terrestre la que aparecerá en esta guerra, sino gente que viene de más allá del cielo: «*Vienen de lejana tierra, de lo postrero de los cielos, Jehová y los instrumentos de su ira, para destruir toda la tierra. Aullad, porque cerca está el día de Jehová; vendrá como asolamiento del Todopoderoso. Por tanto, toda mano se debilitará, y desfallecerá todo corazón de hombre, y se llenarán de terror; angustias y dolores se apoderarán de ellos; tendrán dolores como mujer de parto; se asombrará cada cual al mirar a su compañero; sus rostros, rostros de llamas. He aquí el día de Jehová viene, terrible, y de indignación y ardor de ira, para convertir la tierra en soledad, y raer de ella a sus pecadores. Por lo cual las estrellas de los cielos y sus luceros no darán su luz; y el sol se oscurecerá al nacer, y la luna no dará su resplandor. Y castigaré al mundo por su maldad, y a los impíos por su iniquidad; y haré que cese la arrogancia de los soberbios, y abatiré la altivez de los fuertes.*» (Isaías 13:5-11)

Los profetas dijeron que Jerusalén sería asolada e Israel atacada, pero sus varones serán fuertes y dominarán contra sus enemigos. Por consiguiente, si se ven en necesidad de ser liberados por el Mesías, eso quiere decir que la guerra se tornará en su contra al final: *«El sexto ángel derramó su copa sobre el gran río Éufrates; y el agua de éste se secó, para que estuviese preparado el camino a los reyes del oriente. Y vi salir de la boca del dragón, y de la boca de la bestia, y de la boca del falso profeta, tres espíritus inmundos a manera de ranas; pues son espíritus de demonios, que hacen señales, y van a los reyes de la tierra en todo el mundo, para reunirlos a la batalla de aquel gran día del Dios Todopoderoso. He aquí, yo vengo como ladrón. Bienaventurado el que vela, y guarda sus ropas, para que no ande desnudo, y vean su vergüenza. Y los reunió en el lugar que en hebreo se llama Armagedón.»* (Apocalipsis 16:12-16) Este punto sobre la provocación a la guerra por parte del mismo Dragón fue ya predicha miles de años antes: *«Porque vi a todos los ángeles del castigo establecerse allí y preparar todos los instrumentos de Satanás. Y le pregunté al ángel de paz que iba conmigo: "¿Para qué preparan esos instrumentos?". Me dijo: "Preparan eso para que los reyes y los poderosos de la tierra puedan ser destruidos.»* (1ª Enoc 53:3-5).

Así entonces se manifestará Jehová nuevamente a favor de su pueblo, como se vislumbra también en relación al final del Milenio: *«En aquel tiempo, cuando venga Gog contra la tierra de Israel, dijo Jehová el Señor, subirá mi ira y mi enojo. Porque he hablado en mi celo, y en el fuego de mi ira: Que en aquel tiempo habrá gran temblor sobre la tierra de Israel; que los peces del mar, las aves del cielo, las bestias del campo y toda serpiente que se arrastra sobre la tierra, y todos los hombres que están sobre la faz de la tierra, temblarán ante mi presencia; y se desmoronarán los montes, y los vallados caerán, y todo muro caerá a tierra. Y en todos mis montes llamaré contra él la espada, dice Jehová el Señor; la espada de cada cual será contra su hermano. Y yo litigaré contra él con pestilencia y con sangre; y haré llover sobre él, sobre sus tropas y sobre los muchos pueblos que están con él, impetuosa lluvia, y piedras de granizo, fuego y azufre. Y seré engrandecido y santificado, y seré conocido ante los ojos de muchas naciones; y sabrán que yo soy Jehová.»* (Ezequiel 38:18-23. Año 586 a.C.)

Otras referencias en relación al castigo sobre los líderes, reyes y poderosos, es también referida por Enoc, lo cual es muy claro sabiendo ya que en estos tiempos serían ellos los directos instrumentos del diablo:

· *«En esos días los reyes, los poderosos y los que dominan la tierra suplicarán a los ángeles del castigo, a quienes habrán sido entregados, para que les den un poco de descanso, y puedan postrarse ante el Señor de los espíritus, adorarlo y reconocer sus pecados ante Él.»* (1ª Enoc 63:1).

· *«Ahora hemos aprendido que debemos alabar y bendecir al Señor de los reyes pues reina sobre todos los reyes". Y ellos dirán: Ojalá hubiera descanso para glorificar y dar gracias y confesar nuestra fe ante su gloria. Ahora suspiramos por un pequeño descanso, pero no lo encontramos, insistimos, pero no lo obtenemos; la luz se desvanece ante nosotros y las tinieblas son nuestra morada por los siglos de los siglos. Porque ante Él no hemos creído ni hemos alabado el nombre del Señor de los espíritus y en cambio nuestras esperanzas estuvieron en el cetro de nuestro reinado y en nuestra gloria.»* (1ª Enoc 63:4-7).

· *«Así, el día de nuestro sufrimiento y tribulación Él no nos ha salvado y no encontramos tregua para confesar que nuestro Señor es veraz en todas sus obras y su justicia y que en su juicio no hace acepción de personas. Desaparecemos de su presencia a causa de nuestras obras y todos nuestros pecados han sido contabilizados justamente. Después ellos se dirán: "Nuestras almas están llenas de riquezas injustas, pero ellas no nos preservan de descender en medio del peso de la muerte". Luego, sus rostros estarán llenos de oscuridad y de vergüenza ante el Hijo del Hombre, serán expulsados de su presencia y la espada permanecerá frente a sus caras. Entonces dijo el Señor de los espíritus: "Tal es la sentencia y el juicio con respecto a los poderosos, los reyes, los dignatarios y aquellos que dominaron la tierra frente al Señor de los espíritus".»* (1ª Enoc 63:8-12).

· *«La asamblea de los elegidos y los santos será sembrada y todos los elegidos se sostendrán en pie en ese día; pero los reyes, los poderosos, los dignatarios y los que dominan la tierra caerán ante Él sobre sus rostros, adorarán y pondrán su esperanza en este Hijo del Hombre, le suplicarán y le pedirán misericordia.»* (1ª Enoc 62:8-9).

· *«...desde ese momento los que dominan la tierra no serán poderosos ni elegidos por más tiempo ni podrán ellos mirar a la cara de los santos, porque será la luz del Señor de los espíritus la que brillará sobre la cara de los santos, de los justos, de los elegidos. Entonces, los reyes y los poderosos perecerán y serán entregados a las manos de los justos y de los santos.»* (1ª Enoc 38:4-5).

· *«¡Desgracia para vosotros poderosos que con la violencia oprimís al justo, porque el día de vuestra destrucción está llegando, el día de vuestro juicio, y en ese tiempo vendrán días numerosos y buenos para los justos.»* (1ª Enoc 96:8).

· *«El Hijo del Hombre que has visto, levantará a los reyes y a los poderosos de sus lechos y a los fuertes de sus tronos; desatará los frenos de los fuertes y les partirá los dientes a los pecadores; derrocará a los reyes de sus tronos y reinos, porque ellos no le han ensalzado y alabado ni reconocieron humildemente de dónde les fue otorgada la realeza.»* (1ª Enoc 46:4-5).

· *«Estos que juzgan a las estrellas del Cielo, que levantan sus manos contra el más Alto, que oprimen la tierra y habitan sobre ella, cuyas acciones expresan todas injusticia, cuyo poder reside en su riqueza, cuya confianza está puesta en los dioses que ellos han hecho con sus manos: ellos niegan el nombre del Señor de los espíritus; ellos persiguen sus congregaciones y a los fieles, a quienes condenan en nombre del Señor de los espíritus.»* (1ª Enoc 46:7-8).

· *«En estos días los reyes de la tierra y los poderosos que dominan la tierra tendrán el rostro abatido a causa de la obra de sus manos, porque del día de su angustia y aflicción no se salvarán.»* (1ª Enoc 48:8).

· *«Volví la mirada hacia otra parte de la tierra y vi allí un valle profundo con fuego ardiente, y llevaron a los reyes y a los poderosos y comenzaron a arrojarlos en este valle profundo.»* (1ª Enoc 54:1-2).

· *«Sin embargo, el Señor de los espíritus los apremiará para que se apresuren a salir de su presencia, avergonzará sus caras y las tinieblas se acumularán sobre sus rostros; Él los entregará a los de castigo para ejecutar la venganza porque han oprimido a sus hijos, a sus elegidos. Serán un espectáculo para los justos y los elegidos, quienes se alegrarán a costa de ellos, porque la ira del Señor de los espíritus cayó sobre ellos y su espada se emborrachó con su sangre.»* (1ª Enoc 62:10-12).

Esdras escribió acertadamente: *«¡Ay del mundo y de los que viven en él! Por la espada y la miseria extraer cerca de ellos, y la nación se levanta para luchar contra la nación, con las espadas en sus manos. Pues habrá malestar entre las personas, cada vez más fuerte el uno contra el otro, se podría tener en su falta de respeto por su rey o el jefe de sus dirigentes. Pues una persona [tendrá] el deseo de entrar en una ciudad, y no será capaz de hacerlo. A causa de su orgullo de las ciudades se hará en la confusión, las casas serán destruidas, y la gente tendrá miedo. La gente no tendrá piedad de sus vecinos, sino que deberán hacer un asalto a su casa con la espada, y saquear sus bienes, a causa del hambre de pan y ya de gran tribulación.»* (4ª Esdras 15:14-19)

LA SEÑAL DE LA GUERRA

Recordemos una vez más que Jesús advirtió de un escenario muy concreto para saber la llegada de este día (Mateo 24, Marcos 13 y Lucas 21), el cual dará lugar al Advenimiento del Señor. Pero, ¿en qué consistirán estos eventos? Si bien, esta es una de las profecías más mencionadas, y habla de las estrellas y los luceros que no darán su iluminación (Isaías 13:10), pues «*retraerán su luz*» (Joel 2:10), aunque Jesús dijo que «*caerán del cielo*», puesto que «*las potencias de los cielos serán conmovidas.*» La Luna se oscurecerá, no dará su resplandor, y llegará a verse roja como sangre, en su totalidad. También el sol se oscurecerá (Joel 3:15), al grado de convertirse «*en tinieblas*», y verse «*negro como tela de cilicio*» (Apocalipsis 6:12). Así se cumplirán las profecías que hablan de un día en que no habrá luz, una noche sumamente larga de la que hablan muchos pueblos y culturas ancestrales, y que el profeta definió como tiempo en «*que tinieblas cubrirán la tierra, y oscuridad las naciones...*» (Isaías 60:2). Joel, el advertidor que dedicó casi toda su escritura bíblica a este tema, afirmó: «*Tocad trompeta en Sion, y dad alarma en mi santo monte; tiemblen todos los moradores de la tierra, porque viene el día de Jehová, porque está cercano. Día de tinieblas y de oscuridad, día de nube y de sombra; como sobre los montes se extiende el alba, así vendrá un pueblo grande y fuerte; semejante a él no lo hubo jamás, ni después de él lo habrá en años de muchas generaciones. Delante de él consumirá fuego, tras de él abrasará llama; como el huerto del Edén será la tierra delante de él, y detrás de él como desierto asolado; ni tampoco habrá quien de él escape. Su aspecto, como aspecto de caballos, y como gente de a caballo correrán. Como estruendo de carros saltarán sobre las cumbres de los montes; como sonido de llama de fuego que consume hojarascas, como pueblo fuerte dispuesto para la batalla. Delante de él temerán los pueblos; se pondrán pálidos todos los semblantes.*» (Joel 2:1-6)

Irónicamente muchos creyentes quieren que el Señor venga pronto, pero no saben lo que desean. ¿Están preparados para su llegada? ¿Acaso han sido fieles y han dado los frutos que el Señor espera de ellos? Anhelar el día del Señor es no saber que es día de castigo y pago al mundo por sus obras: «*¡Ay de los que desean el día de Jehová! ¿Para qué queréis este día de Jehová? Será de tinieblas, y no de luz; como el que huye de delante del león, y se encuentra con el oso; o como si entrare en casa y apoyare su mano en la pared, y le muerde* *una culebra. ¿No será el día de Jehová tinieblas, y no luz; oscuridad, que no tiene resplandor?»* (Amós 5:18-20) Así, estas señales del cielo y el conflicto definitivo en Oriente, serán las siguientes referencias para saber la hora de la llegada de Jesús y del tiempo de tribulación y abominación para el mundo: *«Día de ira aquel día, día de angustia y de aprieto, día de alboroto y de asolamiento, día de tiniebla y de oscuridad, día de nublado y de entenebrecimiento, día de trompeta y de algazara sobre las ciudades fortificadas, y sobre las altas torres. Y atribularé a los hombres, y andarán como ciegos, porque pecaron contra Jehová; y la sangre de ellos será derramada como polvo, y su carne como estiércol. Ni su plata ni su oro podrá librarlos en el día de la ira de Jehová, pues toda la tierra será consumida con el fuego de su celo; porque ciertamente destrucción apresurada hará de todos los habitantes de la tierra.»* (Sofonías 1:15-18)

En el libro de la Revelación (griego: "apocalypsis") de Juan también se habla de este tiempo de gran aflicción. En este libro, Juan dice que había un grupo de personas que, recién comenzada la gran tribulación, habrán *"salido"* de ahí (Apocalipsis 7:14). Esas figuras no tienen nada que ver con los 144.000, como especulan algunos. Esos 144.000 son meramente israelitas (Apocalipsis 7:1), no son gentiles. La confusión radica en que se habla de ambos grupos en el mismo capítulo, siendo que la idea de incorporar a la Biblia capítulos y versículos surgió siglos después. Si bien, Juan dice: *«<u>Después de esto</u> miré, y he aquí una gran multitud.»* O sea, primero ve a los 144.000 israelitas y luego a otros humanos. Aclara que unos son contables mientras los otros son incontables. A diferencia de los israelitas, que eran contables (144.000), esta nueva gente aparecida en escena, *«la cual nadie podía contar»* -si nadie podía contar, ¿cómo es que dicen algunos que son los mismos 144.000?-, no era necesariamente de Israel sino *«de todas naciones y tribus y pueblos y lenguas»* (Apocalipsis 7:9), porque precisamente son los que serán raptados. Los israelitas están bajo una sola nación (Israel), una lengua (hebreo), un pueblo (linaje de Jacob) y de 12 tribus concretas (9 de las cuales están diseminadas en Siria). Este es pues el momento que hemos de anhelar: estar ahí. Todo esto ocurre en el final de la primera parte: 1º hay 7 sellos, 2º hay 7 trompetas y 3º hay 7 copas. Así que esos 144.000 ha de ser, a todas luces, las «*primicias de los resucitados*» (1ª Corintios 15:23), que ya están delante de Cristo.

El Arrebatamiento ocurre en el 6º sello, justo después de lo cual se escribió: «*Miré cuando __abrió el sexto sello__, y he aquí hubo __un gran terremoto__; y __el sol se puso negro como tela de cilicio__, y __la luna se volvió toda como sangre__; y __las estrellas del cielo cayeron sobre la tierra__, como la higuera deja caer sus higos cuando es sacudida por un fuerte viento. Y el cielo se desvaneció como un pergamino que se enrolla; y todo monte y toda isla se removió de su lugar. Y los reyes de la tierra, y los grandes, los ricos, los capitanes, los poderosos, y todo siervo y todo libre, se escondieron en las cuevas y entre las peñas de los montes; y decían a los montes y a las peñas: Caed sobre nosotros, y __escondednos del rostro de aquel que está sentado sobre el trono, y de la ira del Cordero__; porque __el gran día de su ira ha llegado__; ¿y quién podrá sostenerse en pie?*» (Apocalipsis 6:12-17) Por tanto, cuando comienza la gran Ira, los arrebatados son abducidos. Aquí las naciones reconocen "*al que*" los judíos "*traspasaron*" (Zacarías 12:10, Juan 19:37 y Apocalipsis 1:7), cuando lo ven «*viniendo en las nubes*» tras el oscurecimiento del cielo. Por tanto, el oscurecimiento del cielo es la señal anterior a la llega de Jesús para el rapto y el inicio del asedio a Jerusalén (Lucas 21:20). Las indicaciones sobre el sol, la luna y las estrellas son la clave para entender esto, y que están en todas partes de las Escrituras, aunque la señal misma no deja de ser la "cruz".

Un ejemplo más lo podemos observar en 2ª de Pedro (3:10-12), en el cual anuncia que «*el día del Señor vendrá como ladrón en la noche; en el cual __los cielos pasarán con grande estruendo__, y __los elementos ardiendo serán deshechos__, y la tierra y las obras que en ella hay serán quemadas. Puesto que todas estas cosas han de ser deshechas,*

¡cómo no debéis vosotros andar en santa y piadosa manera de vivir, esperando y apresurándoos para <u>la venida del día de Dios,</u> en el cual **los cielos, encendiéndose, serán deshechos, <u>y los elementos, siendo quemados, se fundirán</u>***!»* ¿Qué elementos serán desechos? Los metales se funden, por tanto, ¿qué guerra habrá allá arriba para que Pedro describiera semejante combate? Este es el punto donde claramente se aplica el verso 4 de Apocalipsis 12, que dice que el Dragón escarlata (Satanás), en la guerra celeste, vendrá a impedir el Arrebatamiento, «*y su cola arrastraba la tercera parte de las estrellas del cielo, y las arrojó sobre la tierra.*» Este tiempo será de gran estremecimiento y conmover de los astros: «*He aquí, yo envío mi mensajero, el cual preparará el camino delante de mí; y vendrá súbitamente a su templo el Señor a quien vosotros buscáis, y el ángel del pacto, a quien deseáis vosotros.* <u>**He aquí viene, ha dicho Jehová de los ejércitos. ¿Y quién podrá soportar el tiempo de su venida? ¿o quién podrá estar en pie cuando él se manifieste?**</u> *Porque él es como fuego purificador, y como jabón de lavadores.*» (Malaquías 3:1-2) Este tiempo señalado será "*el final*" que «*vendrá tras una plaga roja y una plaga blanca.*» (Imán islámico)

«*Y Iehovah será visto sobre ellos, y su dardo saldrá como relámpago; y Iehovah el Señor tocará trompeta, e irá entre torbellinos del austro.*» (Zacarías 9:9-14) Los profetas hablaron mucho sobre la venida de Jehová con poder, desde lo alto. Muchos hombres de Dios han recibido revelaciones en las cuales han contemplado cosas que para ellos resultaban imposibles de comprender. Hablar de bombas atómicas, microchips, láseres, viajes al espacio, pantallas de televisión, aviones, hologramas o telefonía móvil eran cosas que ellos podían observar en visiones, pero no llegaban a comprender qué eran o cómo poder explicarlas. Juan habló de tanques de guerra en el año 90 d.C., cuando aún no existían los vehículos, ni muchos menos carros blindados ni acorazados. Él los describió como «*caballos*» con «*corazas*», y añadió que «*las cabezas de los caballos eran como*

cabezas de leones; y de su boca salían fuego, humo y azufre.»
(Apocalipsis 9:17) Estas son las típicas descripciones antiguas que
dieron videntes y profetas al advertir sobre las guerras y las armas de
combate. Algo similar ocurría con los rayos láser y maquinarias que
eran capaces de simular ataques semejantes a los rayos, de los cuales
ya se hablaba en textos hindúes antiguos e incluso novelas griegas
del helenismo clásico. Los «*dardos*» semejantes a «*relámpagos*» o
«*flechas de fuego*» pueden ser hoy simulados con armas militares
sofisticadas que, no sólo pueden provocar rayos, sino dirigir los rayos
de una tormenta y hacerlos caer en un lugar concreto. Aquí no se
habla de fantasía ni de espiritualismo, con ángeles lanzando copos
de nieve contra Satanás y éste contestándoles con nubes de azúcar.
Tratamos con tecnología miles de años más sofisticada que la nuestra,
a la cual Zacarías describía como «saarot teimán» (torbellinos del
sur). Esto parece más el relato de una guerra medioambiental con
armas geofísicas que una novela de fábulas.

EL CONFLICTO EN ORIENTE Medio

Sabemos por Apocalipsis que en torno al día del Arrebatamiento
iniciará un sitio a Jerusalén, la cual será "hollada por los gentiles"
(Apoc. 11:2), por 42 meses (3 años y medio), y el colmo de este
asedio será la incorporación al conflicto por parte de los reyes de
Oriente (Apoc. 16:12), como aclaró ya miles de años atrás Enoc:
«*En aquellos días los ángeles regresarán y se lanzarán hacia el Oriente,
sobre los hijos de los partos y medos y sacudirán a los reyes, y un espíritu
de desasosiego los invadirá y los derrocarán de sus tronos, de manera
que huirán como leones de sus guaridas y como lobos hambrientos entre
su manada. Ellos se levantarán y andarán sobre el camino y pisarán
la tierra de sus elegidos y la tierra de sus elegidos les será un camino
trillado. Y la ciudad de mi justicia será un obstáculo [pesado] para sus
caballos, y harán guerra entre ellos y sus días [estarán] con fuerza sobre*

ellos. Un hombre no conocerá a su hermano ni un hijo a su padre ni a su madre, hasta que el número de cadáveres complete su matanza y su juicio no será en vano. En ese tiempo el Sheól abrirá sus mandíbulas, serán engullidos por él y su destrucción culminará: la muerte devorará a los pecadores en presencia de los elegidos.» (1ª Enoc 56:5-8).

De la misma manera que Zacarías, Daniel y Elías profetizaron sobre el levantamiento en Oriente Medio, muchos otros profetas de Israel lo hicieron, incluyendo a Esdras quien asimismo dejó constancia de ello: *«Por tanto, dice el Señor, ya no voy a guardar silencio en relación con sus actos impíos que cometen impíamente, ni voy a tolerar sus malas prácticas. Justos y la sangre inocente clama a mí, y las almas de los justos claman continuamente. Yo ciertamente les vengaré a ellos, dice el Señor, y recibiré a mí mismo toda la sangre inocente de en medio de ellos. Véase, mi gente está siendo conducida como un rebaño a la masacre, que no les permiten vivir más tiempo en la tierra de Egipto, pero voy a llevarlos a cabo con mano poderosa y con un brazo levantado, y Egipto con plagas huelga, como antes, y se destruirán todas sus tierras. Así que Egipto llorará, y sus fundamentos, debido a la plaga de castigo y castigos que el Señor traerá sobre él. Que los agricultores hasta que el suelo llorarán, porque sus semillas no crecen y sus árboles se arruinaron por el granizo y las plagas y por una terrible tempestad.»* (4º Esdras 15:7-13)

Más adelante dice: *«¡Qué aterradora es la vista que aparece desde el este! Las naciones de los dragones de Arabia salen con muchos carros, y desde el día en que en ellos se exponen, su silbido sale a lo largo de la tierra, de modo que todos los que a ellos escuchan [les sobreviene] el temor y temblar. Asimismo, los carmonitas, que asolan a la ira, saldrán como los jabalíes de los bosques, y con gran poder que se vienen y participarán en la batalla, y con sus colmillos devastarán una parte de la tierra de los asirios con sus dientes. Y luego los dragones, recordando su origen, pasarán a ser todavía más fuertes, y si se combinan con gran poder y con ella a su vez, entonces, éstos deberán ser desorganizados y silenciados por su poder, y volverán y huirán. Y de la tierra de los asirios en una emboscada del enemigo se les atacará y destruirán uno de ellos, y el temor y temblor entrará a su ejército, y la indecisión a sus reyes.»* (4ª Esdras 15:28-33) La actividad de todas estas naciones en Oriente Próximo se mezclarán con eventos climáticos provocados por Jehová para desolar la Tierra y matar a sus habitantes en el inicio de la Ira de Dios y la guerra de Armagedón.

Podemos ver seguidamente que dice: «*¡Véase las nubes desde el este, y desde el norte hasta el sur! Su apariencia es muy amenazante, llena de ira y de tormenta. Los estados miembros se enfrentan unos contra otros y derramarán una fuerte tempestad en la tierra, y de su propia tempestad, y se procederá a la sangre de la espada, tan alto como el vientre de un caballo, y del muslo de un hombre y un camello del corvejón. Y habrá gran temor y temblor en la tierra, los que ven que la ira asola por el horror, y que serán sometidos a temblar. Después de que, pesadas nubes de tormenta se revolvió, desde el sur, y desde el norte, y otra parte desde el oeste. Pero los vientos del este prevalecerán sobre la nube que se ha planteado en ira, y que disipará, y la tempestad que iba a causar la destrucción por el viento será conducida violentamente hacia el sur y el oeste. Grandes nubes y poderosas, llenas de ira y tempestad, se levantarán y destruirán toda la tierra y sus habitantes, y derramaré sobre cada alto y noble lugar una terrible tempestad, fuego y el granizo y las inundaciones que enarbolan espadas y de agua, de modo que todos los campos y todos los arroyos se llenarán con la abundancia de dichas aguas. Los estados miembros destruirán las ciudades y las paredes, las montañas y colinas, los árboles de los bosques, y la hierba de los prados, y su grano. Deberán ir en forma constante a Babilonia y mancha a cabo. Ellos vendrán a él y lo rodean, que se vierta en la tempestad y toda su furia y, a continuación, el polvo y el humo se alcance el cielo, y todos los que están a su alrededor se llorar por ella. Y los que sobreviven se sirven [de] los que han destruido. Y usted, de Asia, que comparten en el esplendor de Babilonia y la gloria de su persona -¡Ay de ti, miserable*

miserable!- Pues usted que ha hecho como ella, que ha decorado sus hijas para la prostitución y para complacer a los amantes en su gloria, que siempre han [hecho] lujuria después. Tienes un odio que imita en todos sus actos y de los dispositivos. Por lo tanto, Dios dice, voy a enviar sobre vosotros males: la viudez, la pobreza, el hambre, la espada, y la pestilencia, que la ruina de sus casas, con lo que la destrucción y la muerte. Y la gloria de su fuerza se marchita como una flor cuando se elevará el calor que es enviado a usted.» (4º Esdras 15:34-50)

Si vemos las visiones de Daniel sobre el Rey del Norte y del Sur (cap. 11), podemos hallar paralelismos con las palabras del profeta Elías, puesto que estas señales son de las que habló Jesús al referirse al levantamiento de nación contra nación: « *"Porque he aquí que los reyes de Asiria y la disolución de los cielos y la tierra y lo que está bajo la tierra, desde ahora no prevalecerán sobre aquellos que me pertenecen", dijo el Señor, "y ellos no temerán en la batalla". Cuando ellos vean a un rey aparecido por el Norte, lo designarán rey asirio y el rey de la injusticia; hará guerras sin fin sobre Egipto y causará muchas perturbaciones: habrá gemidos por la tierra, porque se llevarán vuestros hijos. Muchos buscarán la muerte en esos días, pero la muerte los eludirá. Y un rey se levantará en las tierras del Occidente a quien llamarán "el rey de paz"; correrá por el mar como un león rugiente; matará al rey de injusticia y se vengará sobre Egipto con guerra y derramamiento de sangre. Pasará en esos días que ordenará paz y un regalo inútil, desde Egipto. Dará paz a los santos diciendo: "El nombre de Dios es Uno". Honrará a los santos y exaltará la ciudad santa; dará regalos inútiles a la casa de Dios; desde las ciudades de Egipto merodeará, astutamente, sin que lo sepan; contra los santos lugares, pesará los ídolos de las gentes, contará sus riquezas y designará los sacerdotes. Ordenará que los sabios de la tierra y los grandes de los pueblos sean apresados y llevados a la metrópoli por mar, diciendo: "¡No hay sino una lengua!" Y cuando escuchéis: "¡Hay Paz y Alegría!".»*

Elías continúa contando: «*¡He aquí! Voy a deciros cuáles son sus señales para que podáis reconocerlo: Tiene 2 hijos, uno a su derecha y otro a su izquierda. Aquel que está a su derecha tendrá una apariencia de un demonio y desafiará el nombre de Dios. Ahora 4 reyes vienen de ese rey. En su año 30 bajará a Menfis y construirá allí un templo; su propio hijo se levantará contra él y lo matará; toda la tierra se agitará. En ese día él promulgará un decreto por toda la tierra, para que sean encarcelados los sacerdotes de la tierra y todos los santos, diciendo: "¡Todos los regalos y todas las cosas buenas os las ha dado mi padre, ahora devolveréis el doble!" Cerrará los lugares santos, les quitará sus casas y hará prisioneros a sus hijos. Ordenará que se ofrezcan sacrificios abominables y traerá la miseria sobre toda la tierra. Aparecerá debajo del sol y de la luna; los sacerdotes de la tierra rasgarán sus vestiduras. ¡Ay de vosotros jefes de Egipto en tales días porque vuestro día ha pasado! La violencia hecha a los pobres se devolverá contra vosotros y vuestros hijos serán llevados como botín. En esos días las ciudades de Egipto se lamentarán porque no escucharán la voz del comprador ni la voz del vendedor. Los mercados de Egipto se cubrirán de polvo. Los habitantes de Egipto llorarán al tiempo; anhelarán la muerte, pero la muerte huirá y los abandonará; correrán sobre las rocas y saltarán hacia abajo, diciendo: "¡Caigan sobre nosotros!", pero no morirán. Doble tribulación vendrá sobre toda la tierra aquel día: En esos días el rey ordenará que todas las mujeres con hijos en el vientre sean arrestadas y traídas ante él atadas y que le den de mamar a serpientes y que su sangre sea exprimida de sus senos para usarla como veneno para flechas. Debido a la necesidad de soldados para las guerras, ordenará que todos los niños menores de 12 años sean reclutados y tengan que aprender a disparar con arco y flecha. Todas las parteras de la tierra se lamentarán en esos tiempos y la mujer que tenga hijos elevará sus ojos al cielo diciendo: ¿Por qué me senté en la silla de parir para traer niños al mundo?". Las estériles y las vírgenes se regocijarán diciendo: "Ahora es el momento para regocijarnos por no tener niños sobre la* *tierra, nuestros hijos están en los cielos".»* (Apocalipsis de Elías 2:1-38) Aún a pesar de toda esta barbaridad vendrá más, dando carta abierta a la manifestación del Falso Profeta.

En relación a todo este gran conflicto en Oriente Próximo, Esdras continuó relatando: «*¡Ay de vosotros, Babilonia y Asia! ¡Ay de ti, Egipto y Siria! Enlazar en tela de cilicio y de cabra de pelo, y lamento de sus hijos, y lamento por ellos, para su destrucción está a la mano. La espada se ha enviado a usted, y ¿qué a su vez hay de nuevo? Un incendio se ha enviado a usted, y ¿quién estará ahí para sofocarlo? [...] La tierra y sus fundaciones temblarán, el mar es un batido de las profundidades, y sus olas y el pez con ellos serán perturbados por la presencia del Señor y la gloria de su poder. Por la mano derecha que dobla la proa es muy fuerte, y sus flechas que dispara son afiladas y cuando se disparó hasta los confines del mundo no se pierden una vez. Calamidades son enviadas y no regresarán hasta que vean la tierra. El fuego se encendió, y no se someterá a cabo hasta que consuma los cimientos de la tierra. Así como una flecha que disparó un poderoso arquero no retorno, de modo que las calamidades que se envían a la tierra, no regresará. ¡Ay de mí! ¡Ay de mí! ¿Quién me va a entregar en esos días? El principio de dolores, cuando el lamento [sea] mucho; el inicio de la hambruna, cuando muchos perecerán, [será] el comienzo de las guerras, cuando los poderes sean aterrorizados; el inicio de las calamidades, cuando todos temblarán. ¿Qué harán cuando las calamidades vengan? El hambre y la peste, la tribulación y angustia se envían como para la corrección de los flagelos de la humanidad. Sin embargo, todo esto para que no se encienda de sus iniquidades, o ser consciente de los flagelos. En efecto, las disposiciones serán tan baratas en la tierra que la gente imaginará que la paz está asegurada para ellos y, a continuación, calamidades iniciarán en la tierra: la espada, el hambre, y una gran confusión. Pues muchos de los que viven en la tierra perecerán por el hambre, y aquellos que sobreviven a la hambruna morirán por la espada. Y los muertos serán expulsados, como el estiércol, y no habrá una consola para ellas,* *pues la tierra se dejará desolada, y sus ciudades serán demolidas. Nadie será dejado para cultivar la tierra para sembrar o en ella.»*

«Los árboles deberá dar frutos, pero ¿quién los reunirá? Las uvas se maduran, de rodadura, pero ¿qué ellos? En todos los lugares se procederá a una gran soledad; a una persona durante mucho tiempo para ver a otro ser humano, o incluso para escuchar una voz humana. Por 10 serán dejados fuera de una ciudad, y 2, fuera del campo, los que se han escondido en gruesas arboledas y hendiduras en las rocas. Al igual que en un huerto de oliva 3 o 4 aceitunas se pueden dejar en cada árbol, o igual que cuando se reúne un viñedo, algunos grupos pueden ser dejadas por los que buscan atención a través de la viña, para esos días en 3 o 4 se dejarán para los que buscan sus casas con la espada. La tierra se dejará desolada, y sus campos el arado, y sus carreteras y de todos sus caminos sacarán espinas, porque no hay ovejas a lo largo de ellos se van. Vírgenes se llorarán porque no tienen novios, la mujer llorará porque no tienen marido, sus hijas llorarán porque no tienen ayuda. Sus novios serán sacrificados en la guerra, y sus maridos perecerán de hambre. Escuchen ahora a estas cosas, y compréndelas, los que son siervos del Señor. Esta es palabra del Señor, quien reciba y no crea lo que dice el Señor... Las calamidades se acercarán, y no se retrasarán. Al igual que una mujer embarazada, en el 9º mes en el momento de su entrega se acerca, tiene un gran dolor de su seno en torno a 2 o 3 horas de antelación, pero cuando el niño sale del útero, no habrá un momento de retraso, fin de las calamidades no demora en llegar a la tierra, y el mundo gemirá, y dolores de aprovecharla en cada lado.» (4ª Esdras 16:1-39)

Ragnarök

«Ver la forma en que estoy llamando a todos los reyes de la tierra a su vez a mí, dice Dios, desde el sol y desde el sur, desde el este y desde el Líbano, a su vez y pagar lo que les han dado. Así como lo han hecho a mí elegir hasta este día, así que voy a hacer, y devolver a su seno. Así dice el Señor Dios: Mi mano derecha no escatimará los pecadores, y mi espada

no dejará de quienes sangre inocente [han] derramado sobre la tierra. Y salieron a un incendio de su ira, y consume los cimientos de la tierra y de los pecadores, como la paja quemada. ¡Ay de los que [practican] el pecado y no observan mis mandamientos, dice el Señor; No voy a escatimarlos a ellos. Saldrá, que los niños sin fe. No contaminar mi santuario. Pues sabe Dios el pecado de todos los que están en su contra, por lo que los va a entregar a la muerte y la masacre. Ya han llegado las calamidades de toda la tierra, y que permanecerá en ellos, Dios no entregar a usted, porque usted ha pecado contra él.» (4º Esdras 15:20-27)

El nombre Armagedón proviene del hebreo "Har Meggido" (monte Meguido), el cual corresponde con el valle de Josafat, al noreste de Jerusalén. Posiblemente se llama así por el rey de Judá que, en tiempo de las luchas contra el imperio asirio, se unió al entonces rey de Israel para enfrentarse en el campo contra los invasores del norte. La palabra Megido significa "decisión", porque ahí se decidirá el destino de la humanidad. De hecho, es el campo de batalla más antiguo del que se tiene mención en la historia convencional, ya que los egipcios se enfrentaron contra los cananitas en esa tierra antes de que lo hiciera la media tribu de Manasés (aunque los de Manasés no prevalecieron) al posicionarse de la región. Los nórdicos llamaban a esta guerra "Ragnarök", es decir: "batidor de batalla", o Gottendamerung (el ocaso de los dioses), y a la región la denominaron "Vigrid" o "valle del mundo", dando a entender que era el centro neurálgico de la Tierra por ser el lugar concluyente donde se determinará su futuro. Así se repetirá el verso que dice: «*En aquel día habrá gran llanto en Jerusalén, como el llanto de Hadadrimón en el valle de Meguido.*» (Zacarías 12:11. Año 518 a.C.). Hemos de añadir que este campo era ya en antaño muy popular y estratégico, extenso y llano (2ª Crónicas 35:22 y 2ª Reyes 23:29-30).

«*Acontecerá en aquel día, dice Jehová el Señor, que haré que se ponga el sol a mediodía, y **cubriré de tinieblas la tierra en el día*** _claro_.» (Amós 8:9) Ahí se dejará ver también el Señor: «_Jehová rugirá desde lo alto, y desde su morada santa dará su voz; rugirá fuertemente contra su morada; canción de lagareros cantará contra todos los moradores de la tierra._» (Jeremías 25:30) Aunque vendrá directamente desde el Sinaí hasta Jerusalén: «_Los carros de Dios se cuentan por veintenas de millares de millares; [Entre ellos] el Señor viene del Sinaí a su santuario._» (Salmo 68:17) Se confirma que el Señor mismo descenderá del cielo y su gloria será vista en toda la Tierra: «_Decid a los de corazón apocado: "¡Fortaleceos; no temáis! He aquí que vuestro Dios viene con venganza y retribución divina. **Él mismo vendrá** y os salvará"._» (Isaías 35:4) Isaías también afirmó que, tras una guerra terrible en los cielos, el conflicto armado llegará a nuestro mundo: «_Y todo el ejército de los cielos se disolverá, y se enrollarán los cielos como un libro; y **caerá todo su ejército**, como se cae la hoja de la parra, y como se cae la de la higuera. Porque en los cielos se embriagará mi espada; he aquí que descenderá sobre Edom en juicio, y sobre el pueblo de mi anatema._» (Isaías 34:4-5) Mucho tiempo después, el discípulo Bernabé escribió, sobre el fin de los días y su relación con el Shabat: «_Atended, hijos, qué quiere decir lo de: "Acabólos en seis días". Esto significa que en seis mil años consumará todas las cosas el Señor, pues un día es para Él mil años. Lo cual, Él mismo lo atestigua, diciendo: "He aquí que el día del Señor será como mil años". Por lo tanto, hijos, en seis días, es decir, en los seis mil años, se consumarán todas las cosas. "Y descansó en el día séptimo". Esto quiere decir: **Cuando venga su hijo y destruya el siglo del inicuo y juzgue a los impíos** y **mudare el sol, la luna y las estrellas**, entonces descansará de verdad en el día séptimo._» (Epístola de Bernabé 15:4-5)

Como cita el texto de Qumran, "La Guerra de los Hijos de la Luz contra los Hijos de las Tinieblas", este día se reunirá una gran multitud, pero muchos serán nuevamente los ángeles de Dios batallando a favor de Israel, como de costumbre. He aquí un ejemplo: «_Desde los cielos pelearon las estrellas; Desde sus órbitas pelearon_ *contra Sísara.»* (Jueces 5:20). Como en aquel caso, de días de los Jueces, el combate comenzará fuera de este planeta: «*Después hubo una gran batalla en el cielo: Miguel y sus ángeles luchaban contra el dragón; y luchaban el dragón y sus ángeles; pero no prevalecieron, ni se halló ya lugar para ellos en el cielo. Y fue lanzado fuera el gran dragón, la serpiente antigua, que se llama diablo y Satanás, el cual engaña al mundo entero; fue arrojado a la tierra, y sus ángeles fueron arrojados con él.*» (Apocalipsis 12:7-9) Aunque en esta caída Satán se llevó por delante a gran parte de los hijos del cielo, ya que se vieron forzados a involucrarse en el combate (Apocalipsis 12:4), y llenó el cielo de sangre, haciendo que las «*estrellas sean replegadas*», que «*la luna se convierta en sangre*» y el «*sol se oscurezca.*» Entonces habrá explosiones de proporciones cinematográficas vividas en carne propia: «*Y daré prodigios en el cielo y en la tierra, sangre, y fuego, y* **columnas de humo**.» (Joel 2:30) Esas columnas de humo las vemos en las fotografías de pruebas nucleares, desde que Hiroshima y Nagasaki fueron atacadas por EE.UU. Ahí lucharán hombres y ángeles, y también seres de la oscuridad. Todos estos traerán consigo fuerzas poderosas que la humanidad nunca ha conocido, ya que será el despertar de los *"grandes monstruos"*. Por eso la Escritura habla de «*los que se aprestan para despertar a Leviatán.*» (Job 3:8)

A Juan le fue dado a conocer el número de almas reunidas para la guerra de este temible día: «*Y el número de los ejércitos de los jinetes era doscientos millones. Yo oí su número.*» (Apocalipsis 9:16) Por culpa de Adolf Hitler murieron, oficialmente, 20 millones de personas, y por culpa del dictador chino Mao Tse Tung unos 40 millones, pero aquí se habla del sorprendente número de 200 millones. «*Y fue pisado el lagar fuera de la ciudad, y del lagar salió sangre hasta los frenos de los caballos, por mil seiscientos estadios.*» (Apocalipsis 14:20) Calculemos que los frenos de un caballo están a 1,70-1,75 m de altura y sumemos a esto el tamaño de un estadio antiguo, multiplicado por 1.600. O sea, 1.600 estadio antiguos llenos de sangre a casi 1,75 metros es lo que se verá en Meguido en las semanas más crudas del conflicto. Enoc dio un ejemplo semejante al afirmar: «*El caballo avanzará hasta que su pecho se bañe en sangre y el carro hasta que su parte superior sea sumergida.*» (1ª Enoc 100:1-3).

A pesar de esto, habrá castigo constante para los que acepten la marca de la Bestia, pues la muerte y el sufrimiento puede ser momentáneo o durar por algún tiempo, pero la tortura que tendrán los seguidores del sistema será constante: «*Si alguno adora a la bestia y a su imagen, y recibe la marca en su frente o en su mano, él también beberá del vino de la ira de Dios, que ha sido vaciado puro en el cáliz de su ira; y será atormentado con fuego y azufre delante de los santos ángeles y del Cordero; y el humo de su tormento sube por los siglos de los siglos. Y no tienen reposo de día ni de noche los que adoran a la bestia y a su imagen, ni nadie que reciba la marca de su nombre.*» (Apocalipsis 14:9-11)

En relación a esta Ira de Dios y la mortandad en el mundo, escribió Baruc: «*Escucha, por lo tanto, la interpretación de las últimas aguas negras que están por venir [después de las negras]: esta la palabra. He aquí los días venideros, y será el momento de la edad madura, y la cosecha de sus malas y buenas semillas ha llegado, cuando el poder de Dios, se pondrá sobre la tierra y sus habitantes y en sus gobernantes perturbación de espíritu y corazón de estupor. Y se odiarán entre sí, y provocarán una lucha a otra, y la media se pronunciará sobre el honorable, y los de bajo grado se ensalzarán por encima de los famosos. Y los muchos serán entregados en las manos de unos pocos, y no se decidirá nada sobre el fuerte, y los pobres tendrán más allá de la abundancia de los ricos, los perversos y se glorifica a sí mismos por encima de los heroicos. Y el sabio se callará, y el tonto hablará, ni el pensamiento de los hombres se confirmó entonces, ni el consejo de los poderosos, ni la esperanza de los que esperan será confirmada. Y cuando las cosas se prevé que han llegado a pasar, a continuación, confusión caerá sobre todos los hombres, y algunos de ellos caerán en la batalla, y algunos de ellos perecen en angustia, y algunos de ellos serán destruidos por su propia cuenta. Entonces [mandará] el Altísimo los pueblos que Él ha preparado antes, y ellos vienen y hacen la guerra con los dirigentes que se pondrán a la izquierda. Y viene a pasar seguro que quien esté fuera de la guerra morirá en el terremoto, y quien se salve del terremoto, se quemó por el fuego, y quien quede seguro del incendio deberá ser destruido por el hambre. [Y sucederá que cualquiera que pase a la de los vencedores y los vencidos es seguro y se escapa de todas estas cosas antes mencionados serán entregados en las manos de mi siervo Mesías.] Pues [en] toda la tierra se devoran a sus habitantes.»* (2ª Baruc 70:1-9). Así concluye la revelación a Baruc: «*Y la tierra santa tendrá piedad de su propia, y ello a proteger a sus habitantes en ese momento. Esta es la visión que has visto, y esta es la interpretación. Para [esto es] que he venido a decirles estas cosas, porque tu oración ha sido escuchada con el Altísimo.*» (2ª Baruc 71:1-3)

Supervivientes

Se entiende que los Escogidos de Cristo, se habrán ido antes de esta "abominación", para no ser "mancillados" por la Bestia. Aun así muchos se quedarán, y se verán obligados a esconderse, porque el Señor ya no les podrá ayudar, puesto que a la Bestia «*se le permitió hacer guerra contra los santos, y vencerlos.*» (Apocalipsis 13:7) De manera que, el sistema perseguirá a los seguidores de Cristo que se hayan quedado y será apoyado por el gobierno celeste del Dragón, que habrá sido arrojado a la Tierra, porque dijo Juan que «*el dragón se llenó de ira contra la mujer; y se fue a hacer guerra contra el resto de la descendencia de ella, los que guardan los mandamientos de Dios y tienen el testimonio de Jesucristo.*» (Apocalipsis 12:17) ¿Quiénes guardan sus mandamientos? Israel. Y ¿quiénes tienen el testimonio de Jesucristo? Los cristianos –en cierto modo, ya que "testimonio", como tal, lo tuvieron los judíos. De manera que el Dragón apoyará al Hijo de Perdición para reinar desde Israel, pero su verdadero fin es destruir la casa de Jacob. Los que no hayan sido llevados, aún tienen oportunidad de ser considerados sacerdotes si llegan hasta el final, no dejándose marcar por la Bestia. Por esto fue dicho: «*Y vi tronos, y se sentaron sobre ellos los que recibieron facultad de juzgar; y **vi las almas de los decapitados por causa del testimonio de Jesús y por la palabra de Dios, los que no habían adorado a la bestia ni a su imagen, y que no recibieron la marca en sus frentes ni en sus manos**; y vivieron y reinaron con Cristo mil años.*» (Apocalipsis 20:4)

Muchos morirán, pero, como dice el pasaje, "vivieron", es decir, serán resucitados, y "reinarán con Cristo 1000 años", como parte de los Escogidos que serán sacerdotes. Aun así, algunos conseguirán sobrevivir, y bien por ellos, puesto que «*desde el tiempo que sea quitado el continuo sacrificio hasta la abominación desoladora, habrá mil doscientos noventa días.*» Mas «*Bienaventurado el que espere, y llegue a mil trescientos treinta y cinco días.*» (Daniel 12:11-12) Ergo, habrá muchos que se habrán quedado "dormidos" para ser contados con Cristo en la "ascensión". Ellos se quedarán, pero si resisten al sistema, serán contados con los que se fueron en el Arrebatamiento. Por eso todos, los primeros en subir y los segundos, serán parte del equipo de sacerdotes que reinarán con Cristo. Tanto la Resurrección en días de Jesús (Mateo 27:52-53 y Hechos 26:23), como la que viene con el Rapto (1ª Tesalonicenses 4:16-17, Lucas 14:14, 1ª Corintios 15:42 y 15:52-53, Filipenses 3:11 y Hebreos 11:35), y la de los que no se dejen marcar por la Bestia, cuenta como la Primera Resurrección: «*Pero los otros muertos no volvieron a vivir hasta que se cumplieron mil años. **Ésta es la primera resurrección**. Bienaventurado y santo el que tiene parte en la primera resurrección; la segunda muerte no tiene potestad sobre éstos, sino que serán sacerdotes de Dios y de Cristo, y reinarán con él mil años.*» (Apocalipsis 20:5-6)

Esa Primera Resurrección es de la que participarán los que han sido muertos a lo largo de la historia por predicar el Evangelio de Cristo y morir en su nombre (es decir, por causa del testimonio de Jesús): «*Cuando abrió el quinto sello, vi bajo el altar las almas de los que habían sido muertos por causa de la palabra de Dios y por el testimonio que tenían. Y clamaban a gran voz, diciendo: ¿Hasta cuándo, Señor, santo y verdadero, no juzgas y vengas nuestra sangre en los que moran en la tierra? Y se les dieron vestiduras blancas, y se les dijo que descansasen todavía un poco de tiempo, hasta que se completara el número de sus consiervos y sus hermanos, que también habían de ser muertos como ellos.»* (Apocalipsis 6:9-11) El final de la guerra vendrá señalado por el regreso del Señor Jesús y la gloria que le acompañará de lo alto: «*He aquí que viene con las nubes, y todo ojo le verá, y los que le traspasaron; y todos los linajes de la tierra harán lamentación por él. Sí, amén.*» (Apocalipsis 1:7) Entonces los poderosos de la Tierra tratarán de evitar la llegada gloriosa del Señor: «*Éstos tienen un mismo propósito, y entregarán su poder y su autoridad a la bestia. Pelearán contra el Cordero, y el Cordero los vencerá, porque él es Señor de señores y Rey de reyes; y los que están con él son llamados y elegidos y fieles.*» (Apocalipsis 17:13-14) Así el Templo de Dios bajará del cielo y comenzará la era de paz del hijo de David, Jesús, el Mesías de Israel, cuya capital será la Nueva Jerusalén, el Tercer Templo (Miqueas 1:2-3, Apocalipsis 7:15, 11:19 y 15:8).

6.

LAS BODAS DEL CORDERO

CAE BABILONIA

Juan dedica casi un capítulo y medio explícitamente a tratar el asunto de la Gran Ramera. Como he mencionado en "Armagedón, E-5", esta ciudad parece tener un control sumamente influyente en toda la Tierra a grados insospechados. Mientras el cristianismo ve en Roma y vaticano a la Gran Ramera, otros ven al propio sistema satánico ejerciendo influencia desde algún lugar. Socavando en las teorías de conspiración he encontrado grandes paralelismos de Europa, Roma e Israel con esta Ramera. Si bien, a Juan le explicaban con detalle cosas que él no conocía, pero no más allá de las cosas que él ya comprendía. En el caso de esta Ramera le dijeron que era la "Gran Ciudad", lo cual para él no era algo nuevo. En aquel entonces la Gran Ciudad popular era Roma, y hoy, la que ejerce dominio mundial es prácticamente Londres. Sin embargo, en lo referente a las Escrituras, la Gran Ciudad era la siempre propia designación de Jerusalén. ¿Cómo podemos conciliar entonces todas estas cosas? Pues viendo que no habla de Jerusalén como ciudad o ciudadanos, sino como centro neurálgico (Ezequiel 16). Ezequiel deja claro que Jerusalén es una ciudad abominable, ramera que comercia con todos los pueblos de alrededor en sus fornicaciones, e Isaías añadió: «*¿Cómo te has convertido en ramera, oh ciudad fiel? Llena estuvo de justicia, en ella habitó la equidad; pero ahora, los homicidas.*» (Isaías 1:21).

Apocalipsis 17:1 dice que está «*sentada sobre muchas aguas*», por lo que su influencia y control es grande –puesto que las aguas simbolizan pueblos (verso 15). La cuestión de que sea Jerusalén –la terrenal-, como siempre, es que tiene la "sangre de los santos profetas", lo cual Jesús ratificó: «*"¡Jerusalén, Jerusalén, que matas a los profetas y apedreas a los que te son enviados! ¡Cuántas veces quise juntar a tus hijos como la gallina junta sus polluelos debajo de las alas, pero no quisiste!*» (Mateo 23:37) Y tiempo atrás afirmó también: «*¡Ay de vosotros, escribas y fariseos, hipócritas! porque edificáis los sepulcros de los profetas, y adornáis los monumentos de los justos, y decís: Si hubiésemos vivido en los días de nuestros padres, no hubiéramos sido sus cómplices en la sangre de los profetas. Así que dais testimonio contra vosotros mismos, de que sois hijos de aquellos que mataron a los profetas. ¡Vosotros también llenad la medida de vuestros padres!*» (Mateo 23:29-32) Y volvió una vez más a reiterar: «*Por eso la sabiduría de Dios también dijo: Les enviaré profetas y apóstoles; y de ellos, a unos matarán y a otros perseguirán, para que se demande de esta generación la sangre de todos los profetas que se ha derramado desde la fundación del mundo, desde la sangre de Abel hasta la sangre de Zacarías, que murió entre el altar y el templo; sí, os digo que será demandada de esta generación.*» (Lucas 11:49-51).

Pero, ¿cómo puede Jerusalén influir en todas las naciones? A través de quienes establecieron el Estado de Israel, o sea, los Rothschilds y su poder hegemónico en Reino Unido. Los líderes de Israel con corruptos, los rabinos están desfasados y fuera de contexto en sus ideas, monopolizando la nación desde Jerusalén como lo hicieron sus antecesores. Son los mismos religiosos los que sostienen el Estado de Israel desde el extranjero, especialmente, y el ejército, que se mantiene por las influencias de los judíos sionistas Illuminati, ya sea en Gran Bretaña o en EE.UU. Pero la corrupción de Jerusalén ha existido desde que Salomón murió, y solo por cortas etapas se ha mantenido limpia: «*Porque está escrito que Abraham tuvo dos hijos;*

uno de la esclava, el otro de la libre. Pero el de la esclava nació según la carne; mas, el de la libre, por la promesa. Lo cual es una alegoría, pues estas mujeres son los dos pactos; el uno proviene del monte Sinaí, el cual da hijos para esclavitud; éste es Agar. Porque Agar es el monte Sinaí en Arabia, y corresponde a la Jerusalén actual, pues ésta, junto con sus hijos, está en esclavitud. Mas la Jerusalén de arriba, la cual es madre de todos nosotros, es libre.» (Gálatas 4:22-26) Todos los ministros de Cristo y los siervos de Dios sabían que Jerusalén era una gran ramera, y hoy nuevamente lo es, siendo la representante de todo un sistema sionistas satánico monitoreado, ya sea desde Israel o desde países extranjeros, y esta cúpula abominable ha de ser destruida para que en su lugar sea puesta la nueva Jerusalén, la celestial que viene de parte de Dios (evidentemente el pueblo es otra cosa y también la región misma, por lo que en su momento Jehová defenderá a su pueblo y a su punto estratégico en Medio Oriente).

Por esa razón se habla de la defensa de Dios hacia los moradores de Jerusalén y también de los "despojos que quedarán de ella", pues dijo Jehová: «*yo reuniré a todas las naciones para combatir contra Jerusalén...*» (Zacarías 14:2) Pero es obvio que el Hijo de la Perdición hará creer que la paz estará en Jerusalén, tal como fue advertido: será un error. Israel fue derrotado por naciones enemigas, pero no varias a la vez contra ella, como advierte Zacarías, por lo que esta batalla será futura. Entonces, «*después saldrá Jehová y peleará con aquellas naciones, como peleó en el día de la batalla. Y se afirmarán sus pies en aquel día sobre el monte de los Olivos, que está en frente de Jerusalén al oriente; y el monte de los Olivos se partirá por en medio, hacia el oriente y hacia el occidente, haciendo un valle muy grande; y la mitad del monte se apartará hacia el norte, y la otra mitad hacia el sur [...] y vendrá Jehová mi Dios, y con él todos los santos.*» (Zacarías 14:3-5). Por esta razón aquí se complementa lo que mucho después escribió Juan, mostrando a Jehová viniendo de los cielos para reinar sobre la Tierra en medio de un tiempo de penumbra y de caos en los astros: «*Y acontecerá que en ese día no habrá luz clara, ni oscura. Será un día, el cual es conocido de Jehová, que no será ni día ni noche; pero sucederá que al caer la tarde habrá luz. Acontecerá también en aquel día, que saldrán de Jerusalén aguas vivas, la mitad de ellas hacia el mar oriental, y la otra mitad hacia el mar occidental, en verano y en invierno. Y Jehová será rey sobre toda la tierra. En aquel día Jehová será uno, y uno su nombre.*» (Zacarías 14:6-9).

Enoc mismo escribió: «*el Único Gran Santo vendrá desde su morada. El Dios eterno andará sobre la tierra, sobre el monte Sinaí aparecerá con su gran ejército y surgirá en la fuerza de su poder desde lo alto de los cielos.*» (1ª Enoc 1:3-4) Y más adelante añadió: «*Mirad que Él viene con una multitud de sus santos, para ejecutar el juicio sobre todos y aniquilará a los impíos y castigará a toda carne por todas sus obras impías, las cuales ellos han perversamente cometido y de todas las palabras altaneras y duras que los malvados pecadores han hablado contra Él.*» (1ª Enoc 1:9). Y más adelante escribió: «*Pero cuando venga el día, del poder, del castigo, del juicio que el Señor de los espíritus ha preparado para aquellos que no se inclinan ante la ley de la justicia, para aquellos que rechazan el juicio de la justicia y para aquellos que toman su nombre en vano, ese día está preparado para los elegidos un pacto, pero para los pecadores castigo.*» (1ª Enoc 60:6).

El Cordero

Después de ver la visión final sobre la destrucción de la Gran Babilonia, Juan, el escritor del libro de Apocalipsis, dijo ver y oír a una gran multitud decir: «*Gocémonos y alegrémonos y démosle gloria; porque **han llegado las bodas del Cordero**, y su esposa se ha preparado. Y a ella se le ha concedido que se vista de lino fino, limpio y resplandeciente; porque el lino fino es las acciones justas de los santos. Y el ángel me dijo: Escribe: **Bienaventurados los que son llamados a la cena de las bodas del Cordero**. Y me dijo: Éstas son palabras verdaderas de Dios.*» (Apocalipsis 19:7-9) ¿Quién es ese Cordero? ¿Por qué a esa persona se le simboliza con el Cordero? ¿Cuáles son esas Bodas mencionadas? ¿En qué consiste esa Cena? El libro de la Revelación de Juan es sumamente simbólico, y la representación habitual para nuestro Señor Jesucristo es la del Cordero, pero usualmente nadie se para a pensar porqué, sino que repiten las palabras comunes y que suenan bonito, sin comprender su profundidad. Unos días después de la 9ª plaga que arrasó Egipto en tiempos de Moisés, Jehová habló a la congregación de Israel diciendo que se preparasen "un cordero sin defecto", o sea, "sin mancha" (Éxodo 12:5), y que lo comiesen asado, mientras la sangre debía ser tomada y puesta *«en los dos postes y en el dintel de las casas en que lo han de comer.»* (Éxodo 12:7) Y esta "unción" y "cobertura" con sangre sería para evitar el mal aquella noche, ya que dijo Jehová: *«yo pasaré aquella noche por la tierra de Egipto, y heriré a todo primogénito en la tierra de Egipto, así de los hombres como de las bestias; y ejecutaré mis juicios en todos los dioses de Egipto.»* (Éxodo 12:12) Este día, es cuando inicia el Pesaj ("Pascua" en español, o "Pass-Over", en inglés. De "pasar sobre...", ya que Israel saldría tras esto de Egipto y de la dura servidumbre, y atravesaría el mar Rojo). Ese cordero, entonces, les "salvaría la vida" aquella noche y sería el símbolo que recordaría Israel, cuando Jehová los sacó de Egipto "con mano fuerte", y "con grandes señales y prodigios".

Unos 1.500 años después, conmemorando el Pesaj (la Pascua judía), Jesús, tras haber hecho "grandes señales y prodigios", llegó al término de su misión, finalizó su objetivo hasta ese punto, por lo que ahora le tocaba hacer aquello "para lo cual" fue enviado. Habiendo "participado" de la cena pascual (Lucas 22:15), se ofreció como sacrificio él mismo: *«Angustiado él, y afligido, no abrió su boca; como cordero fue llevado al matadero...»* (Isaías 53:7) Los sacrificios eran un tema importante que usualmente también se omite en la cultura cristiana. Era necesario sacrificar animales como expiación de pecados. Esto era una reparación o enmienda por el mal, y que hacía sus veces de remisión momentánea. Jehová usó esto por mucho tiempo para que Israel entendiese este simbolismo y relacionase la práctica del pecado con el padecimiento, la tristeza y la conciencia, pero ellos lo mantuvieron como tradición, sin entender el simbolismo (Oseas 6:6 y 9:4, Jeremías 6:20, Isaías 1:11 y Salmo 51:17). Por esa razón, Juan el bautista dijo a los entendidos, al ver a Jesús: «*He aquí el Cordero de Dios, que quita el pecado del mundo.*» (Juan 1:29) Juan entendía que en vez de que se continuase con las prácticas rituales de los holocaustos por los pecados cometidos, un hombre se sacrificaría por toda la nación, y no sólo por la nación, sino por todo aquel que creyese en su nombre: «*El que en él cree, no es condenado; pero el que no cree, ya ha sido condenado, porque no ha creído en el nombre del unigénito Hijo de Dios.*» (Juan 3:18) Y estos que creen son considerados hijos de Dios en proceso: «*Mas a todos los que le recibieron, a los que creen en su nombre, les dio potestad de ser hechos hijos de Dios...*» (Juan 1:12) Este no es un hecho, sino un derecho. Por eso dice, "ser hechos", lo cual implica el ser moldeados, para convertirse al final en un verdadero hijo. Un diamante no tiene valor entretanto está bruto, sino que necesita cortes precisos y pulcros para tener gran valor (si el diamante tuviese sentimientos se quejaría tanto como nosotros con Dios cuando nos hace cambiar).

Ese cordero es el que se sacrificó por todos, librándolos de una forma definitiva de la "esclavitud de Egipto", lo cual simboliza al mundo. Ese "pacto de sangre" –por lo tanto, inquebrantable- vino a "cubrir" la transgresión y también hizo un pago de remisión, o sea, compró la libertad de la humanidad sujeta a la Condenación. Al ser comprado quiere decir que ya no hay libertad (libertinaje y despropósito) en uno mismo sino que venimos a tener dueño, pertenecemos a Cristo, si le ha aceptado uno, y eso quiere decir que ni el mundo ni Satanás tienen potestad sobre el que le ha aceptado, porque le pertenece a un señor: «*sabiendo que **<u>fuisteis rescatados de vuestra vana manera de vivir</u>**, la cual recibisteis de vuestros padres, no con cosas corruptibles, como oro o plata, sino **con la sangre preciosa*** *de Cristo*, *como de un cordero sin mancha y sin contaminación...»* (1ª Pedro 1:18-19) Y ese sacrificio y pacto de sangre se cumplió con el derramamiento de la sangre del hijo de Dios y el pago de su propia vida, porque con esto "llevará las iniquidades de ellos", como dijo Isaías. De este modo lo profetizó, afirmando que sería poderosamente recompensado, *«por cuanto derramó su vida hasta la muerte...»* (Isaías 53:11-12). Y Jesús así fue fiel a Dios: *«Por eso me ama el Padre, porque yo pongo mi vida, para volverla a tomar. Nadie me la quita, sino que yo de mí mismo la pongo. Tengo poder para ponerla, y tengo poder para volverla a tomar. Este mandamiento recibí de mi Padre.»* (Juan 10:17-18) No podemos, entonces, dejar de comprender que el sacrificio es necesario, pero no con animales y su sangre, sino de la abstinencia del mundo y de la voluntad de la carne. Pues, antes se "imponía las manos" para pasar los pecados a un animal, y ese animal era el que era degollado, o, en otro caso, era expulsado del campamento: *«...y pondrá Aarón sus dos manos sobre la cabeza del macho cabrío vivo, y confesará sobre él todas las iniquidades de los hijos de Israel, todas sus rebeliones y todos sus pecados, poniéndolos así sobre la cabeza del macho cabrío...»* (Levítico 16:21)

Acorde a esta promesa y cumplimiento, fue revelado: *« Y miré, y oí la voz de muchos ángeles alrededor del trono, y de los seres vivientes, y de los ancianos; y su número era millones de millones, que decían a gran voz: **El Cordero que fue inmolado es digno de tomar el poder**, las riquezas, la sabiduría, la fortaleza, la honra, la gloria y la alabanza. Y a todo lo creado que está en el cielo, y sobre la tierra, y debajo de la tierra, y en el mar, y a todas las cosas que en ellos hay, oí decir: Al que está sentado en el trono, y al Cordero, sea la alabanza, la honra, la gloria y el poder, por los siglos de los siglos.»* (Apocalipsis 5:11-13) Debido a esto, nuestro Señor Jesucristo es simbolizado con el cordero desde que se sacrificó, por los profetas y en la revelación de Juan, y por esa razón es el ícono de la Pascua y de los sacrificios de animales como pago por los pecados. Mientras los sacrificios debían hacerse una y otra vez, cada vez que la persona pecaba, Cristo lo hizo de una sola vez, aboliendo los sacrificios dictaminados en la ley de Moisés: «*Porque también <u>Cristo padeció una sola vez por los pecados,</u> el justo por los injustos, para llevarnos a Dios, siendo a la verdad muerto en la carne, pero vivificado en espíritu...*» (1ª Pedro 3:18) Tal como el cordero del sacrificio y el resto de animales que debían ser presentados en expiación, debían ser sin defecto y lo mejor de la propiedad del pecador, así fue con Cristo. Asimismo, Cristo hizo como Aarón, sacrificando el animal, pero en sí, se entregó voluntariamente. De aquí también se esgrime la aplicación del término de Sumo Sacerdote: «*Porque no entró Cristo en el santuario hecho de mano, figura del verdadero, sino en el cielo mismo para presentarse ahora por nosotros ante Dios; y no para ofrecerse muchas veces, como entra el sumo sacerdote en el Lugar Santísimo cada año con sangre ajena. De otra manera le hubiera sido necesario padecer muchas veces desde el principio del mundo; pero ahora, en la consumación de los siglos, se presentó una vez para siempre por el sacrificio de sí mismo para quitar de en medio el pecado.*» (Hebreos 9:24-26)

La Esposa

«*Y de la manera que está establecido para los hombres que mueran una sola vez, y después de esto el juicio, así también <u>**Cristo fue ofrecido una sola vez para llevar los pecados de muchos**</u>; y aparecerá por segunda vez, sin relación con el pecado, para salvar a los que le esperan.*» (Hebreos 9:27-28) ¿Salvar a los que le esperan? ¿Salvarlos de qué? De las cosas que están por suceder: «<u>**Velad**, pues, **en todo tiempo orando** que seáis tenidos por dignos</u> de escapar de todas estas cosas que vendrán, **y de estar en pie delante del Hijo del Hombre.**» (Lucas 21:36) En medio de esos eventos advertidos, que tantas veces se han mencionado, aparecerá el Señor para llevarse a sus escogidos, lo cual se suele definir en el cristianismo como "la Esposa" –aunque técnicamente es incorrecto-, pero a los que mantuvieron la unción (Mateo 25:4). ¿Qué implica ser escogido de Cristo? Ser siervos de

Cristo, discípulos de Cristo, obreros que producen fruto, hijos de Dios que están en santidad y que guardan los mandamientos. Jesús advierte que hay que "velar" y "orar EN TODO TIEMPO, para ver si se llega a ser "digno". Velar es mantenerse en vela, en vigilia, en guardia, a cualquier hora, en todo momento, sin perder la esperanza ni desanimarse: «*He aquí yo vengo pronto, y **mi galardón conmigo, para recompensar a cada uno según sea su obra**.*» (Apocalipsis 22:12)

La escritura es clara al definir a la Esposa como la Nueva Jerusalén, ya descrita figurativamente en Apocalipsis 12, en alumbramiento (el Arrebatamiento), y su fruto (resultado) se muestra como un "niño", el cual es llevado lejos, mientras la Bestia y el Dragón manipulan y exprimen a la Tierra. Ese niño, dice Juan que «*regirá la Tierra con vara de hierro*» (Apocalipsis 12:5), o sea, tendrá la autoridad de Jesucristo para reinar con él durante su Milenio en la Tierra. Pero antes de empezar ese Milenio, ese "niño" es mantenido lejos por 3 años y medio, igual que la mujer. Al concluir 1.335 días, Cristo y sus escogidos regresan a la Tierra para gobernarla. No obstante, ¿qué ocurre durante esa estancia allá afuera? Las promesas de Jesús hablan de "galardones" y "premios" para los que hayan alcanzado la meta: «*Mirad por vosotros mismos, para que no perdáis el fruto de vuestro trabajo, sino que recibáis galardón completo.*» (2ª Juan 1:8) Además de que no participarán del caos del mundo en aquel crítico tiempo: «*Después de esto miré, y he aquí una gran multitud, la cual nadie podía contar, de todas naciones y tribus y pueblos y lenguas, que estaban delante del trono y en la presencia del Cordero, vestidos de ropas blancas, y con palmas en las manos...*» (Apocalipsis 7:9) Juan, al principio no los reconoció, pero le fue dado a conocer que «*éstos son los que han salido de la gran tribulación, y han lavado sus ropas, y las han emblanquecido en la sangre del Cordero. **Por esto están delante del trono de Dios, y le sirven día y noche en su templo**; y el que está sentado sobre el trono extenderá su tabernáculo sobre ellos. Ya no tendrán hambre ni sed, y el sol no caerá más sobre ellos, ni calor* *alguno; porque el Cordero que está en medio del trono los pastoreará, y los guiará a fuentes de aguas de vida; y Dios enjugará toda lágrima de los ojos de ellos.»* (Apocalipsis 7:14-17)

Ahora bien, en torno a la "mujer", ¿qué es la Esposa? La tradición hebrea señala que la esposa es una "mujer virtuosa" y "virgen" (sin mancha) que espera para "unirse a varón" y traer simiente, con lo cual bendice y honra el nombre de su familia. A una mujer rebelde se le podía dar carta de divorcio. Los que llegan a ser escogidos y subidos son la integridad y cara representativa de esa Esposa. Muchos ni saben mantener un matrimonio terrenal, ¿cómo podrán con uno celestial? No nos sujetamos a Cristo, sino a autoridades humanas; no confiamos en Cristo, sino en nuestro bolsillo y en nuestro vientre; no dejamos las cosas en manos de Dios y perseveramos en la oración, sino que buscamos hacer las cosas humanamente. La Esposa debe estar sin mancha, de otra manera es repudiada o apedreada, y en el caso de la Nueva Jerusalén, ella es pura y está únicamente "cubierta" por las "buenas obras" de los Escogidos y santos: *« Y a ella se le ha concedido que se vista de lino fino, limpio y resplandeciente; porque el lino fino es las acciones justas de los santos.»* (Apocalipsis 19:8). Ergo, nosotros ¿estamos sin mancha? ¿Estamos libres de chismes, críticas, habladurías, señalamientos [a nuestros hermanos], juicios [al prójimo]? ¿Estamos libres de contaminaciones internas y externas? La fornicación y el adulterio, a nivel espiritual, se entiende cuando el Señor recriminó a Israel: "fornicasteis con otros dioses". Obviamente no habrán tenido relaciones sexuales con pedazos de piedra, por lo que se refería a la contaminación y corrupción con otras deidades. Esto mismo ocurre con el adulterio, como cuando se describe "una bebida adulterada", o sea, que se le ha cambiado la sustancia original y se ha mezclado, mientras el envase lleva otro título, esto es sinónimo de mentira, hipocresía, falsedad y traición.

Nosotros, a nivel espiritual, fornicamos cuando nos contaminamos con las cosas del mundo, sus abominaciones, sus tradiciones y sus prácticas. A nivel espiritual, adulteramos, cuando, diciendo que somos de Cristo, hacemos lo que no es propio ni verdadero de un "cristiano". Haciendo esto, no nos extrañe que cuando venga el esposo, nos repudie, nos dé carta de divorcio, o nos «*vomite de su boca*» (Apocalipsis 3:16). Debemos estar santificados, limpios y puros para el Esposo, y dar frutos. Los que viven por principios y valores celestes, han de tener hijos (resultados) consecuentes: predicar el evangelio y llevar a gente a los pies de Cristo. Si somos estériles, no nos extrañe que el esposo no nos lleve a las bodas. Actuemos con integridad, como una "mujer virtuosa", sumisas a su Señor, respetuosas a su Señor, obedientes a su Señor, laboriosas, prestas «*para toda buena obra*» (Hebreos 3:21, Tito 1:16 y 3:1, 2ª Timoteo 2:21 y 3:17, 2ª Tesalonicenses 2:17 y Colosenses 1:10). Pero, ¿cuál es la casa en el contexto espiritual? El Templo del cuerpo, el hogar, la iglesia, la familia y la pareja. El templo es el lugar donde la gente se reúne a adorar a la deidad, pero un tempo sucio o descuidado no puede hacer que Dios habite ahí, y mucho menos si hay abominación dentro. Un templo es "casa de oración", pero para los que se llaman "cristianos", aún hoy orar es un mito.

Ergo, ¿muestra la Biblia que la Esposa es la Nueva Jerusalén en contra de la teoría común del cristianismo? La Escritura habla de que los escogidos son "invitados" a unas bodas, pero los anfitriones (esposo y esposa) no son invitaos, pues ellos preceden la ceremonia. En su parábola sobre las cenas de las bodas Jesús aclaró que los primeros invitados (Israel) no quisieron asistir, pero al final llamaron a otra gente de cualquier sitio –los que oyeron el mensaje y aceptaron participar. Ellos no fueron invitados a casarse sino a ser partícipes de las "comidas", es decir, de conocer todas las cosas y ser incluidos en la ceremonia, la cual representa el inicio del Reino de Dios en la Tierra. Por esa razón se habla de 10 vírgenes que esperan a un esposo, en una parábola, pero obviamente no se van a casar las 10 con el mismo esposo. Las 10 son "invitadas" y esa es la razón de por qué no se dice que los de Cristo son esposa en ninguna parte del Nuevo Testamento. Por lo contrario, sí se aclara que la Gran Ciudad Celestial es la Esposa: «*Y yo Juan vi la santa ciudad, la nueva Jerusalén, descender del cielo, de Dios, dispuesta como una esposa ataviada para su marido.*» (Apocalipsis 21:2) No obstante, para limar toda duda y dejar zanjada cualquier interrogante motivo de debate, el propio mensajero llega a Juan y le dice: «*Ven acá, <u>yo te mostraré la desposada, la esposa del Cordero</u>. Y me llevó en el Espíritu a un monte grande y alto, y* **me mostró la gran ciudad santa de Jerusalén, que descendía del cielo, de Dios,** *teniendo la gloria de Dios. Y su fulgor era semejante al de una piedra preciosísima, como piedra de jaspe, diáfana como el cristal.*» (Apocalipsis 21:9-11).

LAS BODAS

Usualmente se piensa que las Bodas del Cordero serán tras el Arrebatamiento, ya que Jesús habló de una "entrega de galardones", pero cuando a Juan se le habla sobre las Cenas, por ejemplo, es ya cuando Satán ha sido capturado (Apoc. 19:7). De manera que, si la Mujer de Apocalipsis 12 es la Nueva Jerusalén, y esta baja a la Tierra a los 3 años y medio, ahí vendría, según la Escritura, la celebración de las Bodas. También hay que ver que cuando Juan ve la ciudad es apenas al final de la visión sobre el Juicio, que tiene lugar al concluir el Milenio. Ahora bien, por la recompensa venidera que Jesús prometió es por lo que debemos esforzarnos aún más, siendo que ya que de por sí pocos lo lograrán: «*Pero mientras ellas iban a comprar, vino el esposo; y las que estaban preparadas entraron con él a las bodas; y se cerró la puerta.*» (Mateo 25:10) Como reiteró el Señor, «*uno será tomado y otro será dejado*» (Lucas 17:34), no todos subirán. Se irán los que "*estaban preparados*" y "*mantuvieron aceite en sus lámparas*". Unas partes hacen parecer que las bodas comenzarán en ese momento, y la parte del "banquete" vendrá cuando Babilonia la Grande caiga, o sea, en medio del conflicto de Armagedón, y a pocas semanas del regreso físico del Señor a la Tierra para iniciar su Milenio de utopía –tema angular de los cristianos fundamentalistas. Lo cierto es que sólo se habla de esto al haber contemplado Juan el Juicio final. Ergo, cuando venga el Señor, ¿estaremos preparados? Hay un buen ejemplo en el joven Timoteo, de lo que debemos hacer, como si en vez de Pablo a él, fuese Cristo a nosotros: «*Entre tanto que voy, ocúpate en la lectura, la exhortación y la enseñanza. No descuides el don que hay en ti, que te fue dado mediante profecía con la imposición de las manos del presbiterio. Ocúpate en estas cosas; permanece en ellas, para que tu aprovechamiento sea manifiesto a todos. Ten cuidado de ti mismo y de la doctrina; persiste en ello, pues haciendo esto, te salvarás a ti mismo y a los que te oyeren.*» (1ª Timoteo 4:13-16)

Baruc fue informado de las cosas por venir, y entre ellas, lo referente al inicio del Milenio: «*Escuche ahora también en relación con la brillante iluminación que ha de venir después de la consumación en estas negras [aguas]: esta es la palabra. Después de los signos han llegado, de los cuales se les dijo antes, cuando las naciones estén turbulentas, y el tiempo de mi Mesías haya llegado, se convocará a juntas todas las naciones, y algunos de ellos deberán ser restituidos, y algunos de ellos se matarán. Estas cosas, por lo tanto, deberán proceder a las naciones que han de ser libradas de él. Cada nación, que Israel no conoce y no ha pisado la semilla de Jacob, deberá ser salvada. Y esto porque algunos de cada nación deben ser sometidas a su pueblo. Pero todos los que han gobernado más de usted, o ha conocido a usted, se darán a la espada.*» (2ª Baruc 72:1-6) En relación a las bendiciones que sobrevendrán al mundo, Baruc escribió: «*Y sucederá que cuando él (Jesús) haya traído todo lo que está bajo en el mundo, y se ha sentado en la paz por la eternidad en el trono de su reino, la alegría a continuación se pondrá de manifiesto, y el resto aparecerá. Y a continuación, descenderá la curación de rocío, y la enfermedad se retirará, y la ansiedad y angustia y lamento pasará de los hombres, [habrá] alegría y prosperidad a través de toda la tierra. Y nadie debe morir de nuevo [de modo] inoportuno, ni cualquier adversidad ocurrir de repente.»* (2ª Baruc 73:1-3)

La Nueva Jerusalén

Las tradiciones judías dicen que el Tercer Templo vendrá del cielo, acorde a las escrituras de la Tora. Este Tercer Templo sería construido por "el dedo de Dios", y sería una morada física que bajaría del cielo y se posaría en el Monte Olivar. Jesús mismo advirtió que debía ir a *"preparar lugar"* (Juan 14:2) para que dicha ciudad-templo esté en condiciones óptimas para el momento en que sean ahí depositados los elegidos y se abran oficialmente sus puertas: *"Y el templo de Dios fue abierto en el cielo, y el arca de su pacto se veía en el templo."* (Apocalipsis 11:19) Este lugar ya estaba habitado por los santos ángeles que liderar la venida del hijo de Dios: *"Después de estas cosas miré, y he aquí fue abierto en el cielo el templo del tabernáculo del testimonio; y del templo salieron los siete ángeles que tenían las siete plagas."* (Apocalipsis 15:5-6) Irónicamente otras civilizaciones hablaron de ciudades venidas del cielo (la Nueva Jerusalén y/o el gran dragón escarlata), por ejemplo, los indios Jopi: *«Este es el Noveno y último signo: <u>Escucharas hablar de una morada en el cielo, que caerá con todas sus fuerzas sobre la tierra.</u> Esta morada se verá como una gran estrella azul. Luego, muy pronto, las ceremonias y rituales de mi gente culminarán. Estos Signos representan que la gran destrucción se acerca. El planeta no dejara de sacudirse. <u>**El hombre blanco librará batallas contra gente de otras tierras, principalmente contra aquellos que poseían las primeras luces de la sabiduria**</u>. Habrá columnas de humo y fuego tal como Pluma blanca ya las había observado en los desiertos no muy lejos de aquí.»* Esto último lo decían de las pruebas atómicas que los indios habían visto en los desiertos de los EE.UU. durante los años 60 y 70.

Juan escribió sobre esta ciudad relatando todos sus detalles en el capítulo 21 del libro de la Revelación (Apocalipsis), y de hecho, vio su futuro descenso a la Tierra: "*Y me llevó en el Espíritu a un monte grande y alto, y me mostró la gran ciudad santa de Jerusalén, que descendía del cielo, de Dios, teniendo la gloria de Dios...*" (Apocalipsis 21:10-11) Esta ciudad no se dejaría ver en el Arrebatamiento, pero sí 3 años y medio después, cuando el Señor venga a reinar. No obstante, es posible que Juan, en visión, viese la Nueva Jerusalén esperando fuera del planeta a los escogidos, mientras son llevados a la ciudad divina (Apocalipsis 12:5), vaticinando que lo que de su vientre salga, posteriormente "*regirá con vara de hierro a todas las naciones.*" Es decir, nuestro planeta será gobernado de forma dictatorial por Jesús y sus siervos. Desde el Arrebatamiento, estos escogidos serán llevados a esta ciudad, la cual estará fuera del alcanza del dragón, "*donde tiene lugar preparado por Dios, para que allí la sustenten.*" (Apocalipsis 12:6). Con respecto a esta ciudad fue profetizado: «*Después de esto el Justo, el Elegido, hará aparecer la casa de su congregación y desde entonces, ellos no serán estorbados más en nombre del Señor de los espíritus.*» (1ª Enoc 53:6).

EL MILENIO

«*Habrá una luz infinita, aunque por determinados días ellos no vendrán, porque antes habrán sido destruidas las tinieblas, la luz habrá sido afirmada ante el Señor de los espíritus y la luz de la verdad habrá sido establecida para siempre ante el Señor de los espíritus.*» (1ª Enoc 58:6). La venida de Jesús está acompañada por Mil años de paz: «*Y hubo alegría grande a ellos y bendijeron y se sentaron y ensalzaron por motivo del nombre [del] Hijo del hombre. Y él se sentó en el trono de gloria, y todo el juicio le ha sido dado al Hijo del Hombre y Él retira a los pecadores y los expulsará [fuera] de delante de la Tierra; Y en lo que concierne [a los que han] descarriado al mundo [serán] atados en grilletes y en el [lugar donde han sido] reunidos [hecha] su ruina para [la destrucción], [serán] encarcelados y todas sus obras (hechos) desaparecerán [fuera] de la faz de la Tierra. Y a partir de entonces no habrá otra destrucción porque [el] Hijo del Hombre aparece y se ha sentado en el trono de gloria, y todo [lo] malo pasará y dominará delante de su rostro, y lo que habla [el] Hijo del Hombre se levantará ante el Señor de los espíritus, [es acorde a Él]. Esta es la parábola de Janoj, la tercera.»* (1ª Enoc 69:26-29).

Aunque Juan es breve en su descripción del Milenio, es sabido, aún por musulmanes, que vendrán estos 1.000 años de reinado de Jesús. Los judíos también tienen noción de este tiempo de gobierno del Mesías, aunque en su conjunto no identifican a Jesús con el Mesías que esperaban. Se sabe que los océanos serán limpiados, las naciones estarán obligadas a venir cada año a Jerusalén a adorar al rey (Zacarías 14:16-21), se eliminará el estado militar, religioso, político, geográfico y económico, se reorganizará el mundo, habrá salud, alimentación y servicios para la gente, e incluso se quitará del pueblo el acceso a las minas y los minerales para que nadie vuelva a fabricar cosas por su cuenta, especialmente armas: *«...allí mis ojos vieron todos los secretos del Cielo que llegará: una montaña de cobre, otra de plata, otra de oro, otra de estaño y otra de plomo. Pregunté al ángel que iba conmigo, diciendo: "¿Qué cosas son éstas [cosas] que he visto en secreto?". Me dijo: "Todo lo que has visto servirá para el gobierno de su Ungido, para que pueda ser fuerte y poderoso sobre la tierra". Y luego este ángel de paz dijo: "Espera un poco y te serán revelados todos los misterios que rodean al Señor de los espíritus: "Esas montañas que tus ojos han visto, de hierro, cobre, plata, oro, estaño y plomo, en presencia del Elegido serán como la cera frente al fuego y como el agua derramada y se derretirán a sus pies. Sucederá en esos días que nadie será salvado ni por el oro ni por la plata y nadie podrá escapar; no habrá hierro para la guerra, ni revestimiento para corazas; el bronce será inútil, el estaño no será estimado y el plomo será indeseable. Todas estas cosas serán eliminadas de la superficie de la tierra cuando aparezca el Elegido ante el rostro del Señor de los espíritus".*» (1ª Enoc 52:2-4). Luego Enoc concluye diciendo: «*En presencia de su justicia, estas montañas no estarán más en la tierra, las colinas se convertirán en fuentes de agua y los justos descansarán de la opresión de los pecadores.*» (1ª Enoc 53:7).

Sobre el desarrollo del reinado de Cristo y cómo será la vida desde entonces sí habló extensamente Enoc, matizando: «*Entonces, haré que mi Elegido habite entre ellos; transformaré el Cielo y lo convertiré en bendición y luz eterna; transformaré la tierra y haré que mis elegidos la habiten, pero los pecadores y los malvados no pondrán los pies allí.*» (1ª Enoc 45:4-5). Y también: «*El Señor de los Espíritus colocó al Elegido sobre el trono de gloria y el juzgará todas las obras de los santos y sus acciones serán pesadas en la balanza.*» (1ª Enoc 61:8). Más adelante escribe: «*Así ordenó el Señor a los reyes, a los poderosos, a los dignatarios y a todos los que viven sobre la tierra, diciendo: "Abrid los ojos y levantad vuestras frentes por si sois capaces de reconocer al Elegido [...] Ese día todos los reyes y los poderosos y los que dominan la tierra se levantarán, le verán y le reconocerán cuando se siente sobre el trono de su gloria; la justicia será juzgada ante Él y no se pronunciará palabra vana frente a Él. [...] El dolor vendrá sobre ellos como a una mujer en un parto difícil, cuando su hijo viene por la abertura de la pelvis y sufre para dar a luz. Se mirarán los unos a los otros aterrorizados, bajarán la mirada y la pena se apoderará de ellos cuando vean a este Hijo de Mujer sentarse sobre el trono de su gloria.*» (1ª Enoc 62:1-5).

Posteriormente, a propósito de los escogidos de Cristo, a los santos, los justos y los patriarcas, también se enseñó: «*Esperad, aunque primero habéis sido afligidos con la desgracia y el sufrimiento, pero ahora brillaréis como las luminarias del Cielo. Apareceréis y brillaréis y la puerta del Cielo se abrirá ante vosotros.*» (1ª Enoc 104:2). Poco antes recalca: «*Para todos los justos y los santos Él designará Vigilantes de entre los santos ángeles, ellos les guardarán como a la niña de un ojo hasta que Él extermine toda maldad y todo pecado y si los justos duermen un sueño largo, no tendrán de qué preocuparse.»* (1ª Enoc 100:5). Igualmente dice: *«Él otorgará la gracia a los justos y les dará su eterna justicia y su poder; Él permanecerá en bondad y justicia y marchará con luz eterna.»* (1ª Enoc 92:4). Volviendo con la explicación sobre la herencia de la Tierra, añade: *«Para los elegidos habrá luz, alegría y paz y heredarán la tierra, pero para vosotros impíos habrá maldición.»* (1ª Enoc 5:7). También, en ese mismo párrafo, Enoc hace saber que los que reciban estas promesas conocerán todas las cosas y les serán revelados los misterios: *«Y entonces la sabiduría se dará a los elegidos y vivirán todos, y no pecarán más ni por olvido ni por orgullo, sino que en cambio los que sean sabios serán humildes. No transgredirán más ni pecarán el resto de su vida, ni morirán por el castigo o por la ira divina, sino que completarán el número de los días de su vida. Su vida será aumentada en paz y sus años de regocijo serán multiplicados en eterna alegría y paz por todos los días de su vida.»* (1ª Enoc 5:8-9).

Habrás inmortalidad para los justos: *«Los justos y los elegidos se habrán levantado de la tierra, dejarán de estar cabizbajos y se vestirán con prendas de gloria. Tales serán las prendas de vida del Señor de los espíritus: vuestra ropa no envejecerá y vuestra gloria no terminará ante el Señor de los espíritus.»* (1ª Enoc 62:15-16). Más adelante explica que la justicia será permanente y el mundo vivirá acorde a la luz y la verdad, siendo todas sus sendas correctas: *«Y todos los hijos de los hombres llegarán a ser justos y todas las naciones me adorarán, se dirigirán en oración a mí y me alabarán.»* (1ª Enoc 10:21). Así llegarán las grandes bendiciones celestes a todos: *«Y en esos días abriré los tesoros de bendición que están en el Cielo, para hacerlos descender sobre la tierra, sobre las obras y el trabajo de los hijos de los hombres.»* (1ª Enoc 11:1). Luego bajarán también los hijos de las estrellas, los que vienen de la luz, a morar entre los humanos: *«Y ocurrirá en esos días que los hijos de los elegidos y santos descenderán de lo alto del Cielo y su linaje llegará a ser uno con el de los hijos de los hombres.*» (1ª Enoc 39:1). Respecto a su resurrección, su perfeccionamiento y la sabiduría que recibirán, Enoc escribió: «*Los justos se levantarán de su sueño, la sabiduría surgirá y les será dada y la tierra descansará por todas las generaciones futuras.*» (1ª Enoc 91:10). Y más adelante escribe: «*Los justos se levantarán de su sueño y avanzarán por senderos de justicia y todos sus caminos y palabras serán de rectitud y gracia.*» (1ª Enoc 92:3).

En una visión donde le expresan los tiempos por venir, Enoc ve las etapas que sobrevendrán después de la venida del Rey para gobernar la Tierra y traer la justicia: «*Después de esto vendrá la 8ª semana, la de la justicia, en la cual se entregará una espada para que juzguen justamente a los opresores, que serán entregados en manos de los justos. Y al final de esta semana los justos adquirirán honestamente riquezas, y será construido el templo de la realeza del Grande en su esplendor eterno, para todas las generaciones. (Otra versión traduce: "Y hacia su fin [de la octava semana] ellos [los justos] adquirirán casas a causa de su justicia; y será elevada una casa para el gran Rey, en un esplendor eterno"), Tras esto, en la 9ª semana se revelarán la justicia y el Juicio Justo a la totalidad de los hijos de la Tierra entera y todos los opresores desaparecerán totalmente de la Tierra y serán arrojados al Pozo Eterno y todos los hombres verán el camino justo y eterno. Después de esto, en la 10ª semana, en su 7ª parte, tendrá lugar el Juicio Eterno. Será el tiempo del Gran Juicio y Él ejecutará la venganza en medio de los santos.*» (1ª Enoc 91:12-15) Esta visión concluye dejando claro que la eternidad será lo porvenir: «*Y luego de esta, habrá muchas semanas, cuyo número nunca tendrá fin, en las cuales se obrarán el bien y la justicia. El pecado ya no será mencionado jamás.*» (1ª Enoc 91:17).

Los jopi también dijeron, sobre el regreso de Jesús: «*Luego del gran cataclismo, habrá mucho por reconstruir. Y pronto, muy pronto, Pahana retornará trayendo consigo el amanecer del Quinto Mundo.*

Plantará las semillas de su sabiduría en nuestros corazones. Incluso hoy día estas semillas ya están siendo esparcidas y plantadas. Todo ello aclarará y hará menos dolorosa nuestra entrada al Quinto mundo.» A pesar de que el libro de la revelación de Juan es tan escueto sobre el milenarismo, muchos "creyentes" a estas alturas, aún no creen en Apocalipsis y en lo ahí expuesto, entre ello el Arrebatamiento y el Milenio Mesiánico. De Apocalipsis 20:2 al 20:7 se habla de 1.000 años durante los cuales Satanás estará encarcelado, un tiempo en el cual Cristo reinará con sus escogidos, una vez los poderes aliados a la Bestia, tratando de enfrentar a Cristo en su llegada, sean vencidos: *«¿Por qué se amotinan las gentes, Y los pueblos piensan cosas vanas? Se levantarán los reyes de la tierra, Y príncipes consultarán unidos Contra Jehová y contra su ungido, diciendo: Rompamos sus ligaduras, Y echemos de nosotros sus cuerdas. El que mora en los cielos se reirá; El Señor se burlará de ellos. Luego hablará a ellos en su furor, Y los turbará con su ira. Pero yo he puesto mi rey Sobre Sion, mi santo monte. Yo publicaré el decreto; Jehová me ha dicho: Mi hijo eres tú; Yo te engendré hoy. Pídeme, y te daré por herencia las naciones, Y como posesión tuya los confines de la tierra. Los quebrantarás con vara de hierro; Como vasija de alfarero los desmenuzarás. Ahora, pues, oh reyes, sed prudentes; Admitid amonestación, jueces de la tierra. Servid a Jehová con temor, Y alegraos con temblor. Honrad al Hijo, para que no se enoje, y perezcáis en el camino; Pues se inflama de pronto su ira. Bienaventurados todos los que en él confían.»* (Salmo 2:1-12) Así también se esgrime en las enseñanzas islámicas y de indios de América, pues la verdad no quedó sujeta a una sola fuente ni un solo pueblo, sino, para testimonio, fue advertida a otras muchas culturas.

Este salmo habla del levantamiento de los poderosos de la Tierra para venirse "contra el Cordero", cuando regrese de los cielos para reinar por Mil Años. Aquí comenzará el "reposo" que falta al "pueblo de Israel": *« Y otra vez aquí: No entrarán en mi reposo. Por lo tanto, puesto que falta que algunos entren en él, y aquellos a quienes primero* *se les anunció la buena nueva no entraron por causa de desobediencia, otra vez determina un día: Hoy, diciendo después de tanto tiempo, por medio de David, como se dijo: Si oyereis hoy su voz, No endurezcáis vuestros corazones. Porque si Josué les hubiera dado el reposo, no hablaría después de otro día. Por tanto, **queda un reposo para el pueblo de Dios**. Porque _el que ha entrado en su reposo, también ha reposado de sus obras_, como Dios de las suyas. Procuremos, pues, entrar en aquel reposo, para que ninguno caiga en semejante ejemplo de desobediencia.»* (Hebreos 4:5-11) Es pues, este, un tiempo que será de reposo, no sólo para Israel, sino para los escogidos de Cristo. Este será un tiempo idílico para los que confían y esperan en Dios: «*Y mi pueblo habitará en morada de paz, en habitaciones seguras, y en recreos de reposo.*» (Isaías 32:18) Ese tiempo será cuando Dios habite con los hombres, y «*Él les será por Dios y ellos le serán por pueblo*» (Zacarías 8:8 y Apocalipsis 21:3), como padre con hijos e hijos con padre.

Así Él estará entre los hombres y su templo se establecerá en la Tierra, y ahí Dios reposará por perpetuidad. Esta era utópica es el simbolismo que Dios enseñó por medio del Shabat, pues 6 días el hombre trabajará y al 7º descansará, y como para Dios «*un día es como mil años*» (Salmo 90:4), tras 6.000 años de "dura servidumbre", estaremos por un milenio en "reposo". Así comprendemos que, desde hoy hacia atrás, a los días de Jesús en Judá, hay unos 2.000 años; desde Jesús hasta Abraham, otros 2.000 años, aprox.; y desde Abraham hasta el tiempo en que Adán fue puesto a «*trabajar duro con el sudor de su nariz*», pasaron otros 2.000 años, más o menos. Por consiguiente, en este tiempo de paz y armonía, en esta gran ciudad el sufrimiento, la pobreza y la enfermedad comenzarán a desaparecer, porque «*No dirá el morador: Estoy enfermo; al pueblo que more en ella le será perdonada la iniquidad.*» (Isaías 33:24) E Isaías añadió: «*Entonces los ojos de los ciegos serán abiertos, y los oídos de los sordos se abrirán. Entonces el cojo saltará como un ciervo, y cantará la lengua del mudo; porque aguas serán cavadas en el desierto, y torrentes en la soledad.*» (Isaías 35:5-6)

Entre los siglos I y IV aún quedaban algunos que habían sido adoctrinados sobre los eventos del fin de los tiempos, antes de que Orígenes y Agustín de Hipona dañasen el verdadero mensaje que luego terminaron de estropear Constantino y Atanasio. Estos son algunos de los ejemplos de la filosofía que aún se conservaba: «*Yo, y todos los demás que son verdaderos cristianos, sabemos que habrá una resurrección de los muertos, y mil años en Jerusalén, que será edificado, adornado y engrandecido tal y como los profetas Ezequiel, Isaías y otros declararon. Además de esto, cierto hombre con nosotros, llamado Juan, un Apóstol de Cristo, predijo por una revelación dada a él, que aquellos que creyesen en nuestro Cristo, pasarían mil años en Jerusalén y que después, por decirlo brevemente, la resurrección eterna y el juicio de todos los hombres, se produciría.*» (Justino Mártir. 100-165 d.C.) Otro ejemplo que encontramos reza: «*Cuando ese Anticristo haya devastado todas las cosas de este mundo, reinará durante tres años y seis meses, y se sentará en el templo de Jerusalén. Entonces el Señor vendrá desde el Cielo sobre una nube y en la gloria del Padre, enviando a ese hombre y a aquellos que le siguen al lago de fuego, pero trayendo para los justos los tiempos del Reino; esto es, el Descanso, el Santo Día del Shabbat, y restaurando a Abraham la herencia prometida, en cuyo Reino el Señor declaró que muchos viniendo del este y del oeste, se sentarían con Abraham, Isaac y Jacob.*» (Ireneo. 130-200 d.C.) Y también podemos leer: «*Pero confesamos que un Reino nos ha sido prometido sobre la tierra, aunque antes que en el Cielo, sólo que en otro estado de existencia, y mucho de ello será después de la resurrección de ellos, durante mil años en la divinamente construida ciudad de Jerusalén.*» (Tertuliano. 160-220 d.C.).

7.

EL JUICIO

JUZGAR

«No harás injusticia en el juicio, ni favoreciendo al pobre ni complaciendo al grande; con justicia juzgarás a tu prójimo. No andarás chismeando entre tu pueblo. No atentarás contra la vida de tu prójimo. Yo Jehová.» (Levítico 19:15-16) En la Ley de Moisés estaba determinado juzgar los asuntos de los hombres, ya desde los días en que Jetró visitó a Moisés en el desierto para recomendarle que pusiese jueces sobre la nación (Éxodo 18:16 y Deuteronomio 16:18), pues Moisés no podía cargar con todos los asuntos de Israel. Posteriormente, desde que Josué murió, Israel tuvo necesidad de jueces que determinasen los asuntos de Israel hasta que ellos pidieron rey, y Dios les puso al hijo de Cis. En este tiempo hubo un gran profeta que desde su juventud sirvió a Dios y juzgó a Israel, este fue Samuel. Los profetas también juzgaron a Israel y le exhortaron, pero cuando ya no había quien juzgase, la nación prevaricó sin ley. Ahora la gente obedecía sólo a los escribas y fariseos y sus grandes cargas y abusos (Mateo 23:13-29). Ellos juzgaban como les daba la gana y a todo le sacaban su propio beneficio. No obstante, el pueblo también juzgaba según la Ley de Moisés y tomaban la justicia por su mano –siempre y cuando esta, en tiempos de Jesús, no violase normas romanas–, y es esto lo que ahora debe cambiar: *«Hermanos, no murmuréis los unos de los otros. El que murmura del hermano y juzga a su hermano, murmura de la ley y juzga a la ley; pero si tú juzgas a la ley, no eres hacedor de la ley, sino juez. Uno solo es el dador de la*

ley, que puede salvar y perder; pero tú, ¿quién eres para que juzgues a otro?» (Santiago 4:11-12)

Fue dicho: *«No hagáis injusticia en juicio, en medida de tierra, en peso ni en otra medida. **Balanzas justas, pesas justas y medidas justas tendréis**. Yo Jehová vuestro Dios, que os saqué de la tierra de Egipto. Guardad, pues, todos mis estatutos y todas mis ordenanzas, y ponedlos por obra. Yo Jehová.»* (Levítico 19:35-37) Ergo, Jesús, que vino a PERFECCIONAR la Ley, enseñó: *«No juzguéis, para que no seáis juzgados. Porque **con el juicio con que juzgáis, seréis juzgados, y con la medida con que medís, os será medido**.»* (Mateo 7:1-2) Entonces expuso lo de *"quitarse primero la viga del propio ojo"* y nos recordó que sólo el Padre juzga, y que si hay que juzgar (determinar) algo, se haga con justicia (equidad, rectitud, honradez e imparcialidad): *«**No juzguéis según las apariencias**, sino juzgad con justo juicio.»* (Juan 7:24) Aun así, muchos nos creemos en condiciones de señalar y evaluar la vida de las demás personas; decir si son santos o no, si son pecadores o no, si son bendecidos o no, si son buenos o no, si están recibiendo pago por su maldad o no, si viven de acuerdo a la Ley de Dios o no, y así sucesivamente, hasta ir aún más lejos, entrando en chismes, críticas, habladurías a espaldas de los demás y ejecutando juicios deliberados: *«Así que, **no juzguéis nada antes de tiempo**, hasta que venga el Señor, el cual aclarará también lo oculto de las tinieblas, y manifestará las intenciones de los corazones; y entonces cada uno recibirá su alabanza de Dios.»* (1ª Corintios 4:5)

Por tanto, librémonos de ser herramientas de Satanás, de estar metidos en la vida ajena y señalando la vida de los demás, como jueces y verdugos. Bien dijo el rey Salomón: *«El que anda en chismes descubre el secreto; Mas el de espíritu fiel lo guarda todo.»* (Proverbios 11:13) Y lo reitera mejor al afirmar: *«El que anda en chismes descubre el secreto; No te entremetas, pues, con el suelto de lengua.»* (Proverbios 20:19) Por eso también está escrito en el Libro Eclesiástico: *«No repitas nunca lo que se dice, y en nada sufrirás menoscabo. Ni a amigo ni a enemigo cuentes nada, a menos que sea pecado para ti, no le descubras. Porque te escucharía y se guardaría de ti, y en la ocasión propicia te detestaría. ¿Has oído algo? ¡Quede muerto en ti! ¡Ánimo, no reventarás! Por una palabra oída ya está el necio en dolores, como por el hijo la mujer que da a luz. Una flecha clavada en el muslo, tal es la palabra en las entrañas del necio.* **_Interroga a tu amigo: quizá no haya hecho nada_**, *y si acaso lo ha hecho, para que no reincida. Interroga a tu prójimo: quizá no ha dicho nada, y si acaso lo ha dicho, para que no repita. Interroga a tu amigo: que* **_hay calumnia a menudo, no creas todo lo que se dice_**. *A veces se resbala uno sin querer, y ¿quién no ha pecado con su lengua?* **_Interroga a tu prójimo antes de amenazarle_**, *y obedece a la ley del Altísimo.»* (Sirácida 19:7-17)

En este tipo de actos se demuestra la prudencia, la sabiduría y el amor al prójimo: «*No juzguéis, y no seréis juzgados; no condenéis, y no seréis condenados;* **_perdonad, y seréis perdonados_**. *Dad, y se os dará; medida buena, apretada, remecida y rebosando darán en vuestro regazo; porque con la misma medida con que medís, os volverán a medir.*» (Lucas 6:37-38) Si bien, se nos enseña a "evaluar" las cosas y tomar determinaciones con base en eso: ver qué ocurre a un hermano, preguntarle, ayudarle y orar por él: «*Porque ¿qué razón tendría yo para juzgar a los que están fuera? ¿No juzgáis vosotros a los que están dentro? Porque a los que están fuera, Dios juzgará. Quitad, pues, a ese perverso de entre vosotros. ¿Osa alguno de vosotros, cuando tiene algo contra otro, ir a juicio delante de los injustos, y no delante de los santos? ¿O no sabéis que los santos han de juzgar al mundo? Y si el mundo ha de ser juzgado por vosotros,* **_¿sois indignos de juzgar cosas muy pequeñas_**? *¿O no sabéis que hemos de juzgar a los ángeles? ¿Cuánto más las cosas de esta vida? Si, pues, tenéis juicios sobre cosas de esta vida, ¿ponéis para juzgar a los que son de menor estima en la iglesia?* **_Para avergonzaros lo digo_**. *¿Pues qué,* **_no hay entre vosotros sabio, ni aun uno, que pueda juzgar entre sus hermanos_**, *sino que el hermano con el hermano pleitea en juicio, y esto ante los incrédulos? Así* *que, por cierto,* **_es ya una falta en vosotros que tengáis pleitos entre vosotros mismos_**_. ¿Por qué no sufrís más bien el agravio? ¿Por qué no sufrís más bien el ser defraudados?_ *Pero* **_vosotros cometéis el agravio, y defraudáis, y esto a los hermanos_**_.»_ (1ª Corintios 5:12 - 6:8)

Sobre la justicia fue enseñado: «*Éstas son las cosas que habéis de hacer:* **_Hablad verdad cada cual con su prójimo; juzgad según la verdad y lo conducente a la paz en vuestras puertas_**_. Y _ _ninguno de vosotros piense mal en su corazón contra su prójimo_*, ni améis el juramento falso; porque todas éstas son cosas que aborrezco, dice Jehová.*» (Zacarías 8:16-17) Pero, ¿no recordáis la historia de Job? ¿No fueron sus propios amigos quienes le juzgaron? ¿Y bien? ¿No estaban acaso equivocados? Como el hombre debe sujetarse a Dios, sujetémonos al Espíritu Santo para juzgar cualquier cosa, y tengamos en cuenta que en lo que señalemos podemos ser señalados: «*Hermanos, si alguno fuere sorprendido en alguna falta,* _vosotros que sois espirituales, restauradle con espíritu de mansedumbre,_ **_considerándote a ti mismo, no sea que tú también seas tentado_**_.»_ (Gálatas 6:1) Las apariencias engañan, por dicha razón, el profeta advertía y exhortaba por voluntad, designio y palabra de Dios, y nunca por sí mismo. Si bien hacemos así, con rectitud, amor y misericordia, la palabra se cumplirá en nosotros, cuando dijo el ángel a Daniel: «*...vino el Anciano de días, y _se dio el juicio a los santos del Altísimo_; y llegó el tiempo, y los santos recibieron el reino.*» (Daniel 7:22)

Quien ha de Juzgar

Fue escrito por el profeta: «*He aquí que Jehová el Señor vendrá con poder, y su brazo señoreará; he aquí que su recompensa viene con él, y* **_su paga_** *delante de su rostro.*» (Isaías 40:10) Por consiguiente, el Dios Todopoderoso será quien juzgue al mundo en su día de la Ira y luego en el Gran Trono. De igual forma, el Padre puso también en el Hijo el juzgar: «*Porque _el Padre a nadie juzga, sino que todo el juicio dio al Hijo_, para que todos honren al Hijo como honran al Padre. El que* *no honra al Hijo, no honra al Padre que le envió. De cierto, de cierto os digo: **El que oye mi palabra, y cree al que me envió, tiene vida eterna; y no vendrá a condenación**, mas, ha pasado de muerte a vida. De cierto, de cierto os digo: Viene la hora, y ahora es, cuando los muertos oirán la voz del Hijo de Dios; y **los que la oyeren vivirán**. Porque como el Padre tiene vida en sí mismo, así también ha dado al Hijo el tener vida en sí mismo; y también **le dio autoridad de hacer juicio**, por cuanto es el Hijo del Hombre. No os maravilléis de esto; porque vendrá hora cuando todos los que están en los sepulcros oirán su voz; y **los que hicieron lo bueno, saldrán a resurrección de vida; mas los que hicieron lo malo, a resurrección de condenación**. No puedo yo hacer nada por mí mismo; según oigo, así juzgo; y mi juicio es justo, porque no busco mi voluntad, sino la voluntad del que me envió, la del Padre.*» (Juan 5:22-30) O sea que, toda vez que se habla del "Juicio de Dios" entendemos que es ejercido por el Hijo, y que él mismo no juzga por su propio pie, sino que hace lo que oye del Padre.

Es, de igual manera, la palabra que Jesús ha enseñado, sobre la cual se hará el juicio: «***Vosotros juzgáis según la carne; yo no juzgo a nadie***. *Y si yo juzgo, mi juicio es verdadero; porque no soy yo solo, sino yo y el que me envió, el Padre.*» (Juan 8:15-16) Y por eso nuestro Señor Jesús vuelve a decir: «*Al que oye mis palabras, y no las guarda, yo no le juzgo; porque no he venido a juzgar al mundo, sino a salvar al mundo.* **El que me rechaza, y no recibe mis palabras, tiene quien le juzgue; la palabra que he hablado, ella le juzgará en el día postrero**. *Porque yo no he hablado por mi propia cuenta; el Padre que me envió,* **él me dio mandamiento de lo que he de decir, y de lo que he de hablar**. *Y sé que su mandamiento es vida eterna. Así pues, lo que yo hablo, lo hablo como el Padre me lo ha dicho.*» (Juan 12:47-50) Pero nosotros, si determinamos o juzgamos algo, ¿lo hacemos en el Espíritu Santo y por autoridad de Cristo o como humanos? Si somos de Cristo, actuemos como siervos y ministros de Cristo: «*Pero el hombre natural no percibe las cosas* *que son del Espíritu de Dios, porque **para él son locura, y no las puede entender, porque se han de discernir espiritualmente**. En cambio, el espiritual juzga todas las cosas; pero él no es juzgado de nadie. Porque ¿quién conoció la mente del Señor? ¿Quién le instruirá? Mas nosotros tenemos la mente de Cristo.*» (1ª Corintios 2:14-16) Y confirma diciendo: «*Porque, aunque de nada tengo mala conciencia, no por eso soy justificado; pero __el que me juzga es el Señor__.*» (1ª Corintios 4:4) Porque ya «*__todos los días comparecemos ante el tribunal de Cristo__*» (Romanos 14:10 y 2ª Corintios 5:10). Debido a esta razón, los de Cristo, ¿por quién hemos de ser juzgados sino por Él?: «*Si, pues, nos examinásemos a nosotros mismos, no seríamos juzgados; mas, siendo juzgados, somos castigados por el Señor, __para que no seamos condenados con el mundo.__*» (1ª Corintios 11:31-32) Esto es a lo que se refería Jaime (Jacobo) al escribir: «*Así hablad, y así haced, como __los que habéis de ser juzgados por la ley de la libertad__.*» (Santiago 2:12)

Y en Cristo se manifiesta lo que desde tiempo antiguo fue escrito y enseñado: «*Pero Jehová permanecerá para siempre; Ha dispuesto su trono para juicio. __Él juzgará al mundo con justicia, Y a los pueblos con rectitud__.*» (Salmo 9:7-8); «*Muchos buscan el favor del príncipe; Mas __de Jehová viene el juicio de cada uno.__*» (Proverbios 29:26); «*Porque __Dios traerá toda obra a juicio__, juntamente con toda cosa encubierta, __sea buena o sea mala__.*» (Eclesiastés 12:14) Y Jesús también dijo: «***__Para juicio he venido yo__** a este mundo; para que los que no ven, vean, y los que ven, sean cegados.*» (Juan 9:39). Ahora bien, Pedro, sobre el Señor, dijo: «*...el cual no hizo pecado, ni se halló engaño en su boca; quien __cuando le maldecían, no respondía con maldición; cuando padecía, no amenazaba__, sino encomendaba la causa **al que juzga justamente**...*» (1ª Pedro 2:22-23). Juan escribió en su revelación en Patmos: «*Entonces vi el cielo abierto; y he aquí un caballo blanco, y el que lo montaba se llamaba Fiel y Verdadero, y __con justicia juzga y pelea__.*» (Apocalipsis 19:11). El juicio se entiende de diferente manera según el español, aunque se habla de la misma palabra, no así en hebreo, donde hay varios tipos de juicio: sobre determinar, evaluar o tomar una decisión, sobre administrar, sobre castigar, sobre condenar. En el caso de la Ira de Dios es un castigo, una represalia; en lo referente al Juicio Final es una determinación sobre a dónde irá cada uno, y a la vez un tiempo de condena para quien se haló que hizo lo malo.

Saulo en una de sus cartas expuso: «*Por lo cual eres inexcusable, oh hombre, quienquiera <u>que seas tú que juzgas; pues en lo que juzgas a otro, te condenas a ti mismo</u>; porque **<u>tú que juzgas haces lo mismo</u>**. Mas sabemos que <u>el juicio de Dios contra los que practican tales cosas</u> es **<u>según verdad</u>**. ¿Y piensas esto, oh hombre, tú que juzgas a los que tal hacen, y haces lo mismo, que tú escaparás del juicio de Dios? ¿O menosprecias las riquezas de su benignidad, paciencia y longanimidad, ignorando que <u>su benignidad te guía al arrepentimiento</u>? Pero por tu dureza y por tu corazón no arrepentido, atesoras para ti mismo ira para <u>el día de la ira</u> y de la revelación del justo juicio de Dios, el cual **<u>pagará a cada uno conforme a sus obras</u>**: vida eterna a los que, perseverando en bien hacer, buscan gloria y honra e inmortalidad, pero ira y enojo a los que son contenciosos y no obedecen a la verdad, sino que obedecen a la injusticia; <u>tribulación y angustia sobre todo ser humano que hace lo malo</u>, el judío primeramente y también el griego, pero **<u>gloria y honra y paz a todo el que hace lo bueno</u>**, al judío primeramente y también al griego.*» (Romanos 2:1-10). Luego Pedro dijo: «*Y si invocáis por Padre a **<u>aquel que sin acepción de personas juzga según la obra de cada uno</u>**, conducíos en temor todo el tiempo de vuestra peregrinación; sabiendo que fuisteis rescatados de vuestra vana manera de vivir, la cual recibisteis de vuestros padres, no con cosas corruptibles, como oro o plata, sino con la sangre preciosa de Cristo, como de un cordero sin mancha y sin contaminación...*» (1ª Pedro 1:17-19) Avisando sobre todas estas cosas que sobrevendrán,

Bernabé escribió que «*cerca está el día en que todo perecerá juntamente con el maligno.*» (Epístola de Bernabé 21:3).

El Juicio Venidero

Todos los que hemos leído las profecías del patriarca Enoc conocemos de este Juicio de guerra en detalle y tenemos conocimiento que después del Día de la Ira vendrá un Milenio de Paz, tras cuyo final vendrá el Juicio eterno, pero no vendrá sin que antes Satán y los suyos reinen por un breve tiempo, y "lo determinado" se ejecute "sobre el desolador". A eso se refería Jesús cuando dijo: «*Ahora es el juicio de este mundo; ahora **el príncipe de este mundo será echado fuera**.*» (Juan 12:31) Este será el destronamiento de Belial: «*Ni su plata ni su oro podrá librarlos en el día de la ira de Jehová, pues toda la tierra será consumida con el fuego de su celo; porque ciertamente destrucción apresurada hará de todos los habitantes de la tierra. Congregaos y meditad, oh nación sin pudor, antes que tenga efecto el decreto, y el día se pase como el tamo; antes que venga sobre vosotros el furor de la ira de Jehová, antes que el día de la ira de Jehová venga sobre vosotros.*» (Sofonías 1:18 - 2:2) Y en ese Juicio muchos habrán de rendirle cuentas al Altísimo: «*Mas yo os digo que de toda palabra ociosa que hablen los hombres, de ella darán cuenta en el día del juicio.*» (Mateo 12:36) Se nos enseña, como uno de los principios del Evangelio de Cristo, que habrá una condenación venidera tras un Gran Juicio (Hebreos 6:1-2), pero recordemos mientras estudiamos las Escrituras y las enseñamos, que hay que saber distinguir y diferencias cada apreciación y referencia a "juicio". Incluso en la vida diaria.

¿En qué consistirá este Juicio venidero? Fue dicho: «*Y éste es el juicio: que la luz vino al mundo, y los hombres amaron más las tinieblas que la luz, porque sus obras eran malas.*» (Juan 3:19) Aunque usualmente la voz griega "kríos" se traduce como "condenación", esta hace referencia al "Día del Señor", cuando todo será juzgado: «*...pero los cielos y la tierra que existen ahora, están* *reservados por la misma palabra, guardados para el fuego en <u>el día del</u> <u>juicio y de la perdición de los hombres impíos.</u>»* (2ª Pedro 3:7) Este lugar es llamado Gehena y se asocia con el Limni (voz que luego se deformó para la invención del "infierno de los niños" de la tradición católica: el Limbo). Gehena es una voz hebrea en alusión al "Lago de Fuego" –aunque históricamente fue un basurero y lugar de muerte-, que en griego es "Limni", es decir, el Lago de Fuego: *«¡Serpientes, generación de víboras! ¿Cómo escaparéis de la condenación del Gehena?»* (Mateo 23:33) Bernabé resumió todo este hecho diciendo que *«el Señor juzgará al mundo sin acepción de personas: Cada uno recibirá conforme obró. Si el hombre fue bueno, su justicia marchará delante de él; si fuere malvado, la paga de su maldad irá también delante de él. Recordémoslo, no sea que, echándonos a descansar como llamados, nos durmamos en nuestros pecados, y el príncipe malo, tomando poder sobre nosotros, nos empuje lejos del reino del Señor.»* (Epístola de Bernabé 4:12-13)

Este Juicio vendrá, tanto en creyentes como en no creyentes, pero sujeto a distintos procedimientos, pues los de Cristo son "carpa aparte" –un tema distinto. Igualmente ha de haber antes una predicación mundial, o sea, durante el Milenio, para que con conocimiento de causa se pueda entonces juzgar a las personas: *«Porque <u>todos los que sin ley han pecado, sin ley también perecerán;</u> y <u>**todos los que bajo la ley han pecado, por la ley serán juzgados**</u>...»* (Romanos 2:12) Y le fue revelado así al apóstol: *«Y <u>el diablo que los engañaba fue lanzado en el lago</u> de fuego y azufre, donde estaban la bestia y el falso profeta; y <u>**serán atormentados día y noche**</u> por los siglos de los siglos. Y vi un gran trono blanco y al que estaba sentado en él, de delante del cual huyeron la tierra y el cielo, y ningún lugar se encontró para ellos. Y <u>**vi a los muertos, grandes y pequeños, de pie ante Dios**</u>; y <u>los libros fueron abiertos</u>, y otro libro fue abierto, el cual es <u>el libro de la vida</u>; y <u>**fueron juzgados los muertos por las cosas que estaban escritas en los libros**</u>, <u>según sus obras</u>. Y el mar entregó los muertos que* *había en él; y la muerte y el Hades entregaron los muertos que había en ellos; y <u>fueron juzgados cada uno según sus obras</u>. Y la muerte y el Hades fueron lanzados al lago de fuego. Ésta es la muerte segunda. Y <u>el que no se halló inscrito en el libro de la vida fue lanzado al lago</u> de fuego.*» (Apocalipsis 20:10-15)

También sabemos que este Juicio sobrevendrá tras el Milenio Mesiánico de nuestro Señor Jesucristo en la Tierra, donde los muertos serán presentados delante de Dios: «*Y de la manera que está establecido para los hombres que <u>mueran una sola vez, y después de esto el juicio</u>...*» (Hebreos 9:27) En aquel "día" serán juzgados los injustos, junto con los Ángeles Caídos, y lanzados al fuego los que han obrado iniquidad: «*Porque <u>si Dios no perdonó a los ángeles que pecaron, sino que arrojándolos al Tártaro los entregó a prisiones de oscuridad, <u>para ser reservados al juicio</u>...*» (2ª Pedro 2:4 y Judas 1:6-15). Pero entender esto no es para vivir amedrentados, sino para comprender los designios del Señor y su justicia, y ser fuertes, valientes, justos, obedientes al Señor y rectos de corazón, porque «*<u>sabe el Señor librar de tentación a los piadosos, y **reservar a los injustos para ser castigados en el día del juicio**</u>...*» (2ª Pedro 2:9) Y Juan escribió, también para hacernos entender y esperar en Cristo: «*<u>En esto se ha perfeccionado el amor en nosotros</u>, para que **tengamos confianza en el día del juicio**; pues como él es, así somos nosotros en este mundo.*» (1ª Juan 4:17) Y de la misma manera nos exhortó Saulo: «*Ahora, pues, <u>ninguna condenación hay para los que están en Cristo Jesús, **los que no andan conforme a la carne, sino conforme al Espíritu**</u>.*» (Romanos 8:1).

Con respecto al Juicio Final claramente Enoc no se quedó atrás pues fue pionero en dar a conocer las sentencias que habrían de tener lugar, no solo sobre el maligno y los suyos, sino sobre los inicuos, injustos y malvados: «*Y la tierra se dividirá y todo lo que está sobre la tierra perecerá y habrá un juicio sobre todos.*» (1ª Enoc 1:7). Mucho más adelante dijo: «*...esos días los ángeles descenderán en un sitio* *escondido, reunirán en un solo lugar a todos los que han hecho llegar el pecado y en ese día del juicio el Más Alto se levantará para sentenciar el gran juicio en medio de los pecadores.»* (1ª Enoc 100:4). En relación a las visiones de Enoc y las parábolas descritas en sus libros, encontramos: «*Ésta es la segunda parábola, acerca de quienes rechazan la comunidad de los santos y al Señor de los espíritus. Ellos no subirán al interior del Cielo ni volverán a la tierra, tal será la suerte [de] los pecadores que han renegado del nombre del Señor de los espíritus a quienes tú has reservado para el día del sufrimiento y la tribulación.*» (1ª Enoc 45:1-2).

Los malos serán desterrados: «*Sus manos perpetraron crímenes y los pecadores devoran todo lo que producen con fatiga aquellos a quienes criminalmente oprimen; así los pecadores serán destruidos ante el rostro del Señor de los espíritus, serán desterrados de la faz de la tierra y perecerán para siempre.*» (1ª Enoc 53:2). Asimismo, en cuenta al Libro de la Vida y los registros de las obras en contra de la ley aparece: «*Se leerán ante el Santo y el Justo todas las palabras sobre vuestra injusticia, se os llenará la cara de vergüenza y Él rechazará toda obra basada en la injusticia.*» (1ª Enoc 97:6). Y luego añade: «*No penséis en vuestro espíritu ni digáis en vuestro corazón que no sabíais o no veíais que todo pecador es inscrito diariamente en el Cielo ante la presencia del Más Alto. Desde ahora sabéis que toda la opresión que ejercéis es registrada día a día hasta el día del juicio.*» (1ª Enoc 98:7-8). Y más tarde podemos ver: «*Aunque vosotros pecadores digáis: "Ninguno de nuestros pecados debe ser investigado ni registrado", sin embargo vuestros pecados son anotados todos los días.*» (1ª Enoc 104:7).

Dios será verás en su determinación y el lugar a donde destinará a los hombres por sus iniquidades: «*Ahora sabéis que estáis preparados para el día de la destrucción, por eso no esperéis vivir vosotros, pecadores, sino apartarse y morir; porque vosotros no conoceréis tregua, ya que estáis preparados para el día del gran juicio, día de la gran tribulación y de la gran vergüenza [reservada] para vuestros espíritus.*» (1ª Enoc

98:10). Este lugar, asociado al inframundo se describe de la siguiente manera: «*En esos días en un mismo lugar serán castigados juntos los padres y sus hijos, y los hermanos uno con otro caerán en la muerte hasta que corra un río con su sangre. Sabed que hará descender vuestras almas al Sheól, serán allí desgraciadas y su sufrimiento será grande... en las tinieblas, las cadenas y el fuego ardiente, allí en donde se ejecutará el gran castigo. Y el gran castigo durará durante todas las generaciones del mundo.*» (1ª Enoc 103:7-8). Es evidente que para los buenos no habrá castigo: «*¿Qué debéis hacer? No tendréis que esconderos el día del gran Juicio, no seréis tomados por pecadores, el Juicio eterno caerá lejos de vosotros para todas las generaciones del mundo.*» (1ª Enoc 104:5). No obstante, el lugar de castigo es terrorífico: «*Esperad porque verdaderamente el pecado pasará y el nombre de los pecadores será borrado del Libro de la Vida y del Libro de los Santos; y su semilla será destruida para siempre, sus espíritus serán muertos, se lamentarán en un desierto caótico y arderán en el fuego porque allí no habrá tierra.*» (1ª Enoc 108:3).

Un lugar de sufrimiento que posiblemente sea futuro: «*Observé allí una nube que no se veía bien porque a causa de su profundidad no podía mirar por encima; vi una llama de fuego ardiendo resplandecer y como montañas brillantes que daban vueltas y se arrastraban de un lado para otro. Le pregunté a uno de los ángeles santos, que iba conmigo, y le dije: "¿Qué es ese objeto brillante?" Porque no es el Cielo sino solamente una llama de fuego brillante que arde y un estruendo de gritos, llantos, lamentos y gran sufrimiento. Me dijo: "A este lugar que ves allí son arrojadas las almas de los pecadores, de los impíos, de los que obran mal y de todos aquellos que alteren lo que el Señor ha dicho por boca de los profetas, lo que será.*» (1ª Enoc 108:4-6). Así termina el propio Juan estas palabras: «*Temed a Dios, y dadle gloria, porque la hora de su juicio ha llegado; y adorad a aquel que hizo el cielo y la tierra, el mar y las fuentes de las aguas.*» (Apocalipsis 14:6-7).

«En efecto, el momento llegará, cuando los signos que he anunciado llegarán a acontecer, cuando la ciudad que ahora no es vista aparecerá, y la tierra que ahora está oculta será revelada. Toda persona que haya sido entregada de los males que he anunciado a ver mi pregunta. Pues mi hijo, el Mesías, se manifestará con los que están con él, y los que se quedan se regocijarán por 400 años. Después de los años mi hijo el Mesías morirá, y todos los que extraen el aliento humano. Entonces el mundo se volverá al primitivo silencio durante 7 días, como lo fue en los inicios, de modo que nadie será dejado. Después de 7 días, el mundo que aún no está despierto, despertará, y lo que es corruptible perecerá. La tierra dará a aquellos que están dormidos en el mismo, y el resto de polvo a los que hay en el silencio, y los recintos deberán renunciar a las almas que se han comprometido en ellos. El Altísimo, se puso de manifiesto en la sede del juicio, y tendrá lugar la compasión, la paciencia y se retirará. Sólo se mantendrá la sentencia, la verdad prevalecerá, y la fidelidad para crecer fuerte...

... El Juicio deberá seguir, y la recompensa se manifestará; [los de] hechos justos serán despertados, los [de] hechos injustos no dormirán. Parecerá el pozo de tormento, y lo contrario será el lugar de descanso, y el horno del infierno será revelado, y frente a sí el paraíso de las delicias. Entonces el Altísimo dirá a las naciones que se han levantado de entre los muertos: 'Miren ahora y entiendan a quien ustedes no ha servido, cuyos mandamientos han despreciado. Mírense de este lado y en [el] que [están estos], aquí están las delicias y el descanso, y [donde ustedes] hay fuego y tormentos". Así él hablará a ellos en el día de juicio, un día que no tiene sol o luna o estrellas, o nube o trueno o relámpago, o viento o agua o aire, u oscuridad o noche o mañana, o verano o primavera o invierno o calor o frío o heladas, o granizo o lluvia o rocío, o mediodía o nocturnidad, o amanecer o brillantez o brillo o luz, sino sólo el esplendor de la gloria del Altísimo, por a todos se verá lo que les será destinado. Por último, como si se para una semana de años. Esta

es mi sentencia y su orden prescrito, y que solo [a mí] me han mostrado estas cosas.» (4ª Esdras 7:26-44)

Dios les bendiga.

Don't miss out!

Visit the website below and you can sign up to receive emails whenever Frederick Guttmann publishes a new book. There's no charge and no obligation.

https://books2read.com/r/B-A-DKUGB-SJPCD

About the Author

Israeli writer, researcher, disseminator, documentary filmmaker and influencer. He is the writer of more than 35 books, mostly research and dissemination theses.

Read more at https://www.frederickguttmann.com.

www.ingramcontent.com/pod-product-compliance
Lightning Source LLC
Chambersburg PA
CBHW021945120726
47992CB00001B/157